मैंने गांधी वध क्यों किया?

नाथूराम गोडसे

प्रस्तुतकर्त्ता
भगतसिंह विचार मंच
एस-16, नवीन शाहदरा, दिल्ली-110032

ISBN : 978-93-84456-43-6

संस्करण : 2025

प्रकाशक : भगतसिंह विचार मंच

वितरक : साक्षी प्रकाशन
एस-16, नवीन शाहदरा, दिल्ली-110032
Ph. 011-22324833, 09810461412

e-mail : goelbooks@rediffmail.com

web site : www.vijaygoelpublishers.com

मुद्रक : राधा ऑफसेट, दिल्ली-110032

टाईप सेटिंग : आकांक्षा प्रिंटर्स, दिल्ली-110094

MAINE GANDHI VADH KYU KIYA *by Nathuram Godse*

'यदि देश–भक्ति पाप है तो मैं मानता हूँ मैंने पाप किया है। यदि प्रशंसनीय है तो मैं अपने आपको उस प्रशंसा का अधिकारी समझता हूँ। मुझे विश्वास है कि मनुष्यों द्वारा स्थापित न्यायालय के ऊपर कोई न्यायालय हो तो उसमें मेरे काम को अपराध नहीं समझा जाएगा। मैंने देश और जाति की भलाई के लिए यह काम किया। मैंने उस व्यक्ति पर गोली चलाई जिसकी नीति से हिन्दुओं पर घोर संकट आए, हिन्दू नष्ट हुए।'

नथूराम गोडसे

◆◆◆

Justice G.D. Khosla

'I have however no doubt that had the audience of that day been constituted into a jury and entrusted with the task of deciding Godse's appeal, they would have brought in a verdict of 'not guilty' by overwhelming majority.' From the book *'The murder of the Mahatma'* by Justice Khosla (page 234).

आत्म स्वीकृति

"वास्तव में मेरे जीवन का उसी समय अन्त हो गया था, जब मैंने गांधी जी पर गोली चलाई थी। उसके पश्चात् से मानो मैं समाधि में हूँ और अनासक्त जीवन बिता रहा हूँ।

मैं मानता हूँ कि गांधी जी ने देश के लिए काफी कष्ट उठाए, जिसके कारण मैं उनके कार्यों के प्रति एवं उनके प्रति नतमस्तक हूँ, किन्तु देश के इस सेवक को भी जनता को धोखा देकर मातृभूमि के विभाजन का अधिकार नहीं था।

मैं किसी प्रकार की दया नहीं चाहता हूँ। मैं यह भी नहीं चाहता हूँ कि मेरी ओर से कोई दया की याचना करे।

अपने देश के प्रति भक्ति-भाव रखना यदि पाप है तो मैं स्वीकार करता हूँ कि यह पाप मैंने किया है। यदि यह पुण्य है तो उससे जनित पुण्य-पद पर मेरा नम्र अधिकार है।

मेरा विश्वास अडिग है कि मेरा कार्य नीति की दृष्टि से पूर्णतया उचित है। मुझे इस बात में लेशमात्र भी सन्देह नहीं कि भविष्य में किसी समय सच्चे इतिहासकार, इतिहास लिखेंगे तो वे मेरे इस कार्य को उचित ठहराएंगे।"

–नथूराम विनायक गोडसे

अनुक्रम

नथूराम द्वारा लिखित सत्यापित मृत्युपत्र की छाया प्रति

मृत्युपत्र

प्रिय बंधु चि. दत्तात्रय वि. गोडसे

मेरे बीमेके रुपयोंका अगर आ जायेंगे तो उन
रुपयोंका विनियोग आपके परिवारके कार्यके लिये
करना। रु. 2000 आपके पत्नीके नामपर। रु. 3000
चि. गोपालकी धर्मपत्नीके नामपर। और रु. 2000 आपके
नामपर इस तरहसे बीमाके कागजोंपर मैंने रुपयोंका मेरे
.. मृत्युके बाद मिलनेके लिये लिखा है।

मेरी उत्तरक्रिया करनेका अधिकार अगर
आपको मिलेगा तो आप अपने इच्छासे किसी
तरहसे भी उस कार्यको समाप्त करना। लेकिन मेरी
एकही विशेष इच्छा यही लिखता हूं।

अपने भारतवर्षकी सीमारेखा सिंधु नदी है जिसके
किनारोंपर वेदोंकी रचना प्राचीन द्रष्टाओंने की है।

वह सिंधु नदी जिस शुभ दिनमें फिर भारतवर्षके ध्वजकी छायामें स्वच्छंदतासे बहती रहेगी उन दिनोंमें
मेरी अस्थीका कुछ छोटासा हिस्सा उस
सिंधु नदीमें बहा दिया जाय।

यह मेरी इच्छा सत्यसृष्टिमें आनेके लिये
शायद औरभी एक दो पीढी (Generations) का समय
लग जाय तो भी चिंता नहीं। उस दिन तक वह अवशेष
वैसेही रखो। और आपके जीवनमें वह शुभ दिन न आया
तो आपके वारिसोंको ये मेरी इच्छा बतलाते जाना।

अगर मेरा न्यायालयीन वक्तव्य कभी
सरकार बंदी मुक्त करेगी तो उसके
प्रकाशनका अधिकार भी मैं आपको
दे रहा हूं

मैंने 101 रुपये आपको आज दिये हैं जो
आप सौराष्ट्र सोमनाथ मंदिर पुनरोद्धार
[illegible]

आपका सुबंधु
नथुराम वि. गोडसे
14-11-49

Attested 15/11/49 [illegible]
Superintendent [illegible]

मृत्युपत्र की टंकित प्रति

(अपने छोटे भाई दत्तात्रय के नाम अन्तिम पत्र)

प्रिय बंधो! चि. दत्तात्रय वि. गोडसे

मेरे बीमा के रुपिया अगर आ जायेंगे तो उस रुपिया का विनिभोग आपके परिवार के कार्य के लिए करना। रु. 2000 आपकी पत्नी के नाम पर। रु. 3000 चि. गोपाल की धर्मपत्नी के नाम पर और रु. 2000 आपके नाम पर। इस तरह से बीमा के कागजों पर मैंने रुपिया मेरी मृत्यु के बाद मिलने के लिये लिखा है।

मेरी उत्तर क्रिया करने का अधिकार अगर आपको मिलेगा तो आप आपकी इच्छा से किसी तरह से भी इस शुभ कार्य को समाप्त करना। लेकिन मेरी अन्तिम विशेष इच्छा यहाँ लिखता हूँ।

अपने भारत वर्ष की सीमारेखा सिंधू नदी है। जिसके किनारों पर वेदों की रचना प्राचीन दृष्टाओं ने की है। वह सिंधु नदी जिस शुभ दिन में फिर भारत वर्ष के ध्वज की छाया में स्वच्छदता से बहती रहेगी उन दिनों में मेरी अस्थियों या राख का कुछ छोटा सा हिस्सा उस सिंधु नदी में बहा दिया जाय।

यह मेरी इच्छा सत्यसृष्टि में आने के लिए शायद और भी एक दो पीढ़ी (Generations) का समय लग जाय तो भी चिंता नहीं। उस दिन तक वह अवशेष वैसा ही रखो और आपके जीवन में वह शुभ दिन न आये तो आपके वारिसों को ये मेरी अन्तिम इच्छा बतलाते जाना।

अगर मेरा न्यायालयीन वक्तव्य कभी सरकार बन्ध मुक्त करेगी तो उसके प्रकाशन का अधिकार भी मैं आपको दे रहा हूँ।

मैंने 101 रुपिया आपको आज दिये हैं जो आप सौराष्ट्र सोमनाथ मन्दिर का पुनरूद्धार हो रहा है उसके कलश कार्य के लिये भेज देना।

(नथूराम वि. गोडसे)
15.11.49
समय 7.15 प्रात:
सत्यापित
अम्बाला जेल अधिक्षक

आपका शुभेच्छु
नथूराम वि. गोडसे
14-11-49

देश का बँटवारा

इंदुलाल याज्ञिक ने लिखा है कि जब मैं जेल में गया तो रमजान का महीना था। गाँधी ने हमारे साथी से जोर देकर सारे रोजे रखवाए। और फिर "हम पुराने जेलखाने ही में थे कि ईद का दिन आया। चाहे प्रत्यक्ष आश्चर्यजनक मालूम होता है, पर यह हकीकत है कि गाँधीजी ने एक कट्टर हिंदू होने के बावजूद मिस्टर अली और दूसरे हमसाया मुसलमान कैदियों के साथ ईद मनाने में अच्छा-खासा साथ दिया। वह सारे दिन उन मुसलमान कैदियों से जो काँटेदार जंगले से गुजरते हुए नजर आते थे ईद की मुबारकबाद लेने में व्यस्त रहे। मिस्टर अली को मुबारकबादें और दुआएँ देने में

वह और भी उदारता से काम लेते रहे। इतने में शाम हो गई। नया चाँद कुछ क्षणों के लिए पेड़ों के ऊपर फिजा में झूलता और जेल की कठोर दीवारों को तकता हुआ नजर आता रहा। मिस्टर अली से ज्यादा गाँधीजी उसे देखने के लिए उत्सुक जान पड़ते थे। बहरहाल जिस समय चाँद की झलक दिखाई दी गाँधीजी की खुशी की कोई हद नहीं मालूम होती थी। वह इतने उल्लास में भर गए कि चाँद का पूर्ण दृश्य देखने के उत्साह में जंगले से बाहर हो गए और आह्लादवर्धक स्वर में मिस्टर अली को पुकारने लगे। वह भी पहुँच गए और तुरन्त हम सब लोग खुले अहाते में नए चाँद का धुँधला-सा सौंदर्य देखने के लिए एकत्रित हो गए।" (गाँधीजी, पृ. 195)

इसके बाद टिप्पणी की है कि सांप्रदायिक एकता प्रदर्शन की यह रोमांसवादी कल्पना हिंदू और मुसलमानों के दिलों को जोड़ने में किस दर्जा व्यर्थ सिद्ध हुई यह बात बाद की घटनाओं से भलीभाँति स्पष्ट हो गई है।

इस रोमांसवादी कल्पना की बुनियादें कितनी कमजोर थीं, इसे समझने के लिए बीस साल बाद, जब गाँधी आगा खाँ पैलेस में नजरबंद था, सुशीला नैयर की डायरी से ये शब्द भी देखिए :

"शाम को घूमते समय बापू बताते रहे कि कैसे वे एक बार कुतुबमीनार देखने गए थे। दिखाने वाला इतिहास का बड़ा विद्वान था। वह बता रहा था कि कुतुब के बाहर के दरवाजे की सीढ़ी से लेकर एक-एक पत्थर मूर्ति का पत्थर है। मुझसे यह सहन नहीं हुआ। मैं आगे बढ़ ही नहीं सका और मुझे वापस ले चलने को उन्हें कहा। और मैं वापस आ गया। पीछे इस्लाम के बारे में बातें होती रहीं। बापू जानते हैं कि मुसलमानों ने कितने अत्याचार किए हैं, फिर भी मुसलमानों के प्रति वह इतनी उदारता और इतना प्रेम बरतते हैं। मुसलमान उन्हें गाली देते हैं तो भी उनकी खातिर वह हिंदुओं से लड़ते हैं। यह चकित कर देने वाली चीज है। उनकी अहिंसा की कसौटी है।" (पृ. 126)

जब मन में तास्सुब भरा हो और मुसलमानों को अत्याचारी समझा जा रहा हो तो उन पर प्रेम जताकर और चापलूसी करके सांप्रदायिक एकता स्थापित करना कैसे संभव था? दक्षिण अफ्रीका के प्रवासी भारतीय ऐतिहासिक संदर्भ से कटे हुए थे। अपने धार्मिक मतभेद भुलाकर गोरे उपनिवेशवादियों की रंगभेद की नीति के विरुद्ध उनका एक मंच पर इकट्ठे हो जाना और गाँधी को अपना नेता मान लेना सहज था। पर हिंदुस्तान की परिस्थिति दक्षिण अफ्रीका से एकदम भिन्न थी। जब तक सांप्रदायिकता के ऐतिहासिक तथा सांस्कृतिक कारणों को न समझ लिया जाए महज

राम-रहीम एक हैं कह देने और एक-दूसरे के त्योहार में शामिल होने भर से हिंदू-मुस्लिम एकता स्थापित होना संभव नहीं था। गाँधी का चिंतन न वैज्ञानिक था और न ही क्रांतिकारी। उसने हमारे इतिहास का इस दृष्टि से कभी अध्ययन ही नहीं किया था कि सांप्रदायिक समस्या के मूल कारणों को समझकर उसे वैज्ञानिक ढंग से हल किया जाता। इसके विपरीत उसने सुधारवादी तथा अवसरवादी ढंग अपनाया। परिणाम यह निकला कि समस्या सुलझने के बजाय उलझती चली गई और देश के बँटवारे के बाद आज भी जटिल बनी हुई है।

मौलवी अब्दुल हक के अलीगढ़ में जामा मिल्लिया के उद्घाटन से लौटने के बाद नवम्बर 1920 को डॉ. मुख्तार अहमद अंसारी के नाम अपने एक खत में लिया था :

''मैंने मुहम्मद अली और शौकत अली में एक इंतहा दर्जे का 'मुल्लाटा' पाया। इस लफ्ज में तास्सुब, तवहम (अंधविश्वास), सख्ती, उनाद (द्वेष), नारवादारी (असहिष्णुता) सब-कुछ आ गया। मेरे आशियाए-ख्याल (चिंतन) में यह बात न थी...उनका हर बात में खुदा को लाना और हर हुक्म को खुदा और उसके रसूल में मंसूब (संबंधित) करना और हर बात में सख्ती और गुलू (अतिशयोक्ति) के साथ तास्सुब बरतना हर माकूलपसंद आदमी को नागवार गुजरता है।''

(खतूते-अब्दुल हक कराची से प्रकाशित)

मौलवी अब्दुल हक ने अली बंधुओं के बारे में जो लिखा है, उसका एक-एक शब्द खुद गाँधी के बारे में भी सही है। जहाँ खिलाफत आंदोलन के ये नेता कट्टरपंथी और पुनरुत्थानवादी थे वहाँ गाँधी भी कट्टरपंथी और पुनरुत्थानवादी था। अंतर यह था कि खिलाफत वाले परंपरा के लिए देश से बाहर इस्लामी देशों की ओर देखते थे और गाँधी ने अपने चिंतन का सिलसिला तुलसी रामायण से जोड़ा और 'रामराज' स्थापित करने की बात कही। परंपरा का टकराव ही सांप्रदायिकता का वास्तविक आधार है। यह टकराव अकबर के जमाने में शुरू हुआ, इतिहास में इसकी जड़ बहुत गहरी है और इसके रहते हिंदू-मुस्लिम एकता स्थापित होना संभव नहीं है। उपवासों और सदेच्छाओं से बात बनने वाली नहीं थी। अतएव हिंदू नेता और मुस्लिम नेता दोनों ही ब्रिटिश औपनिवेशवादियों के हाथ में खेलते रहे। इस बारे में गाँधी की विवशता का अंदाजा लगाना हो तो गोलमेज परिषद की घटना लीजिए, जिसे 'बापू की कारावास कहानी' में बयान किया गया है :

“दोपहर और शाम को बापू से भाई गोलमेज परिषद के बारे में कुछ बातें पूछते रहे। हिंदू-मुस्लिम एकता के लिए क्या-क्या कोशिशें हुईं, कैसे हिंदू-मुस्लिम को एक-दूसरे से समझौता करने को कहकर दूसरी तरफ से सरकार चुपके से सांप्रदायिक निर्णय तैयार कर रही थी। एक रोज बापू को मुसलमानों ने अपनी सभा में बुलाया। वहाँ पर सब बापू की चापलूसी करने लगे, ‘आपके लिए क्या मुश्किल है साहब, आप श्री जिन्ना की 14 माँगें पूरी कर दें।’ आगा खाँ ने शुरू किया, ‘आप बड़े महात्मा हैं आपके लिए इतना कर देना खेल है’...वगैरा-वगैरा। बापू ने कहा, ‘आपको इस तरह मजाक उड़ाना शोभा नहीं देता। मैं कौन हूँ? आपके तो इतने अनुयायी हैं। मेरे पीछे कौन है? मुझे कांग्रेस ने एक काम के लिए भेजा है। दूसरा काम करने का मुझे कांग्रेस ने अधिकार नहीं दिया। इसके लिए डॉ. अंसारी की मदद की मुझे जरूरत है।’

शौकत अली भी कहने लगे कि, ‘सरकार, आप इतना कर दें। आपके लिए यह कौन-सी बात है?’ बापू कहने लगे, ‘शौकत अली, तुम्हारे लिए यह मुनासिब नहीं है। तुम आज कहाँ मेरे पीछे चलते हो? फिर मैं तुम्हारा ‘सरकार’ कैसे हूँ?’ वह कहने लगे, ‘नहीं सरकार, आप इतना कर दें, फिर हम आपके पीछे हैं।’

बापू ने आगे बात चलाते हुए कहा, ‘श्री जिन्ना तो पूरे राजनैतिक तरीके से पेश आए। एक बार उन्होंने मुझे अपने निवास-स्थान पर मिलने के लिए बुलाया था। अंगीठी के सामने मेरे साथ जमीन पर बैठ गए। कहने लगे—आप बड़े महात्मा हैं। ये तो मामूली चीजें हैं। आप इनको मंजूर कर लें। —मैंने कहा—मैं यह सब तब तक नहीं कर सकता जब तक डॉ. अंसारी से पूछ न लूँ। हिंदू-मुस्लिम के मामले में वही मेरा रहनुमा है। उसके बिना मैं एक कदम भी नहीं उठा सकता।’ —उन्हें यह मंजूर न था। फिर मजलिस में आए। बेगम शाहनवाज भी वहाँ थीं और वह भी उसी रंग में रंगी हुई थीं। उसी तरह मुझसे कहने लगीं—आप महात्मा हैं। इतना कर देने में क्या मुश्किल है?—तो मैं रो पड़ा। मैंने कहा—और सब तो इस रंग में पूरी तरह रंगे जा चुके हैं, मगर औरत होकर तुम भी इसमें हिस्सा लेती हो—यह मुझसे सहन नहीं होता।’ हिंदू-मुसलमानों के समझौते की बातचीत टूटी और दूसरे रोज सुबह सरकार का सांप्रदायिक निर्णय हमारे हाथों में आ गया। वह रातों-रात थोड़ा ही तैयार हुआ था। वह तो तैयार पड़ा ही था। ऊपर मुँह दिखाने के लिए हमसे कहा जाता था कि आपस में फैसला करो, और ऐसा किया जाता था कि आपस में फैसला हो ही न सके।” (पृ. 204-5)

खिलाफत कमेटी के बाद गाँधी का वास्ता मुस्लिम लीग से पड़ा। तब भी हिंदू-मुस्लिम समस्या का हल करने के बारे में उसका ढंग अवैज्ञानिक और अवसरवादी था। मुस्लिम लीग ने दो राष्ट्रों के सिद्धांत को देश के बँटवारे की माँग का आधार बनाया था। दो राष्ट्रों का सिद्धांत इकबाल या जिन्ना के दिमाग की ईजाद नहीं था। दरअसल दो राष्ट्रों का सिद्धांत सामाजिक संस्कृति के सिद्धांत से जुड़ा हुआ है और इसे ब्रिटिश उपनिवेशवादियों ने फूट की प्रवृत्तियों को बढ़ावा देने के लिए 1857 की असफल क्रांति के बाद एशियाटिक जर्नल के द्वारा प्रचारित-प्रसारित किया था। उन्होंने मुसलमानों में इस सिद्धांत का प्रवक्ता अपने पिट्ठू सर सैयद अहमद को बनाया।

मुगलकाल में विदेशी तत्त्व बराबर बड़ी तादाद में आते रहे। फ़ारसी राजभाषा होने के कारण बुद्धिजीवी बाहर से आते थे और सैनिक शक्ति दृढ़ बनाए रखने के लिए फौज में भी उनकी भर्ती होती थी। ये विदेशी तत्त्व हिंदुस्तानी दल के मुकाबले में हमेशा मुगल दल के रूप में संगठित रहे। ये लोग अपने आपको हर बात में स्थानीय लोगों से—चाहे वे हिंदू हों या मुसलमान श्रेष्ठ समझते थे। इस देश की संस्कृति और परंपरा की इन्होंने हमेशा उपेक्षा की। इनकी वफादारियाँ हमेशा सरकार के साथ रहीं। मुगलों के बाद जब अंग्रेज आए तो इनमें से बहुतों ने उनके सामने आत्मसमर्पण कर दिया। 1857 की लड़ाई में अंग्रेजों की जानें बचाकर जागीरें, इनाम और उपाधियाँ लीं।

सर सैयद अहमद खाँ इन्हीं विदेशी तत्वों की ईरानी नस्ल से संबंध रखते थे। 1857 में वह बिजनौर में मुन्सफ थे। वहाँ उन्होंने कुछ अंग्रेजों की जान बचाई थी; इसके बदले सरकार उन्हें जागीर देना चाहती थी। होशियार आदमी थे, इसलिए जागीर नहीं ली, पर पद में ऊँचे उठते चले गए। 1868 में वह बनारस में जज थे। ब्रिटिश सरकार उन्हें छुट्टी देकर विलायत ले गई। वहाँ उनका प्रशिक्षण हुआ। डेढ़-दो साल बाद लौटे तो उन्होंने 'तहजीबुल-इखलाख' नाम की पत्रिका उर्दू में निकाली, जिसका आवरण वह वहीं से बनाकर लाए थे। इस पत्रिका को उन्होंने सामासिक संस्कृति और दो राष्ट्रों के सिद्धांत के प्रचार का माध्यम बनाया। सर सैयद अहमद ने हिंदी के मुकाबले उर्दू का सवाल उठाया और उसे शिक्षा तथा प्रशासन की भाषा बनाने की माँग की। फ़ारसी तो अब राजभाषा बन नहीं सकती थी, इसलिए उर्दू को सामासिक संस्कृति की प्रतिनिधि बनाकर यह पद उसे दिलाने की कोशिश की। 1887 में उन्होंने मेरठ में भाषण देते हुए कहा था :

"मान लीजिए अब सारे अंग्रेज और उनकी समूची सेना हिंदुस्तान से चली जाती है। वे अपनी तोपें, शानदार हथियार और हर एक चीज साथ ले जाते हैं, तब हिंदुस्तान का शासक कौन होगा? उन हालात में क्या यह संभव है कि दो कौमें—हिंदू और मुसलमान—एक तख्त पर एक साथ बैठें और वे सत्ता में बराबर हों? नहीं, बिल्कुल नहीं। यह जरूरी है कि उनमें से एक दूसरे को हराकर नीचे धकेल दे। यह आशा करना कि वे दोनों समान भाव से रह सकती हैं, असंभव की इच्छा करना है और ऐसा सोचा ही नहीं जा सकता।"

(क्वेस्ट, दिसंबर 1970)

इस सिलसिले में यह बात मशहूर है कि यह तकरीर सर सैयद अहमद की अपनी तकरीर नहीं थी बल्कि अलीगढ़ यूनिवर्सिटी के अंग्रेज प्रिंसिपल थ्योडोर बैक ने उन्हें लिखकर दी थी। थ्योडोर बड़ा ही चालाक और धूर्त साम्राज्यवादी था। हिंदू और मुसलमानों में फूट के बीज बोने का काम उसे खासतौर पर सौंपा गया था।

अलीगढ़ यूनिवर्सिटी के साथ ही सर सैयद अहमद ने चूँकि साइंटिफिक सोसाइटी भी कायम की थी, इसलिए कहा जाता है कि उन्होंने नई शिक्षा और नई रोशनी फैलाकर मुसलमानों को धार्मिक रूढ़िवाद से उबारा। पर हकीकत यह है कि खुद सर सैयद अहमद सामंती विचारों के रूढ़िवादी व्यक्ति थे और उनका सबसे बड़ा गुनाह यह है कि वह दो राष्ट्रों के सिद्धांत का प्रचार करके फूट का बीज बोने वाले सबसे पहले मुस्लिम संप्रदायवादी थे।

यों दो राष्ट्र का सिद्धांत चला। इसी के आधार पर मुस्लिम लीग की स्थापना हुई। विदेशी सरकार ने कौंसिलों तथा नौकरियों में मुसलमानों को अलग नुमाइंदगी देकर अलगाव की प्रवृत्ति को बढ़ावा दिया और धीरे-धीरे देश की समूची आबादी को धर्म के आधार पर हिंदू, मुसलमान, सिख और ईसाई आदि में बाँट दिया। इस साम्राज्यवादी षड्यंत्र का तोड़ यह था कि कांग्रेस भाषा और संस्कृति के आधार पर पंजाबी, सिंधी, बंगाली, गुजराती आदि जातियों का सिद्धांत प्रवाहित करती और आत्मनिर्णय के आधार पर विभिन्न जातियों की स्वतंत्र संघीय सरकार बनाने के लिए संघर्ष छेड़ती। लेकिन जातियों के आत्मनिर्णय का संघर्ष अंततोगत्वा वर्ग-संघर्ष का रूप धारण कर लेता है, इसलिए यह रुख अपनाना कांग्रेस की बूर्जुआ राजनीति के उलट पड़ता था। गाँधी ने कांग्रेस का जो विधान बनाया था, उसमें चाहे राज्यों को भाषा के आधार पर विभाजित किया गया था; पर भाषा और संस्कृति के बारे में गाँधी का अपना दृष्टिकोण उसकी क्रांति-विरोधी राजनीति ही का एक अंग था, इसलिए

उसका दुरुस्त होना मुमकिन नहीं था। अपने स्कूली अनुभव के आधार पर गाँधी ने अपनी 'आत्मकथा' में लिखा है :

"आज तो मैं यह मानता हूँ कि भारतवर्ष के उच्च शिक्षणक्रम में अपनी भाषा के सिवा राष्ट्रभाषा हिंदी, संस्कृत, फ़ारसी, अरबी और अंग्रेजी को स्थान मिलना चाहिए। इतनी भाषाओं की संख्या से डरने का कारण नहीं है। यदि भाषाएँ ढंग से सिखाई जाएँ और सब विषय अंग्रेजी द्वारा ही पढ़ने, समझने का बोझ हम पर न हो तो उपर्युक्त भाषाओं की शिक्षा भाररूप न होगी, बल्कि उनमें बहुत रस मिलेगा... उर्दू को मैंने अलग भाषा नहीं माना है क्योंकि उसके व्याकरण का समावेश हिंदी में हो जाता है। इसके शब्द तो फ़ारसी और अरबी ही हैं। अच्छी उर्दू जानने वाले के लिए अरबी और फ़ारसी जानना जरूरी है, वैसे ही जैसे अच्छी गुजराती, हिंदी, बंगला, मराठी जानने वाले के लिए संस्कृत जानना।" (पृ. 33)

अब देखिए गाँधी के नजदीक अंग्रेजी सीखना इसलिए जरूरी है कि उसे अंग्रेजी शासकों ने हम पर आरोपित किया है और इसके अलावा फ़ारसी और अरबी सीखना शायद इसलिए जरूरी है कि मुसलमानों ने इनके साथ अपना धार्मिक संबंध जोड़ रखा है और इन्हें सीखे बिना अच्छी उर्दू जानना संभव नहीं है। अगर ढंग से पढ़ने मात्र से ये भाषाएँ सहज में सीखी जा सकती हैं तो जर्मन, रूसी, फ्रांसीसी आदि भाषाएँ भी सीखी जा सकती हैं। उनका सीखना क्यों जरूरी नहीं?

इसमें संदेह नहीं कि गाँधी ने अंग्रेजी की मौजूदा हैसियत का हमेशा विरोध किया और पहले दक्षिण अफ्रीका में और फिर स्वदेश लौटकर मातृभाषा के महत्त्व पर विशेष बल दिया; लेकिन राजनीति की तरह उसने भाषा के बारे में भी समझौते की नीति अपनाई। गाँधी कई बरस तक हिंदी साहित्य सम्मेलन का अध्यक्ष बना रहा, लेकिन जब मुस्लिम लीग ने जोर पकड़ा और मुसलमानों की तरफ से हिंदी का विरोध बढ़ा तो गाँधी ने हिंदी साहित्य सम्मेलन की अध्यक्षता से इस्तीफा दे दिया और वह देवनागरी तथा फ़ारसी दोनों लिपियों में 'हिंदुस्तानी' को राष्ट्रभाषा बनाने के पक्ष में हो गया। इस संबंध में नागपुर में एक सम्मेलन भी बुलाया गया। उससे लौटकर मौलवी अब्दुल हक ने 18 सितंबर, 1937 को मियाँ बशीर अहमद संपादक 'हुमायूँ' लाहौर के नाम अपने खत में लिखा :

"अनायतनामा पहुँचा। बहुत शुक्रगुजार हूँ। मेरे और राजेंद्र बाबू के बयान में कहीं हिंदी का जिक्र नहीं। हमने 'हिंदुस्तानी' लफ्ज इस्तेमाल किया है और हिंदुस्तानी की मुजमल तारीफ (उपयुक्त व्याख्या) भी कर दी है। यानी वह जुबान

जो शमाली हिंद (उत्तर भारत) में बोली जाती है। हिंदी से मुतल्लिक बहस नहीं। झगड़ा सिर्फ रस्म रवत का है। अगर हमारे बयान के मुताबिक 'हिंदुस्तानी' हिंदुस्तान के तमाम सूबों की दफ्तरी और तालीमी जुबान हो जाए तो इसमें सरासर हमारी जीत है।''

सवाल यह है कि जब गाँधी उर्दू को हिंदी से अलग भाषा नहीं मानता था तो वह 'हिंदुस्तानी' पर क्यों आया? क्या यह समझौतापरस्ती और चापलूसी नहीं थी? लेकिन हिंदुस्तानी की बेल मढ़े नहीं चढ़ी।

दूसरे, जिस तरह अंग्रेज ने समूचे देश पर अंग्रेजी भाषा थोपी थी, उसी तरह हिंदी या हिंदुस्तानी को तमाम राज्यों पर राष्ट्रभाषा के रूप में थोपना और उसे शिक्षा तथा प्रशासन की भाषा बनाना क्षेत्रीय भाषा और संस्कृति के साथ अन्याय है। कांग्रेस सरकार चूँकि आज भी इसी नीति पर चल रही है; इसीलिए भाषा समस्या हल होने में नहीं आ रही।

हम यहाँ यह भी कह दें कि कम्युनिस्ट पार्टी के चिंतन का आधार चाहे द्वंद्वात्मक भौतिकवाद है, पर उसने हमारे देश में भाषा-समस्या और जाति-समस्या को सुलझाने के बजाय उल्टा उलझाया है। कारण यह कि उसके अंग्रेजी पढ़े-लिखे नेता अकसर बूर्जुआ वर्ग अथवा उच्च मध्यवर्ग से आए हैं, और हमेशा कांग्रेस के पिछलग्गू तथा अवसरवादी रहे हैं। उन्होंने बड़ी गलती यह की है कि मुसलमानों और सिखों को धर्म के आधार पर अलग-अलग जातियाँ मानकर पाकिस्तान और 'सिख होम लैंड' की माँग का समर्थन किया। यह आत्मनिर्णय के अधिकार की अत्यंत भोंडी और मूर्खतापूर्ण व्याख्या थी। इस गलती को तो उन्होंने ज्यों-त्यों करके सुधार लिया; लेकिन भाषा के बारे में अब भी गलत नीति अपना रखी है। वे उर्दू को हिंदी से अलग मुसलमानों की भाषा मानते हैं और उसे फ़ारसी लिपि में बनाए रखने का आश्वासन देते हैं। वे नहीं जानते कि उनका यह रवैया मार्क्स-विरोधी तथा राष्ट्र-विरोधी है और इससे अलगाव की प्रवृत्तियों को बढ़ावा मिलता है। वे हिंदी साम्राज्य के नाम पर हिंदी का विरोध करते हैं; पर यह नहीं समझते कि बड़ी गिनती वाली जाति की भाषा आर्थिक तकाजों से आप ही आप संपर्क भाषा बन जाती है।

भाषा की तरह संस्कृति के बारे में भी गाँधी का दृष्टिकोण सर्वथा गलत और भ्रांतिजनक था। उसने जब स्कूलों और अंग्रेजी शिक्षा के बहिष्कार का आंदोलन चलाया तब उसने बनारस हिंदू यूनिवर्सिटी और अलीगढ़ यूनिवर्सिटी के ट्रस्टियों से

अपील की थी कि वे सरकारी सहायता लेना बंद कर दें और इन संस्थाओं में राष्ट्रीय शिक्षा देना शुरू करें। इस सिलसिले में वह मोलाना मुहम्मद अली के साथ अलीगढ़ भी गया था। तब कुछ लोगों ने आरोप लगाया था कि गाँधी मुस्लिम हित की बात कहकर मुस्लिम यूनिवर्सिटी को नष्ट करना चाहता है। इस आरोप का उत्तर देते हुए गाँधी ने 26 अक्तूबर, 1920 के 'यंग इंडिया' में लिखा था :

"यह हिंदुस्तान में इस्लामी सभ्यता का सबसे प्रसिद्ध केंद्र है। मैं इसे नष्ट क्यों करना चाहूँगा? वाकई कुछ मुसलमान समझते हैं कि मैं अलीगढ़ की भलाई के बहाने से उसके साथ बुरी नीयत रखता हूँ। उन्हें इसकी खबर नहीं कि मैं पंडितजी (मालवीय) की बनारस हिंदू यूनिवर्सिटी के साथ भी वही मामला करने की प्रार्थना कर रहा हूँ जो मैंने यहाँ के ट्रस्टियों से मुस्लिम यूनिवर्सिटी के साथ करने को कहा है।...खालसा कॉलेज के साथ भी जो सिख सभ्यता का एकमात्र केंद्र है, मेरा यही रवैया रहा। मैं इन तीनों को नष्ट करके अनेक स्थान पर अधिक पवित्र और अधिक शुद्ध संस्थाएँ स्थापित करने का इच्छुक हूँ। मैं यह नहीं मान सकता कि ये संस्थाएँ अपनी-अपनी सभ्यता की सही प्रतिनिधि हैं। जिस तरह इस्लाम अंग्रेजों के हाथों तबाही में है उसी तरह हिंदू धर्म और सिख धर्म उनके हाथों तबाही में हैं।"

धर्म को सभ्यता तथा संस्कृति का आधार मान लेना सर्वथा गलत था। इससे जाने-अनजाने सामासिक संस्कृति के सिद्धांत का और दो राष्ट्रों के सिद्धांत का समर्थन हो जाता है। गाँधी ने राम और रहीम एक हैं का राग बहुत अलापा और उसकी प्रार्थना सभाओं में गीता-पाठ के साथ-साथ कुरान की तलावत भी होती रही; पर मुसलमानों ने कभी उसे अपना नेता स्वीकार नहीं किया। उसका अहिंसावाद भी मुसलमानों की धार्मिक मान्यताओं के विपरीत था। इकबाल ने लिखा है :

ऋषि के फाकों से टूटा न ब्राह्मण का तिलिस्म,
असा न हो तो कलीमी है कारे-बेबुनियाद।

कलीम हजरत मूसा और असा वह लाठी है जिससे वह शत्रुओं पर प्रहार किया करते थे। असा और मूसा की परंपरा से अपना मानसिक सम्बन्ध जोड़कर इकबाल मुसलमानों में गाँधी से ज्यादा लोकप्रिय बन गया। उसके नजदीक बिना असा की पैगम्बरी अर्थात् निशस्त्र नेतृत्व व्यर्थ है। हसरत मोहानी ने यही बात अपने अंदाज में यों कही है :

जिसे कहते हैं अहिंसा वह उसूले खुदकुशी था,
अमल इसपै, कोई कहता, न अवाम करते।

हसरत मोहानी समाजवादी विचारों के व्यक्ति थे। वह धार्मिक कम और जनवादी अधिक थे। इसलिए उन्होंने अहिंसावाद के मुकाबले में दूसरा मार्ग भी प्रस्तुत किया है :

गाँधी की तरह बैठ के क्यों कातेंगे चर्खा।
लेनिन की तरह देंगे न दुनिया को हिला हम।

इसमें सदेह नहीं कि हिंदुस्तान के अवाम का हित चर्खा कातने में नहीं, क्रान्ति का मार्ग अपनाने में था। स्वाधीनता-संग्राम के सशस्त्र संघर्ष में धार्मिक अंधविश्वास और रूढ़िवाद टूटता और हिंदू-मुस्लिम अवाम में निचली सतह पर वास्तविक एकता स्थापित होती। 1857 की असफल क्रांति ने इसका सबल प्रमाण प्रस्तुत किया है। लेकिन गाँधी तो निहित स्वार्थों की रक्षा के लिए नेता बना था और पूरी ईमानदारी से जान-बूझकर क्रांति-विरोधी भूमिका अदा कर रहा था। इसलिए उसने एक तरफ हिंदू अवाम को रामराज की पुनरुत्थानवादी परंपरा से जोड़कर अपना क्रांति-विरोधी नेतृत्व दृढ़ बनाया और दूसरी तरफ मुस्लिम अवाम को मूसा और असा की परंपरा से जोड़कर मुस्लिम लीग के प्रतिक्रियावादी नेतृत्व की गोद में धकेल दिया। जिस तरह दो लिपियों में हिंदुस्तानी भाषा का चलना संभव नहीं था, उसी तरह इन दोनों पुनरुत्थानवादी परंपराओं का समन्वय संभव नहीं था। अतएव हिंदू-मुस्लिम एकता के लिए गाँधी के सारे प्रयत्नों का परिणाम यह निकला कि फूट की खाई इस हद तक बढ़ गई कि अब उसे पाटना नामुमकिन जान पड़ता है।

मुहम्मद अली जिन्ना ने कितनी ही कंपनियों में हिस्से खरीद रखे थे। वह पूँजीवादी सभ्यता में पला धर्म-निरपेक्ष विचारों का व्यक्ति था। लेकिन जब खिलाफत कमेटी द्वारा गाँधी ने इस्लाम के प्रतिक्रियावादी निकृष्टतम तत्त्वों से समझौता किया और अली बंधुओं के साथ प्रेम की पींगें चढ़ाना शुरू कीं तो जिन्ना चिढ़कर कांग्रेस से अलग हो गया और गाँधी के प्रति उसके मन में घृणा बैठ गई, जो फिर कभी दूर नहीं हो सकी। इसके बावजूद उसे 1930 तक हिंदू-मुस्लिम एकता का दूत समझा जाता था। मोतीलाल नेहरू ही से नहीं पंडित मदनमोहन मालवीय तक से उसकी खूब पटती थी। राजनीति में वह संसदीय मार्ग पर चलने वाला उदार विचारों का

व्यक्ति था। उसका खयाल था कि हिंदुस्तान को ब्रिटिश साम्राज्य के भीतर आस्ट्रेलिया और कनेडा जैसा औपनिवेशिक पद प्राप्त हो जाएगा। इससे ज्यादा की न उसने कभी कामना की और न अपने आपको क्रांतिकारी दिखाने का प्रयत्न किया।

जिन्ना हमेशा मुस्लिम वोटों से लेजिस्लेटिव असेम्बली का सदस्य चुना जाता था। लेकिन मुस्लिम लीग का नेता वह तब बना, जब उसने देखा कि गाँधी और उसके अनुयायी इसके बिना राजनीति में उसकी दाल गलने नहीं देंगे। धर्म और राजनीति को आपस में पहले गाँधी ही ने गडमड किया था। अब उसने गाँधी को गाँधी ही के हथकंडों से मात देने की सोची। अतएव उसने गाँधी और कांग्रेस को हिंदुओं का प्रतिनिधि और अपने और मुस्लिम लीग को मुसलमानों का प्रतिनिधि कहना शुरू किया।

जिन्ना और मुस्लिम लीग के दूसरे नेताओं ने धर्म का सिर्फ इतना ही सहारा लिया कि उन्होंने मुसलमानों को धर्म के आधार पर हिंदुओं से अलग कौम बताया। उन्होंने कहा कि दोनों का धर्म ही अलग-अलग नहीं रहन-सहन, रीति-रिवाज, इतिहास, संस्कृति और भाषा तक अलग-अलग है। फिर हिंदू बहुत बड़ी गिनती में हैं, धन-संपत्ति के मालिक हैं, उद्योग-धंधों और व्यापार पर छाए हुए हैं और वे मुसलमानों का शोषण करते हैं। अगर अंग्रेज के चले जाने के बाद हिंदू और मुसलमान इकट्ठे रहे तो यह शोषण और बढ़ेगा और इसके अलावा जिस तरह सवर्ण हिंदुओं ने निचली जातियों के करोड़ों हिंदुओं को सदियों से अछूत बनाकर रखा हुआ है, वे मुसलमानों के साथ भी इसी तरह का दुर्व्यवहार करेंगे।

मुस्लिम अवाम आर्थिक दृष्टि से बहुत पिछड़े हुए थे, इसलिए उन पर इस प्रचार का बड़ा असर हुआ हालांकि खुद मुस्लिम लीग नवाबों, खान बहादुरों, बड़े-बड़े जमींदारों और हर तरह के प्रतिक्रियावादी तत्त्वों की प्रतिनिधि संस्था थी। लेकिन मेहनतकश मुस्लिम अवाम इस बात को भूलकर अपने को शोषित और हिंदुओं को शोषक समझने लगे। फिर जिन्ना के नेतृत्व में मुस्लिम लीग ने जब यह प्रचार शुरू किया तो 1935 के इंडिया एक्ट के अंतर्गत कांग्रेस मंत्रिमंडल बन चुके थे। ये मंत्रिमंडल 1937 से 1939 तक बने रहे। इन दो सालों में मजदूरों और किसानों के संघर्षों ने बड़ा जोर पकड़ा। कांग्रेस मंत्रिमंडलों ने कारखानेदारों और जमींदारों का पक्ष धारण करके मजदूरों और किसानों पर गोलियाँ चलवाई। अकसर जगहों पर कारखानेदार तथा जमींदार हिंदू थे, और मजदूर किसान ज्यादातर मुसलमान होते थे। इससे मुस्लिम लीग को यह कहने का मौका मिला कि देखिए हिंदू कांग्रेस सरकार

मुसलमानों पर जुल्म ढा रही है। इससे खूब नफरत फैली और मुसलमान मुस्लिम लीग के झंडे तले गोलबंद होते चले गए। आखिर हिंदू-मुस्लिम जनता का इस हद तक बँटवारा हो गया कि मुस्लिम लीग अपने 1940 के लाहौर अधिवेशन में पाकिस्तान का प्रस्ताव पास करवाने में सफल हुई।

इसके बावजूद जिन्ना ने यह नहीं सोचा था कि देश का बँटवारा होगा। वह तो प्रस्ताव का दबाव डालकर मुसलमानों के लिए कुछ ज्यादा नुमाइंदगी और कुछ ज्यादा रियायतें हासिल कर लेना चाहता था। अगर उसने वाकई बँटवारा चाहा होता तो वह 1945 में बम्बई के अपने पुराने बंगले को नया बनवाने पर दो-तीन लाख रुपया कभी खर्च न करता। पर नफरत का जो बीज बो दिया गया था उसका फल बँटवारे के रूप में काटना पड़ा। 1946 में जब एक बार फिर क्रांति की लहर ऊँची उठी तो कांग्रेस और मुस्लिम लीग के प्रतिक्रियावादी नेतृवर्ग के लिए और कोई चारा ही नहीं रह गया था। ब्रिटिश साम्राज्यवादी पहले ही देश का विभाजन करके क्रांति की शक्तियों को कमजोर बना देने का मंसूबा बाँध चुके थे।

आमतौर पर लोग विभाजन के लिए जिन्ना और मुस्लिम लीग को या फिर मौलाना आजाद की तरह पटेल और जवाहरलाल नेहरू को जिम्मेदार ठहराते हैं। ऐसा सोचते समय वे गाँधी और कांग्रेस के वर्ग-चरित्र को भूल जाते हैं। हकीकत को समझने के लिए अधिक विस्तार में जाने की जरूरत नहीं। एक-दो उदाहरण ही काफी होंगे।

एलन कैम्पबेल जान्सन, प्रेस अटेची के नाते उस समय माउंटबेटन के साथ दिल्ली में मौजूद था। उसने अपनी पुस्तक 'भारत विभाजन की कहानी' में लिखा है :

"अन्तरिम सरकार के वित्तमंत्री के नाते सब बड़ी आमदनियों पर भारी कर लगाने का सुझाव रखकर लियाकत अली खाँ ने कांग्रेस को बड़ी मुसीबत में डाल दिया था। अपने धनी समर्थकों को बचाने के लिए अब उसे अपनी प्रगतिशील और समतावादी घोषणाओं के प्रतिकूल उनके लिए राहत की माँग करनी पड़ेगी। आम भावना यह थी कि कोई समझौते का रास्ता निकल आएगा क्योंकि अपने धनी समर्थकों पर कर लगाने में मुस्लिम लीग और कांग्रेस दोनों ही एक सीमा के आगे नहीं जा सकेंगी।" (पृ. 35)

लियाकत अली ने भारी कर लगाने का सुझाव कांग्रेस नेताओं को चिढ़ाने और लीग के मुस्लिम समर्थकों को खुश करने के लिए ही रखा था, वरना उसका यह मंशा कदाचित् नहीं था क्योंकि पाकिस्तान बनने के बाद बड़ी आमदनियों पर ऐसा भारी

कर कभी नहीं लगाया गया। खैर समझौते की कोशिश शुरू हुई। माउंटबेटन ने राजे-नवाबों और कांग्रेस और मुस्लिम लीग के नेताओं से बातचीत की। जान्सन लिखता है :

"गाँधी ने संपूर्ण समस्या को हल करने के लिए एक आश्चर्यजनक प्रस्ताव रखा। वह यह था कि वर्तमान मंत्रिमंडल को भंग करके जिन्ना को पूर्णतः मुस्लिम मंत्रिमंडल बनाने के लिए आमंत्रित किया जाए।

माउंटबेटन ने पूछा, 'जिन्ना की क्या प्रतिक्रिया होगी?' गांधी ने उत्तर दिया, 'जिन्ना कहेंगे यह धूर्त गांधी की चाल है।'

माउंटबेटन ने मुस्कराकर प्रश्न किया, 'और क्या उनका यह कहना सही न होगा?'

'नहीं।' गाँधी ने कहा, 'मैं बिल्कुल दिल से कह रहा हूँ'।" (पृ. 48)

यह कोई व्यावहारिक बात नहीं थी और जिन्ना भी कोई बच्चा नहीं था कि इसे स्वीकार लेता। आखिर बँटवारे का निर्णय हुआ, जिसे कांग्रेस और लीग दोनों ने माना और खुद गाँधी ने 7 मई, 1947 को अपनी प्रार्थना-सभा में यह निर्णय जनता के सामने इन शब्दों में रखा :

"कल मैं जिन्ना साहब के पास गया था। हमारे बीच राजनीतिक विरोध बहुत ज्यादा है। वे पाकिस्तान माँगते हैं, मैं उसका विरोधी हूँ। परन्तु कांग्रेस वालों ने लगभग निर्णय कर लिया है कि पाकिस्तान की माँग पूरी कर दी जाए। हाँ, पंजाब और बंगाल के जिन इलाकों में हिंदुओं का बहुमत है, वे पाकिस्तान को न मिलें। केवल वे ही प्रदेश पाकिस्तान में जाएँगे जहाँ मुसलमानों का बहुमत है।

मैं तो इसके भी विरुद्ध हूँ। देश के टुकड़े करने की बात से मैं काँप उठता हूँ। परन्तु यह विचार रखने वाला इस समय मैं अकेला हूँ। मैं किसी भी पक्ष का समर्थन नहीं करता। जिन्ना साहब को मैंने साफ कह दिया है कि मैं तो हिंदू, मुसलमान, पारसी, सिख, जैन, ईसाई आदि तमाम जातियों का सेवक हूँ, ट्रस्टी हूँ। इसलिए पाकिस्तान के निर्माण में मैं दिलचस्पी नहीं लूँगा और उसकी स्वीकृति पर मैं हस्ताक्षर नहीं करूँगा?

मैंने जिन्ना साहब को यह भी नम्रतापूर्वक बताया कि आप हिंसा के जोर से या ऐसे नामर्दी-भरे रवैये से पाकिस्तान नहीं ले सकते। समझाकर शांति से सारा देश भले ही आपको सौंप दिया जाए, उससे मैं खुश होऊँगा। ऐसा होगा तो सबसे पहली बधाई मैं दूँगा।" (मनु बहन, बिहार की कौमी आग में, पृ. 192)

गाँधी ने यह भी कहा था कि पाकिस्तान मेरी लाश पर बनेगा और जब बन गया तो निर्णय सुनाने का यह धूर्तता-भरा ढंग अपनाया। भला सोचिए, जब माउंटबेटन और जिन्ना से समझौते की बातचीत खुद गाँधी कर रहा था तो पाकिस्तान देने का निर्णय करने वाले दूसरे कांग्रेसी कौन थे? क्या गाँधी के बिना कांग्रेस द्वारा कोई निर्णय संभव था? और जब पाकिस्तान देने का निर्णय हो ही गया तो जिन्ना से यह कहने का क्या मतलब कि वह हिंसा के जोर से पाकिस्तान नहीं ले सकता। और फिर मजे की बात यह कि देश के इसी बँटवारे का नाम आजादी रखकर उसका श्रेय गाँधी को दिया गया और दुनिया-भर में ढिंढोरा पीटा गया :

साबरमती के संत तूने कर दिया कमाल,
ले दी हमें आजादी बिना खड्ग बिना ढाल।

समाज-व्यवस्था, प्रशासन-प्रणाली और शिक्षा-प्रणाली ज्यों-की-त्यों बनी रही, पैसे का शोषण, धर्म और जाति का दमन ज्यों-का-त्यों बना रहा तो यह कैसी आजादी थी? यों कहिए, कि जनता की पीठ पीछे छल-कपट की राजनीति द्वारा जॉन की जगह गोविन्द को गद्‌दी पर बिठा दिया गया, फिर अगर यह सब भी गाँधी के अहिंसावाद द्वारा हुआ तो देश के विभाजन में जो लाखों निरपराध व्यक्तियों की जानें गईं और करोड़ों की संपत्ति नष्ट हुई, वह सब किस लेखे में जाएगा? इतने में तो चार क्रांतियाँ हो जातीं और राष्ट्र का चरित्र बनता। यह निर्णय भी भौगोलिक, ऐतिहासिक और सांस्कृतिक दृष्टि से गलत है। इसे रद्‌द करने के लिए दोनों तरफ की जनता को कहीं अधिक कुर्बानियाँ देनी होंगी। चाहे यह बात आज असंभव-सी जान पड़ती है; पर हमारा यह दृढ़ विश्वास है कि आखिर हिंदुस्तान और पाकिस्तान फिर से एक देश बनेगा और क्रांति के बाद विभिन्न जातियों की संघीय सरकार स्थापित होगी। हिंदुस्तान के मुकाबले पाकिस्तान इस दिशा में तेजी से आगे बढ़ रहा है।

देश का बँटवारा बड़ा ही घृणित अपराध था। उसका दंड असल अपराधी को मिलना ही चाहिए था और यह मिला। नाथूराम गोडसे ने 30 जनवरी, 1948 को—बँटवारे के पाँच-साढ़े पाँच महीने बाद—बिड़ला भवन में गाँधी की हत्या कर दी और उसने दिलेरी से ऐलान किया—"मैं नहीं चाहता था कि यह व्यक्ति नैसर्गिक मौत मरे, मैं उसकी हत्या करके इतिहास में प्रश्न-चिह्न लगा देना चाहता था।"

प्रश्न-चिह्न लगा, जो दिन-दिन गहरा और बड़ा होता चला गया।

—हंसराज रहबर ('गांधी बेनकाब' पुस्तक से साभार)

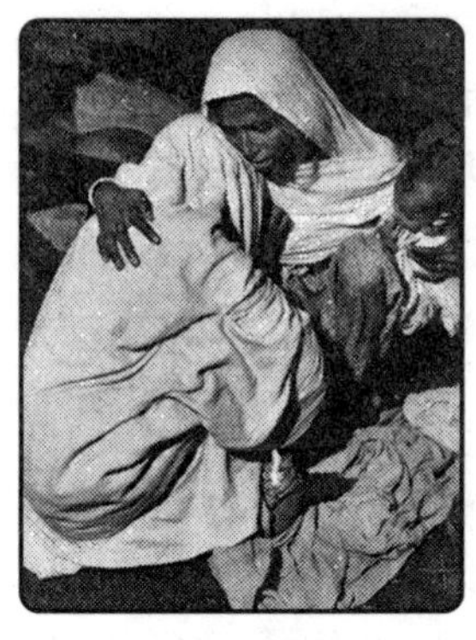

1
विभाजन की त्रासदी

गाँधी जी के वध के विषय की परिधि में एक आयोग बिठाया गया था। सर्वोच्च न्यायालय के सेवानिवृत्त न्यायमूर्ति श्री कपूर की नियुक्ति इस कार्य के लिए हुई थी। क्या यह दुर्घटना टाली जा सकती थी और क्या शासकीय कर्मचारियों ने सुरक्षा की उपेक्षा की? ऐसे विषय उस आयोग के सामने थे। उस विषय के अन्तर्गत तत्कालीन दिल्ली के वातावरण का चित्रण करना भी उन्हें आवश्यक प्रतीत हुआ। साथ ही, गांधी जी के संबंध में लोकमत कैसा था, यह भी देखना उन्हें अनिवार्य लगा। कुछ तथ्यों के आधार पर और उनके सामने आए साक्षियों के विवरण से श्री कपूर ने उस विषय की चर्चा की है।

(कपूर आयोग रिपोर्ट भाग 1, पृष्ठ 133)

दिल्ली की परिस्थिति

पंजाब उच्च-न्यायालय के एक और न्यायमूर्ति श्री जी. डी. खोसला ने एक पुस्तक लिखी है, 'The Stern Reckoning'। पुस्तक में हिन्दुस्तान का विभाजन, विभाजन तक हुई घटनाएँ और विभाजन के भयानक परिणामों से सम्बन्धित जो अध्याय हैं उनका आधार श्री कपूर ने अपनी रिपोर्ट में लिखा है। 12 दिसम्बर, 1945 में 'डॉन' समाचार-पत्र में जिन्ना ने कहा है कि यदि लोग स्वेच्छा से स्थानान्तरण करना चाहें तो वैसा हो सकता है। वे लोकमत को टटोलना चाहते थे। जो प्रांत पाकिस्तान में जाने वाले थे, वहाँ के हिन्दुओं की इसमें सहमति नहीं थी, किन्तु मुस्लिम-लीग को इस स्थानांतरण-योजना का कार्यान्वयन तुरन्त चाहिए था। क्योंकि उससे पाकिस्तान का विरोध करने वालों को उत्तर मिलने वाला था। पंजाब, उत्तर-पश्चिमी सीमा-प्रांत, सिंध और बंगाल, इन प्रांतों के हिंदू अपने घर-बार, व्यवसाय,

व्यापार-धन्धे छोड़ने के लिए तैयार नहीं थे। वे उद्योग उन्होंने वहाँ पीढ़ियों के परिश्रम से खड़े किए थे। जिन्ना के मन की लहर पर भिखमंगे होना या भटकने वाला बनना और निर्वासित बनना उन्हें मान्य न था। दूसरी ओर, उत्तर प्रदेश, बम्बई, मद्रास, बिहार, मध्य प्रदेश आदि प्रांतों के मुसलमानों को भी अपना घर-बार छोड़कर जाना जंचता न था। इस कठिनाई का हल करने के लिए मुस्लिम-लीग को अन्य कोई मार्ग ढूँढना अनिवार्य हो गया। (अनुच्छेद 12⁄ ए-1)

कलकत्ते के नरसंहार का प्रयोग भले ही पूरी तरह सफल न हुआ हो, किन्तु उसका एक परिणाम अवश्य हुआ। उस हत्याकांड से निर्मित आतंक ने हिन्दुओं को अपना घरबार छोड़ने को बाध्य किया। वह प्रयोग नोआखाली और टिप्पेरा आदि शहरों में सफल हुआ। वहाँ के हिन्दुओं के मन में भय उत्पन्न करना, उनकी संपत्ति की लूटपाट करना, स्त्रियों पर अत्याचार करना और हिन्दुओं को सामूहिक रूप में भ्रष्ट कर मुसलमान बनाना उनके लिए सुलभ हुआ। यह मार्ग लोगों के स्थानांतरण की दृष्टि से लीग को अधिक उपयुक्त जंचा। बिहार में उसकी प्रतिक्रिया हुई थी। वहाँ के मुसलमानों को सिंध में जाना पड़ा था। लोगों के स्थानांतरण का प्रश्न दुबारा सन्मुख आया था। फिर 26 नवम्बर, 1946 को जिन्ना ने 'डॉन' अखबार में प्रकाशित करवाया कि स्थानांतरण का प्रश्न तुरन्त हाथ में लिया जाए। पूरे हिन्दुस्तान में हिन्दुओं ने इसका विरोध किया, किन्तु मुस्लिम-लीग ने उस मार्ग की पुनरावृत्ति की और ममदोत के नवाब जैसे पंजाब के मुस्लिम नेता ने इस स्थानान्तरण कार्य को सम्पन्न करने की धमकी भी दी। (अनुच्छेद 12 ⁄ ए-2)

सर इवान्स जोंकिन्स उन दिनों पंजाब के गवर्नर थे। उन्होंने कहा कि नवाब ममदोत के वक्तव्य का सीधा अर्थ है कि पंजाब के हिन्दुओं को पंजाब से छलपूर्वक निकालना, परन्तु मुस्लिम-लीग के नेताओं ने उसका प्रतिरोध किया और कहा कि पंजाब की बहुसंख्यक जनता के भीतर इन अल्पसंख्यक हिन्दुओं का रहना असुरक्षित और भयप्रद है। (अनुच्छेद 12 ⁄ ए-3)

सर फिरोजखान नून ने धमकाया कि चंगेजखान और हलाकूखान के किए हुए अत्याचार की पुनरावृत्ति होगी। नून भूल गए थे कि वे मुसलमान नहीं थे। जनवरी, 1947 में मुसलमानों ने अपना अत्याचारी आन्दोलन प्रारम्भ किया। उससे पंजाब के संयुक्त मंत्रिमंडल का शासन समाप्त हुआ। (अनुच्छेद 12 ⁄ ए-4)

आरोप लगाया गया कि पंजाब के हिन्दू नेता और विशेषकर मास्टर तारासिंह जी ने कड़े शब्दों में विरोध किया। वस्तुतः उन्होंने कड़े शब्दों का प्रयोग किया, इस बात का आधार तक न था। मुसलमान केवल बहाना ढूँढते थे। रावलपिंडी में हुए हिन्दुओं के हत्याकाण्ड का वर्णन 'रावलपिंडी का बलात्कार' के नाम से जाना जाता है। अपनी प्राणरक्षा के लिए हिन्दुओं को छलबल के कारण इस्लाम-धर्म स्वीकार करना पड़ा। हिन्दु और सिक्ख स्त्रियों ने भारी संख्या में अग्नि में प्रवेश कर जौहर की प्रथा निभाई। उन्होंने कुओं में छलांग लगाकर आत्म-बलिदान किया। अपनी बच्चियों को उन्होंने अपने आप मार डाला। अपनी लज्जा-रक्षा का उनके पास केवल यही उपाय था। (अनुच्छेद 12 / ए-5)

गाड़ियाँ भर-भरकर निर्वासितों के दल हिंदुस्तान आने लगे। उसका ब्यौरा भी हृदय विदीर्ण करने वाला है। भयाक्रांत मानवता का बड़ा प्रवाह बह रहा था। डिब्बों में साँस लेने जितना भी स्थान न था। डिब्बों की छत पर बैठकर भी लोग आते थे। पश्चिमी पंजाब के मुसलमानों का आग्रह था कि लोगों का स्थानान्तरण होना चाहिए, परन्तु वह इतने सीधे ढंग से, बिना किसी छल के हो, यह उन्हें नहीं भाता था। इन हिन्दुओं को जाते समय भयानकता, क्रूरता, पशुता, अमानुषिकता, अवहेलना आदि भावों का अनुभव मिलना ही चाहिए, ऐसी उनकी कामना थी। उसी के अनुसार उनका व्यवहार था। (अनुच्छेद 12 / ए-9)

किसी स्टेशन पर गाड़ी घण्टों ठहरती थी। उस विलंब का कोई कारण न था। पानी के नल तोड़ दिये गए थे। अन्न अप्राप्य कर दिया जाता था। छोटे बच्चे भूख और प्यास से छटपटा कर मरते थे। यह तो शाश्वत समस्या थी। एक अधिकृत सूचना के अनुसार माता-पिताओं ने अपने बच्चों को पानी के स्थान पर अपना मूत्र दिया, किन्तु वह भी उनके पास होता तो! निर्वासितों पर हमले होते थे। उनको ले जाने वाले ट्रक और लारियाँ रास्ते में रोकी जाती थीं। लड़कियाँ भगाई जाती थीं। जो लड़कियाँ युवावस्था में थीं, उनसे बलात्कार हुआ करते थे। वे भगाई भी जाती थीं तथा पुरुषों की हत्या की जाती थी। यदि कोई पुरुष बच जाए, तो उसे अपने प्राण बच गए, यह मानकर ही संतुष्ट रहना पड़ता था।

(अनुच्छेद 12 / ए-10)

निर्वासितों का काफिला झुण्ड की भाँति चल रहा था। वृद्ध पुरुषों तथा स्त्रियों का चलते-चलते दम घुट जाता था। वे मार्ग के किनारे मरने के लिये ही छोड़ दिये जाते थे। काफिला आगे बढ़ जाता था। उनकी देखभाल करने का किसी के पास

समय न होता था। रास्ते शवों से भरे थे। शव गल जाते थे। उनसे दुर्गन्ध फैलती थी। कुत्ते और गिद्ध उन्हें अपना भोजन बनाते थे। ऐसे समूह मानो मनुष्य की पराभूत चित्त की, शोक विह्वल और अगतिक मन की अन्त्ययात्रा ही थी।

(अनुच्छेद 12 / ए-11)

अल्पसंख्यकों का बरबस निष्कासन करना, यही मुस्लिम-लीग और पाकिस्तान की रचना को प्रोत्साहित करने वालों का मन्तव्य था। अतएव उन लोगों से सद्व्यवहार, सहानुभूति अथवा सुविधाओं की अपेक्षा करना अर्थहीन था। उनके सैनिक और आरक्षीगण (पुलिस) उनके यात्रारक्षी दल (escorts) प्रायः मुसलमान थे। उनसे निर्वासितों को रक्षण मिलना असंभव ही था। निर्वासितों को भी उन पर विश्वास न था। क्योंकि उन्हें रक्षण देने की अपेक्षा, अपने धर्मबन्धुओं द्वारा चलाए लूटपाट के अभियान में हाथ बटाने का उन्हें अधिक मोह हुआ करता था।

(अनुच्छेद 12 / ए-12)

पश्चिमी पंजाब से आई निर्वासितों की गाड़ियों पर कई बार हमले हुआ करते थे, किन्तु 14 अगस्त, 1947 के पश्चात् जो हमले हुए वे अत्यधिक क्रूरतापूर्ण थे। सितम्बर में झेलम जिले के पिंडदादनखान गाँव से चल पड़ी गाड़ियों पर तीन स्थानों पर आक्रमण हुए। दो सौ स्त्रियों को या तो मारा गया या भगाया गया था। वहाँ से निकली गाड़ी पर वजीराबाद के पास हमला हुआ था। वह गाड़ी सीधे रास्ते से लाहौर जाने के बजाए टेढ़े रास्ते सियालकोट की ओर घुमाई गई। यह सितंबर, 1947 में हुआ। अक्तूबर में सियालकोट से आने वाली एक गाड़ी पर ऐसा ही अत्याचारी प्रयोग किया गया। जनवरी, 1948 में बन्नू से निकली गाड़ी पर गुजरात स्टेशन पर विशेष रूप से क्रूर हमला हुआ। हिंदुओं का घोर संहार हुआ। उसी गाड़ी पर खुशाब स्टेशन पर भी हमला हुआ। सरगोधा और लायलपुर के रास्ते वह गाड़ी सीधी लाहौर लाई जाने के बजाय खुशाब, मालकवाल, लालामूसा, गुजरात और वजीराबाद जैसे दूर के मार्ग से लाहौर लाई गई। बिहार का सैनिक दल यात्रारक्षा के लिए नियुक्त किया गया था। उन पर भी शस्त्रधारी पठानों ने हमला किया और गोली बरसाई। यात्रारक्षी दल ने प्रत्युत्तर में गोली चलाई, किन्तु शीघ्र ही उनका गोला-बारूद समाप्त हो गया। जैसे ही पठानों को यह भान हुआ, तीन सहस्र पठानों ने गाड़ी पर हमला कर दिया। पाँच सौ लोगों को कत्ल कर दिया। यात्री अधिकतर बन्नू की ओर के थे और उनमें से कुछ धनवान थे। उनको लूट लिया गया। यह सब जनवरी, 1948 में हुआ।

(अनुच्छेद 12 / ए-13)

पाराचिनार के हिन्दुओं पर आसपास के परिसर के टोली वालों ने हमले किये थे। उनके घर लूटे गए थे, दूकानें लूटी गई थीं। प्रत्युत उन्हें कोहाट में स्थानांतरित किये जाने का प्रबन्ध किया गया, ताकि वहाँ से रेलगाड़ी से उन्हें हिन्दुस्तान भेजा जा सके। तब तक उनके रहने के लिए तंबुओं की छावनी बनाकर अच्छे संरक्षण में रखना तय हुआ। (अनुच्छेद 12 / ए-14)

इस व्यवस्था के अनुसार उन हिन्दुओं को छावनी में तो रखा, किन्तु उन्हें न खाद्य-सामग्री दी गई न नियंत्रित भाव से अन्न-धान्य। घरबार तो लूटे ही जा रहे थे। बर्फ गिरने लगी। हिन्दुस्तान शासन ने इस घटना की ओर ध्यान दिलाया। उत्तर-पश्चिमी सीमा प्रांत के राज्यपाल ने छावनी तोड़ने की आज्ञा दी, किन्तु वहाँ रहने वालों ने वहाँ से निकलने से इन्कार किया। अति प्रतिकूल वातावरण में भी वहीं रहने का उन्होंने निश्चय किया। अपने घर लौटने में उन्हें असुरक्षितता स्पष्ट रूप से दीखती थी, किन्तु छावनी में भी दुर्भाग्य ने उनका पीछा न छोड़ा। 22 जनवरी को टोली वालों ने छावनी पर हमला किया। 130 हिन्दू मारे गए। 50 घायल हुए, 50 महिलाएँ भगाई गईं। उनके बाद 11 सौ निर्वासितों को पाराचिनार से कोहाट भेजा गया। (अनुच्छेद 12 / ए-15)

(पाराचिनार हत्याकाण्ड पाकिस्तान की लापरवाही का परिणाम था, ऐसा 'हिन्दुस्तान टाइम्स' ने अपने 18 जनवरी, 1948 के अंक में लिखा है।)

युवतियों को भगाना और उनसे क्रूरतापूर्ण व्यवहार करना, यह मानव के इतिहास का एक नीचतम अध्याय है। स्त्रियों को खींचा जाता था, भगाया जाता था। उनसे बलात् संभोग किया जाता था। वे ऐसे दुर्व्यहार की लक्ष्य थीं। उन्हें एक पुरुष से दूसरे पुरुष को दिया जाता था। उनका व्यापार होता था। पशुओं जैसा उनका क्रय-विक्रय होता था। इतना होने के उपरान्त यदि कोई किसी स्त्री को छुड़ा ले तो वे अपने पर ढाये अत्याचारों का वर्णन करती थीं जो हृदय को कँपाने वाला होता था। (अनुच्छेद 12 / ए-16)

बलात्कार, अपहरण, लूटपाट, आग लगाना, हत्या, नरसंहार जैसे कृत्यों की बातें जब पूर्वी पंजाब के लोगों तक पहुँचीं, तब उसकी प्रतिक्रिया हुई। यह नहीं कह सकते कि वह प्रतिक्रिया गौरव करने योग्य थी, किन्तु जनसाधारण सीमा पर स्थित संरक्षक-दल का विश्वास नहीं कर पाते थे। अतः वे अपने वरिष्ठ नेतागण

पर अपनी रक्षा के विश्वास करने को उद्यत हुए। उक्त धारणा के पत्र जवाहरलाल नेहरू तथा सरदार पटेल को आने लगे। कुछ पत्रों में अपनी पत्नी या अपने पिता या सम्बन्धी को बचाए जाने की माँग थी। हिन्दुस्तान के प्रधानमंत्री पर नीति अनुसार काम करने के आरोप लगाने वालों द्वारा वैसे ही हिन्दुओं के प्रति सहानुभूति नहीं बरती जाती थी। उसी प्रकार पश्चिमी पंजाब में भी हिंदुओं ने प्राणों की आहुति दी। उसको बदलना है बलिदानों से, आप स्वराज्य के फल चखते हैं, ऐसे आरोप भरे पत्र भी उन्हें आते थे। जिन सम्बन्धियों की खोज न होती थी उनके विषय में भी लिखा जाता था।

(अनुच्छेद 12 / ए-17)

प्रतिदिन, प्रति सप्ताह पश्चिमी पंजाब से हिन्दुओं के झुंड और काफिले हिंदुस्तान में आते रहते थे। वे रेलगाड़ी से आए, लारियों से आए, विमानों से आए, बैलगाड़ियों से आए और पैदल भी आए। होते-होते दिसम्बर, 1947 तक 40 लाख लोग हिंदुस्तान में आ पहुँचे। उन्होंने अपने घर-बार पीछे छोड़े। मूल्यवान वस्तुओं को छोड़ा। उनमें से लगभग सभी शोकत्रस्त थे। उनके शरीर विकल थे, घायल थे और उनकी आत्मा भयानकता के धक्के से रक्तस्नात थीं। ऐसी अवस्था में वे नए माहौल में आ गए। यहाँ के शिविरों में कष्ट थे। उनके भविष्य में अनिश्चितता ही छलकती थी, किंतु इतना होते हुए भी उनके जीवन पर मंडराता मौत का साया टल गया था और स्त्रियों की सुरक्षा का भी प्रबंध हो गया था। जैसे ही उन्होंने हिन्दुस्तान की सीमा के भीतर पग रखा उनके श्रान्त और प्रायः नीरव और क्लान्त होठों से विजय के उन्माद भरे उद्गारों को अभिव्यक्ति मिली। हम आश्रय पा सके, हम आपत्ति मुक्त हुए, इस भावना के वशीभूत हो, वे रो पड़े। अपने सूखे होठों से उन्होंने 'जयहिन्द' के स्वर में हिंदुस्तान-वंदना प्रदान की।

(अनुच्छेद 12 / ए-18)

सिंध के सुल्तानकोट में मुस्लिम-लीग की एक परिषद् इकट्ठी हुई थी। वहाँ पर एक गीत गाया गया जिसमें पाकिस्तान बनवाने में हाथ बँटाने वालों की मनोकामना प्रतिबिंबित होती है। गीत है–

पाकिस्तान में इस्लाम का स्वतंत्र केन्द्र
निर्माण हो।
पाकिस्तान में बिगर मुस्लिम लोगों का
मुँह तक देखने का दुर्भाग्य न हमें हो।

मुस्लिम राष्ट्र के घर तभी जगमगा उठेंगे
जब पाकिस्तान से मूर्ति पूजक काटों का
अस्तित्व मिट जाएगा।
हिंदुओं का कर्त्तव्य है मात्र गुलाम रहना।
ऐसे गुलामों को राज्य शासन में भाग लेने का
अधिकार कैसे प्राप्त हो सकता है?
राज्य चलाने में उन्हें कभी भी
यश नहीं मिला है।

(अनुच्छेद 12 / ए-19)

जालंधर और लुधियाना के बीच, उसी प्रकार लुधियाना और राजपुरा के बीच गाड़ियों पर हिंदुओं के हनले हुए। कहा गया है कि पटियाला के सिख इसके लिए उत्तरदायी थे। उन दिनों के अधिकारियों ने उन हमलों को रोकने का प्रयत्न किया, किन्तु सिख स्वयं अपने को रोकें, उनके मन की अवस्था न थी और इस बात का भी स्मरण रहे कि उस समय तक पश्चिमी पाकिस्तान में मुस्लिम-क्रोध का लक्ष्य सिख ही बने थे। सिखों का जीवन कहीं भी सुरक्षित नहीं था। वे जहाँ भी नजर आए कत्ल कर दिए जाते थे। (अनुच्छेद 12 / ए-20)

सिंध में भी इसी प्रकार की घटनाएँ हुईं। 11 जनवरी, 1948 को एक घटना प्रमाण के रूप में (प्रमाण क्रमांक 260) लिखी गई है। 850 हिंदू निर्वासितों का एक जत्था 9 जनवरी, 1948 को ओखा (सौराष्ट्र) पट्टन (बंदरगाह) पर उतरा। क्वेटा मेल से जो लोग क्वेटा से करांची गए उस टुकड़ी के वे लोग थे। उन्हें रास्ते में लूट लिया गया। हत्याओं जैसी घटनाओं का भी उन्होंने अनुभव किया। उसी प्रमाण में यह भी लिखा हुआ है कि सिखों सहित सिंधी हिंदुओं की भी किस प्रकार हत्या हुई। स्त्रियों के अलंकार छीने गए। नथ जैसे अलंकार भी खींचे गए।

(अनुच्छेद 12 / ए-21)

15 जनवरी, 1948 का एक प्रपत्र (डाक्यूमेंट) प्रमाण क्र. 260 उद्धृत किया है। वह सरकुलर है। यह पत्र बम्बई के गुप्तचर विभाग के डिप्टी इन्स्पेक्टर जनरल ऑफ पुलिस की ओर से जिले के पुलिस सुपरिंटेंडेंट तथा रांभागीय डी.आई.जी. को भेजा गया है। उसमें लिखा है कि 6 जनवरी, 1948 को करांची में हिंदु और

सिखों पर हमला हुआ और मुसलमानों ने उन पर कठोर अत्याचार किए। उन निर्वासितों में एक जत्था 850 हिंदुओं का है। वह काठियावाड़ में ओखा बंदरगाह पर पहुँचा है, और भी निर्वासित आने वाले हैं। उनमें सब स्तर के लोग हैं। उनमें महाराष्ट्रीय, पंजाबी, सिंधी, काठियावाड़ी, मारवाड़ी आदि सब प्रांतों के लोग हैं। 'निर्वासितों को चाहिए मुसलमानों का रक्त' ऐसा उस परिपत्रक में बताया गया है। (अनुच्छेद 12 / ए-22)

न्यायमूर्ति कपूर दास प्रदत्त संदर्भ और उनका दिल्ली की उन दिनों की अवस्था का विवेचन पक्षपातपूर्ण है, एक पक्षीय है। इस प्रकार की आपत्ति कोई करे, यह असम्भव नहीं है। साधारणतः यह कहा जाता है कि जिस प्रकार मुसलमानों ने हिंदुओं का संहार किया, उसी प्रकार हिंदुओं ने मुसलमानों का किया। अतः क्रूरता के लिए दोनों ही उत्तरदायी हैं। विभाजन के पाप पर परदा डालने का यह एक छद्मी युक्तिवाद है। ऐसे उभय-पक्ष की क्रूरता के उपरान्त हिन्दुस्तान का अभंगत्व जैसे का तैसे ही रहा होता तो उस नरसंहार का लेन-देन हो गया और शेष लेन-देन कुछ न रहा, ऐसा कहा जा सकता था, किन्तु विभाजन हाथ में लेने के लिए मुस्लिम-लीग ने प्रकट रूप से नरसंहार और अत्याचार का कार्य चालू रखा था। प्रतिकार हुआ। वह विभाजन रोकने के लिए नहीं हुआ, अपितु उर्वरित हिन्दुस्तान में ऐसे अत्याचारों को रोका जाए; इस उद्देश्य से।

दूसरी बात, विभाजन की प्रक्रिया में लोगों का स्थानान्तरण उसी अनुपात में हुआ होता तो रक्तपात का दोष एक ही जाति विशेष पर न रखा जाता, परन्तु वैसा न हुआ। हमारे पास संख्या—बल और शौर्य होते हुए भी हमारे नेतागण विशिष्ट उपदेश के मोह-पाश में आबद्ध रहे और मुस्लिम आक्रमक रवैये के सामने उन्होंने सर झुकाया। हमारे नेतागण के व्यवहार की आड़ में मुस्लिम संक्रमण से दिल्ली पर जो आघात पहुँचे वही पृष्ठभूमि गांधी हत्या के विषय की खोज के संदर्भ में अभिप्रेत थी। इसलिए न्यायमूर्ति कपूर ने उस विषय से सम्बद्ध भाग अंकित किया है।

2
निर्वासितों का दर्द और गांधी

अपनी रिपोर्ट में न्यायमूर्ति कपूर ने गांधी-वध के कारणों का विवेचन किया है। (देखिए : खंड 1, पृष्ठ 226) वे लिखते हैं

कई गवाहों का आग्रहपूर्वक कहना था कि 55 करोड़ रुपया पाकिस्तान को न देने का निर्णय भारत शासन ने बदला, यह गांधी-वध का एक प्रमुख कारण था। मंत्रीमंडल ने यह निर्णय 9 जनवरी, 1948 को लिया था। 13 जनवरी को इसके विरोध में गांधी ने अनशन प्रारम्भ किया। 14 जनवरी को मंत्रिमंडल की फिर मीटिंग हुई। उस मीटिंग में 55 करोड़ रुपया न देने के निर्णय को बदल दिया। गांधी जी ने उस बदले निर्णय को 'अद्वितीय' (unique) कहा। गांधी जी के एक शिष्य श्री प्यारेलाल ने 'महात्मा गांधी, दि लास्ट फेज़' पुस्तक लिखी है। उस पुस्तक के दूसरे खंड के पृष्ठ 719 पर वे लिखते हैं, "निर्णय को इस प्रकार बदलने के पीछे मंत्रिमंडल का क्या हेतु था?" गांधी जी ने स्वयं से ही प्रश्न पूछा, 'निश्चय ही मेरा अनशन' (उन्होंने ही उत्तर दिया)। अनशन से पूरा दृष्टिकोण ही बदल गया। यदि मैं अनशन न करता तो वे अपनी योजना के अनुसार चलते। वे उतना ही करते जितना योजना के अनुसार था। ऐसी योजना के उपरान्त एक कानून अस्तित्व में आता है। इंग्लैंड में ऐसा कानून सैकड़ों वर्षों में प्रयोग हुआ

है। जहाँ सामान्य कानून अधूरा होता है, वहाँ न्याय बुद्धि (equity) से काम होता है।

(अनुच्छेद 12/1)

प्यारेलाल जी ने अपनी पुस्तक के उस खंड के 718 पृष्ठ पर लिखा है–कि गांधी जी को पूछा गया, "क्या आपके इस अनशन का गुजरात (पंजाब) स्टेशन पर निर्वासितों के गाड़ी पर हुए हमले पर, नर-संहार पर, उसी प्रकार करांची के हत्याकांड पर प्रतिकूल परिणाम नहीं होगा?" गांधी जी बोले, 'मेरे मन में उस संभाव्य परिणाम का विचार आ गया था, परंतु ऐसा विचार कर मैं स्वयं को सत्यमार्ग से विचलित नहीं होने देता।'

(अनुच्छेद 12/2)

पाकिस्तान को यह राशि प्रदान होने के बाद श्री न.वि. गाडगिल (जो, उस समय केन्द्रीय मंत्री थे) महाराष्ट्र में गए और उन्होंने वहाँ का दौरा किया। उन्होंने कहा कि गांधी जी की यह नीति वहाँ की अधिकांश जनता को अच्छी नहीं लगी। श्री गाडगिल लौटकर दिल्ली आए। जब वे गांधी जी से मिले, उन्होंने कहा, "मैंने लोगों को बताया कि हमने गांधी जी के प्राण 55 करोड़ की तुच्छ राशि देकर मोल लिए।" गाडगिल जी ने कहा है, मुझे तनिक आभास नहीं था कि ये अमूल्य प्राण थोड़े ही दिनों में हमसे विदा लेने वाले हैं। उनके विचारों के अनुसार प्रार्थना-स्थल पर हुआ विस्फोट 55 करोड़ रुपये प्रदान की प्रतिध्वनि थी। (अनुच्छेद 12/3)

श्री राजगोपालाचारी ने जो माउण्टबेटन के पश्चात् वाइसराय बने, उन्होंने एक ग्रन्थ लिखा है। जिसका नाम है 'गांधी जी की शिक्षा और उनका तत्त्व-ज्ञान' (Gandhi's Teachings and Philosophy)। राजा जी ने लिखा है, "सरदार पटेल के शब्द थे कि गांधी जी 55 करोड़ की राशि पाकिस्तान को देने का हठ कर बैठे, जिसका परिणाम उन्हें उनके वध से मिला।"

'गांधी जी ने 55 करोड़ जैसी बड़ी राशि पाकिस्तान को प्रदान करने के लिए आदेश दिया और वह भी देश की कैसी कठिन अवस्था में? जब पाकिस्तान हिंदुस्तान के विरुद्ध सैनिक हमलों के दुष्ट कार्यक्रम बनाने में व्यस्त था और उनको कार्यान्वित करने पर भी तुला हुआ था। उस समय उस घटना से हिंदुओं के मन में जो क्षोभ हुआ उसका प्रकटीकरण उनकी हत्या में हुआ; ऐसा सरदार पटेल का मत था। महाराष्ट्र के उग्र मत के छोटे से सैनिक दल को ऐसा लगा कि गांधी जी देश-विनाश के उच्चतम बिंदु पर हैं। उस दल की भावना हुई कि अब वह अपराध क्षम्य नहीं है। उस दल ने सोचा कि गांधी को इस जगत से हटा दिया जाए, क्योंकि बिना उनकी हत्या के और कोई भी मार्ग उनके लिए परिणामकारक नहीं होगा।"

(अनुच्छेद 12/4)

आगे चलकर राजा जी लिखते हैं, "यह हत्या 55 करोड़ के कारण हुई हो अथवा अन्य किसी भूतकालीन कारण से वह न हुई हो।" इस विषय में गांधीजी का मत था कि "भारत-विभाजन में दोनों ओर से स्वीकृत अनुबंध का पालन दोनों को करना चाहिए। हिन्दुस्तान शासन को स्वातंत्र्य की शुरुआत अनुबंध तोड़ने से नहीं करनी चाहिए।"
(अनुच्छेद 12/6)

श्री पुरुषोत्तम त्रिकमदास ने कपूर आयोग के समक्ष गवाही दी थी। उन्होंने गांधी वध का कारण बताते हुए कहा कि मुसलमानों का अनुनय अथवा संतुष्टि कलकत्ता और नोआखाली में गांधी जी द्वारा किए हुए शांति प्रस्थापना के प्रयोग, 55 करोड़ रुपये दिलाने का उनका हठ (जो उनके अनशन के दबाव से कार्यान्वित करना पड़ा) और हिन्दू-सभा की गांधी जी के प्रति धारणा, ये कारण गांधी-वध के लिए पर्याप्त थे।
(अनुच्छेद 12/7)

पंजाब तथा पश्चिमी-सीमा-प्रांत से हिंदू और सिख दिल्ली, पूर्वी पंजाब तथा पश्चिम उत्तर प्रदेश में आए। उनकी धारणा थी कि वे अपनी मातृभूमि में आ रहे हैं, किन्तु उनके साथ जो व्यवहार किया गया उससे उन्हें लगा कि वे आगंतुक हैं, वे अनचाहे अतिथि हैं, क्योंकि गांधी जी का मत था कि वे अपने-अपने शहरों में वापिस चले जाएँ। छोटे नेता गांधी जी की हाँ में हाँ मिलाकर लाउडस्पीकर का काम करने लगे और गांधी जी के इस मत का प्रसार करने लगे। तब उन निर्वासितों के मन में गांधी जी के प्रति तिरस्कार की भावना निर्माण हुई और वह तीव्रतर होने लगी।
(अनुच्छेद 12/8)

निर्वासितों की धारणाएँ ऐसी बनी थीं, किंतु सामान्य स्तर पर हिन्दुओं को और विशेष कर हिन्दू-सभा के सदस्यों को गांधी जी के मुस्लिम तुष्टीकरण की नीति से बड़ी चिढ़ थी। उनके मत के अनुसार ऐसी नीति के कारण ही देश का विभाजन हुआ और केवल गांधी उस विभाजन के निर्माता थे। जिस हेतु गांधी जी ने अनशन किया था, वह 55 करोड़ देने का प्रश्न था और अनशन समाप्त करने के लिए लदी सात शर्तों का उन हिंदूसभाई नेताओं ने कड़ा विरोध किया था। इतना ही नहीं हिन्दू-सभा के एक नेता श्री आशुतोष लहिरी ने उन सात शर्तों पर हिंदुओं की ओर से हस्ताक्षर करने से इंकार कर दिया। (अनुच्छेद 12/9)

दिल्ली में रह रहे निर्वासित, जिनको हिंदू-सभा का सहारा था, बड़े ही क्रुद्ध हुए। वे अपना क्रोध जुलूसों और नारों से प्रकट करते रहे, किन्तु उनका वह प्रतिकार मौखिक था। पूना में सावरकरवाद के अनुयायी महाराष्ट्रीयजन बहुत अधिक बौखला उठे। सहनशक्ति की सीमा से परे हुए गोपाल गोडसे ने अपनी गवाही में आयोग के सम्मुख कहा है कि गांधी जी को राजनीतिक मंच से हटाए बिना हिंदुओं का और हिंदुत्व का संरक्षण नहीं हो सकेगा, ऐसा उनका मत था और चूँकि वे हिंसा-अहिंसा के तत्वज्ञान में लिपटे न थे, इसलिए ऐसे राजनीतिक स्तर पर गांधी जी का वध करने का उन्होंने निश्चय किया था। उनको मारने का उन्होंने षड्यन्त्र रचा था। उनका पहला प्रयास विफल हुआ, किन्तु दूसरे में उन्हें सफलता मिली। गोपाल गोडसे ने अपने वक्तव्य में यहाँ तक कहा है कि मान लो, नथूराम, आपटे और उनके साथी हत्या पूर्व यदि पकड़े भी जाते तो भी गांधी बच नहीं सकते थे। इस कथन से ध्वनित होता है कि उनके दल में गांधी विरोधी वातावरण की मात्रा कितनी तीव्र थी और षड्यन्त्र की व्याप्ति कितनी गहन थी। (अनुच्छेद 12/10)

श्री जे.एन. साहनी ने कपूर आयोग से कहा कि पूर्व में पंजाब के हिंदू और सिख निर्वासितों की गांधी जी पर अपार श्रद्धा थी। इतना ही नहीं, प्रत्युत वे उनकी पूजा करते थे, किन्तु कुछ घटनाओं के कारण उनकी गांधी जी के प्रति श्रद्धा घट गई—

1. हिन्दुस्तान शासन ने मुसलमानों से आग्रहपूर्वक कहा कि आप हिन्दुस्तान छोड़कर न जाएँ तथा जो मुसलमान हिन्दुस्तान छोड़कर गए थे उनसे प्रार्थना की कि वे हिन्दुस्तान लौट आएँ। नीति की दृष्टि से यह बात अनुचित हो अथवा उचित, शायद वह उचित भी हो, तब भी निर्वासितों को यह बात अखरी, अनुचित लगी। उनका विचार था कि मुसलमानों ने जो घर अथवा दुकानें यहाँ पर छोड़ी हैं वे उनके पुनर्वसन के लिए उनके काम आ सकती हैं।

2. पाकिस्तान को 55 करोड़ रुपये देने के पीछे गांधी जी का अनशन और हठ था, इसलिए निर्वासितों को क्रोध आया। क्योंकि इस राशि का प्रयोग कश्मीर में हमारे जो सैनिक सुरक्षा काम में व्यस्त थे उनको मरवाने के लिए होगा, यह उनका अनुमान था।

3. हिन्दुस्तान के मुसलमानों का झुकाव पाकिस्तान निर्मिति के प्रति था। वस्तुतः आज जो हिन्दुस्तान कहा जाता है उसी भूखंड के मुसलमानों के मत से

पाकिस्तान का निर्माण हुआ। हिंदू और सिखों में आत्मरक्षा की तथा अपने अधिकारों को स्थिर रखने की भावना उत्पन्न हुई थी। संगठन करने का विचार उनमें पनप गया और वह आंदोलन लगभग पूरे हिन्दुस्तान में फैल गया। (अनुच्छेद 12/11)

गांधी जी अपने प्रवचन-उपरांत प्रश्नोत्तर में स्पष्ट कहा करते थे, मुसलमानों का संरक्षण होना चाहिए, भले ही निर्वासित हिन्दू-सिक्खों को कितना भी कष्ट उठाना पड़े। उनके परिवार को भूखा रहना पड़े, खुले आकाश के नीचे ठंड में सिकुड़ना पड़े तो भी कोई बात नहीं। दूसरी ओर, गांधी जी अमानवीय अत्याचार सहकर आए हिन्दू-सिखों के प्रति सहानुभूति प्रकट नहीं करते थे। इस प्रकार के प्रवचन और शासन द्वारा मुस्लिम संरक्षण, इन निर्वासितों को बहुत चुभता था। गांधी की इन भावनाओं का, हिंदू-सभा ने, विशेष कर उनके उग्र विचारवादी घटकों ने, उसमें भी दक्षिण के अर्थात् महाराष्ट्र के घटकों ने पूरा विरोध किया। (अनुच्छेद 12/12)

पश्चिमी पाकिस्तान से आए हुए हिंदू और सिखों की ओर विशेष कर हिन्दुस्तान के सब हिंदुओं की, उसमें भी हिंदू-सभा-पक्ष की यह धारणा बनी कि कांग्रेस ने मुस्लिम तुष्टीकरण की जो नीति अपनाई है, यह उसका कुपरिणाम है, पाकिस्तान के हिन्दुओं की हत्या। इसी अनुनय से तथा तुष्टीकरण से पाकिस्तान का निर्माण हुआ और वहाँ के हिन्दुओं को बेघर होना पड़ा। न केवल गांधी जी के मुख से अपितु छोटे-मोटे कांग्रेसी नेतागणों की सभाओं में भी इस अनुनय का उपक्रम चालू रहा। इतना ही नहीं, उन्होंने अपने प्रचार से गांधी को भी पिछाड़ दिया। (अनुच्छेद 12/13)

गांधी जी के चेलों ने गांधी जी को भ्रम में रखने के लिए बताया कि मुसलमानों पर बड़ा अत्याचार हो रहा है। उन्होंने गांधी जी की धारणा बनाई कि निर्वासितों के पास बड़ा धन है, वे सुख-चैन से रहते हैं और शासन द्वारा दी हुई सुविधाओं का वे दुरुपयोग कर रहे हैं। ऐसे झूठे प्रचार से निर्वासित संतप्त हुए। वे इन लोगों से घृणा करने लगे। कारण, कांग्रेस के कुछ नेता मुसलमानों को प्रसन्न करने के प्रयास में व्यस्त थे। वह निर्वासित हिंदुओं की अनिवार्य वस्तुओं की उपलब्धता कराने से भी आनाकानी करते थे। (अनुच्छेद 12/14)

न्यायमूर्ति कपूर का अभिप्राय है कि उपरिलिखित कारणों से ऐसा लगेगा कि निर्वासित गांधी जी के प्रति ऐसे रुष्ट हुए थे कि वे उनको मारना चाहने लगे,

परंतु वस्तुस्थिति वैसी नहीं थी। गांधी जी ने जो कुछ अच्छा कार्य किया था उससे तथा पंजाबी, हिंदू, सिख और अन्य जनों के संकटकाल में गांधी जी ने जो सहारा दिया था उसके लिए उनका गांधी जी के प्रति आदर भाव था। विभाजन से निर्वासित अन्यमनस्क हुए। गवाह श्री साहनी ने कहा है कि निर्वासित नहीं चाहते थे कि गांधी जी को शारीरिक हानि पहुँचाई जाए, किन्तु सावरकरवाद को पुरस्कृत करने वाले लड़ाकू महाराष्ट्रीय गुट के लोग इतने अधिक संतप्त हुए थे कि गांधी उनकी गोली के शिकार हुए।

(अनुच्छेद 12/15)

न्यायमूर्ति कपूर का यह निष्कर्ष कि 'संभवतः निर्वासित गांधी जी को शारीरिक हानि नहीं पहुँचाना चाहते थे', वस्तुस्थिति से सुसंगति रखने वाला नहीं लगता। कपूर की रिपोर्ट में लिखित कुछ गवाहों का वक्तव्य देखिए—

श्री रंधावा एक गवाह थे। जिनका अनुक्रम 18 था। उन्होंने कहा कि गांधी के अनशन के दिनों में निर्वासित गांधी जी के विरुद्ध प्रदर्शन करते थे और 'मरता है तो मरने दो' ऐसे नारे भी लगाते थे। (अनुच्छेद 12-ई/24, पृष्ठ 187)

उपवास के समय परिस्थिति बड़ी ही विषम थी। सब स्थानों पर हल्लागुल्ला था। निर्वासित बड़े ही चिढ़े हुए थे। जत्थों के रूप में बिरला भवन पर आते थे। 'गांधी को मरने दो' नारे लगाते थे। उसका कारण आंशिक रूप से गांधी जी का 55 करोड़ रुपया देने का दुराग्रह ही था। दूसरा कारण, निर्वासितों को सहायता देने की बजाए मुसलमानों को ही सहायता देने का था। (अनुच्छेद 12-ई/25)

श्री रंधावा उन दिनों दिल्ली के उपायुक्त (डिप्टी कमिश्नर) थे। न्यायमूर्ति कपूर ने पृष्ठ 166 पर (अनुच्छेद 12-सी/29) अभिप्राय दिया है कि 'यह आयोग इस बात से सहमत नहीं है कि पं. नेहरू तथा अन्य मंत्रियों को आने वाले निर्वासितों के प्रति सहानुभूति न थी। श्री जे.एन. साहनी के कथन से नेहरू की मनःस्थिति प्रतिबिंबित होती है, किंतु शरणार्थी वैसा मानने को तैयार नहीं थे और गांधी जी जब अपने प्रार्थनोत्तर भाषण में सहानुभूति की झलक भी नहीं दिखाते थे, तब निर्वासित क्रुद्ध हो उठते। चूँकि गांधी जी का अर्थ है कांग्रेस और कांग्रेस का अर्थ है गांधी, यही उनका समीकरण था। जब गांधी कहते—तुम अपने-अपने घर लौट जाओ, तब निर्वासित और भी बौखलाते। वे वापस जाने को जरा भी तैयार न थे, भले ही उसके लिए उन्हें कोई भी त्याग करना पड़े। वहाँ पर उनके साथ जिस प्रकार दुर्व्यवहार

हुआ था, उसका उन्हें पूरा अनुभव था और यह भी संभावना न थी कि पाकिस्तानी अधिकारी और लोग उनसे कोई अच्छा व्यवहार करेंगे। मुजादिह, रजाकार, खासकार, लीग के कार्यकर्त्ता, वैसे ही वहाँ के अधिकारी निर्वासितों का सद्‌भावना से, प्रेमभाव से, स्वागत करेंगे, यह अपेक्षा उन्होंने नहीं की थी और इसलिए उनका आग्रह था कि जैसे ये निर्वासित भारत आए हैं, मुसलमानों को भी उनके लिए बनाए गए पाकिस्तान जाना चाहिए। इस आयोग का यह क्षेत्र नहीं है कि उपर्युक्त विचारधारा उचित है अथवा अनुचित, किन्तु निर्वासितों की ऐसी मनोधारणा थी। गांधी जी के अनशन से दह और धधक उठे। वही बात पाकिस्तान को 55 करोड़ रुपयों का प्रदान करने से हुई। हिंदुओं की दृष्टि से वह कृत्य (55 करोड़ का प्रदान) एक क्रूर कृत्य था। कारण, वह धन हिन्दुस्तान के विरुद्ध लड़ने वाले शत्रु सैनिकों के काम आएगा। ऐसी केवल शंका ही नहीं थी, वरन् ऐसा निश्चित रूप में होने वाला था। भारतीय सेना कश्मीर में भेजी गई थी। जो कश्मीर अपनी रक्षा करने में असमर्थ था, उस कश्मीर की सुदर्शन-भूमि को पाकिस्तानी सेना शस्त्रबल से हड़प लेना चाहती थी। उन्हें किसी प्रकार की रुकावट नजर नहीं आती थी, सिवाय अपनी सेना के शौर्य के।

श्री कपूर ने निर्वासितों की भावनाओं को ही चित्रित किया है। वे भावनाएँ गांधी जी के विरुद्ध थीं अथवा नहीं थी, यह इस उद्धरण में ही स्पष्ट है।

श्री ब्रजकृष्ण चांदीवाला (साक्षी क्र. 11) के बयान का उल्लेख न्यायमूर्ति कपूर ने अपने प्रतिवृत्त (खंड 1, पृष्ठ 140, 12-ए/33) में किया है। न्यायमूर्ति कपूर के पहले इस आयोग का काम डॉ. गोपालस्वरूप पाठक जो भारत के उपराष्ट्रपति भी रहे हैं, संभाल रहे थे। उनके सम्मुख बयान देते समय श्री चांदीवाला ने कहा कि सितम्बर, 1947 में दिल्ली में हिंदू-मुस्लिम दंगे चालू थे और दिल्ली में कर्फ्यू लगा था। झगड़े में कई लोग मारे गए। चांदीवाला ने इस बात का समाचार गांधी जी को समय-समय पर दिया। उन्होंने ही गांधी जी को कलकत्ते से दिल्ली बुलाया। श्री चांदीवाला के विचार से, यदि गांधी जी वहाँ न आते तो दिल्ली की गली-कूँचों पर उससे भी बड़ा नरसंहार होता। उनके आने से शान्ति स्थापित हुई, किंतु पाकिस्तान से आए निर्वासित चिढ़े थे। एक बार, जब गांधी जी किंग्सवे कैम्प शरणार्थी-शिविर देखने गए, वहाँ शरणार्थियों ने अपनी दुःख भरी गाथा सुनाई। धीरे-धीरे वह विरोध बढ़ता गया और गांधी जी को पत्र आने लगे—वे गालियों से, निंदात्मक शब्दों से और धमकियों से भरे थे। चांदीवाला वे पत्र पढ़ते थे। चांदीवाला ने एक बार निर्वासितों

को गांधी जी से मिलाया। उस भेंट में निर्वासितों ने गांधी को अभद्र वाणी सुनाई। एक दिन बिरला-भवन पर—जहाँ गांधी जी रहते थे, एक भारी जुलूस पहुँचा। उनका नारा था 'खून का बदला खून से लेंगे।' वह जुलूस रोकने के लिए बिरला भवन पर एक बड़ा आरक्षी दल खड़ा था। उस समय नेहरू गांधी जी से बातचीत कर रहे थे। नेहरू जी उस समय बाहर आए और उन्होंने उस जुलूस को रोका। वे वैसा न करते तो गांधी जी के ऊपर जनता टूट पड़ती।

पृष्ठ 141 पर अनुच्छेद 12-ए/34 में 15 जनवरी, 1948 के हिन्दुस्तान टाइम्स में 14 जनवरी का वृत्तान्त छपा है। कुछ लोग बिरला-भवन की ड्योढ़ी पर इकट्ठे हुए। उन्होंने नारे लगाए 'गांधी जी को मरने दो।' अंदर गाँधी जी, पं. नेहरू, सरदार पटेल और मौलाना आजाद बातें कर रहे थे। जैसे ही 'गांधी जी मरने दो' के नारे पं. नेहरू ने सुने वे बाहर आए और वे उन प्रदर्शनकारियों पर चिल्लाए। "तुम ऐसे शब्द मुँह से निकाल ही कैसे सकते हो? पहले मुझे मारो।" उसके बाद प्रदर्शनकारी वहाँ से चले गए।

उपरिलिखित वृत्त से न्यायमूर्ति कपूर का निष्कर्ष है कि चांदीवाला के कथन में नारों की बात की संपुष्टि मिलती है, किन्तु पं. नेहरू न आते तो गांधी जी पर जनता हमला कर बैठती, इस बात की पुष्टि नहीं मिलती।

जो भी हो, निर्वासितों ने जो यातनाएँ सहीं उनसे उत्पन्न क्रोध की अपेक्षा गांधी जी पर उनका प्रेम अधिक मात्रा में था, यह न्यायाधीश कपूर का निष्कर्ष वस्तुस्थिति के विपरीत प्रतीत होता है। इसके अतिरिक्त मदनलाल ऐसा ही एक पीड़ित निर्वासित था और वह प्रत्यक्ष रूप में इस षड्यन्त्र में था। यह सत्य प्रमाण इस बात को पुष्ट करेगा कि निर्वासित अतिरेकी स्तर पर जा सकते थे या नहीं।

पाठक देखेंगे कि गांधी-वध के जो कारण न्यायाधीश कपूर ने दिए हैं वे नथूराम के दिए कारणों से मिलते-जुलते हैं। दिल्ली स्थिति निर्वासितों की जो मनःस्थिति नथूराम ने देखी उसका उसने जो विवरण दिया वह न्यायमूर्ति कपूर के किए हुए वर्णन से भिन्न नहीं है।

3
सरदार पटेल और 55 करोड़

सरदार पटेल की सुपुत्री श्रीमती मणीबेन पटेल की गवाही कपूर आयोग के सामने हुई। श्रीमती मणीबेन की डायरी 25 जनवरी से प्रकट है कि 13 जनवरी को सरदार पटेल ने सर्वश्री मथाई, चेट्टी, पं. नेहरू और गांधी जी के साथ 55 करोड़ की राशि के विषय में विचार-विमर्श किया था। गांधी जी की आँखें भर आईं थीं और उनके शब्द कठोर थे। उसके बाद सरदार को दुःख हुआ। उनके मुँह से ऐसे शब्द निकले कि अब मैं इस शासन में नहीं रह सकूँगा। (पृष्ठ 162)

श्रीमती मणीबेन ने कहा कि मदनलाल का दिया हुआ वक्तव्य सरदार पटेल को दिखाया गया था (पृष्ठ 180) बम के धमाके के बारे में जैसे-जैसे खोज होती थी, मेरे पिताजी को समाचार दिया जाता था। मुझे स्मरण नहीं है कि मेरे पिताजी ने उस विषय में उस खोज के उपक्रम में कौन से आदेश दिए थे। वे देश-रक्षा की दृष्टि से किसी को गिरफ्तार करने का आदेश तब तक नहीं देते थे, जब तक उनके पास वैसा कोई ठोस प्रमाण न हो। (My father would not order the arrest of anybody unless he had positive proof that the arrest was for the protection of the country) (पृष्ठ 179)

'मुझे निश्चय ही स्मरण है कि गांधी-वध से दो सप्ताह पूर्व पूना के एक सम्पादक जिनके समाचार-पत्र से जमानत माँगी गई थी, मेरे पिताजी को प्रातःकाल 5 बजे मिलने आए थे। उस समय अँधेरा होने के कारण मैं उस व्यक्ति को पहचान

न सकी, किन्तु मुझे स्मरण है कि उस व्यक्ति ने अपने वृत्त-पत्र से माँगी प्रतिभूति के विषय में चर्चा की। उस व्यक्ति को यह भी शिकायत थी कि मोरारजी देसाई (तत्कालीन महाराष्ट्र के गृहमंत्री) उनसे अन्याय कर रहे हैं।
(पृष्ठ 179)

नथूराम उन दिनों वही थे। नाना आपटे भी वहीं थे। उनके समाचार-पत्र से एक के बाद एक प्रतिभूतियाँ माँगी गई थीं। श्री मोरारजी के विरुद्ध उनकी शिकायत कठोर थी। ये सब बातें श्रीमती मणीबेन पटेल की गवाही से मिलती-जुलती हैं, तो भी नथूराम या आपटे ने प्रस्तुत लेखक से नहीं कहा था कि वे सरदार पटेल से मिले थे। इसलिए सरदार पटेल से नथूराम या आपटे मिले थे, वह बात उस प्रातःकाल के अन्धेरे में मिले व्यक्ति के समान अंधेरे में ही रह गई।

श्री राजगोपालाचारी द्वारा लिखी पुस्तक 'गांधीजीज् टीचिंग्ज एंड फिलासफी' का न्यायमूर्ति कपूर ने अपनी रिपोर्ट के पृष्ठ 185 पर उल्लेख किया है। राजगोपालाचारी ने अपनी पुस्तक के पृष्ठ 20-21 पर लिखा है, "30 जनवरी, 1948 को गोडसे ने गांधी जी को मारा, उस समय सरदार पटेल को लगा कि एक ओर से पाकिस्तान हिन्दुस्तान के विरुद्ध दुष्ट सैनिकी व्यूह रचना में व्यस्त है और दूसरी ओर गांधी जी पाकिस्तान को यह बड़ी धनराशि देने का हठ कर बैठे थे, इसलिए हिन्दुओं को गांधी जी पर क्रोध आया और उसी क्रोध में गांधी जी का षड्यंत्र खड़ा हुआ। उस समय शत्रु को 55 करोड़ रुपये देने की जो मूर्खता शासन ने की वह इस गुट को अक्षम्य लगी और गांधी विरोधी महाराष्ट्रीय लड़ाकू दल को ऐसा लगा कि गांधी जी ने इस देश को हानि पहुँचाने वाली जो बात की, उसकी चरमसीमा हुई और इसलिए उन्होंने मूढ सन्त को समाप्त करने की ठानी, क्योंकि उनके मत के अनुसार अन्य किसी मार्ग से उनको इस नेतृत्व से हटाया नहीं जा सकता था। उनका (गांधी जी का) प्रभाव इतना अधिक था और लोग भेड़ों की तरह उनका इतना आदर करते और उनका कहना सुनते कि सरदार पटेल के अनुसार, उन गुट वालों को ऐसा लगा कि गांधी जी के वध के सिवाय दूसरा कोई मार्ग नहीं बचा है।"

पाकिस्तान को 55 करोड़ रुपये दिए जाने से लोगों के मन में गांधी के प्रति कितना असन्तोष निर्मित हुआ था, इसको सरदार पटेल जानते थे। उपरिलिखित अनुच्छदों से यही प्रतीत होता है। (पृष्ठ 185, अनुच्छेद 12-ई/12)

4
गांधी-हत्या का पूर्वाभास

गोपाल गोडसे, विष्णु रामकृष्ण करकरे, मदनलाल पाहवा, इन तीनों को गांधी-वध अभियोग में आजन्म कारावास हुआ था। ये तीनों बन्दीगृह से 13 अक्टूबर, 1964 को मुक्त हुए। एक मास पश्चात् पूना के मित्रगणों ने उनकी मुक्तता के उपलक्ष्य में सत्यनारायण पूजा का आयोजन किया था। वह पूजा 12 नवम्बर, 1964 को शनिवार पेठ के 'उद्यान कार्यालय' में सम्पन्न हुई थी।

उस समारोह में श्रीमान् गजानन विश्वनाथ केतकर ने कुछ विचार प्रकट किए थे। श्री केतकर महाराष्ट्र के प्रसिद्ध पत्रकारों में से एक हैं। वे लोकमान्य तिलक के धेवते हैं, और वे लोकमान्य जी के समाचार-पत्र 'केसरी' के कई वर्षों तक सम्पादक रहे।

अपने विचार प्रदर्शन में उन्होंने कहा था कि गांधी जी का वध टले इसके लिए उन्होंने प्रयास किया था। उन्होंने शासन को भी चेतावनी दी थी। इस चेतावनी पर हिन्दू-विरोधी समाचार-पत्रों ने बड़ा ही शोर मचाया था। शासन ने दस-बारह जनों को भारत प्रतिरक्षा नियम (D.I.R.) के तहत बन्दीगृह में बंद किया था, जो एक वर्ष के बाद छूटे।

शासन ने एक आयोग नियुक्त किया कि श्री केतकर जी के कथन के अनुसार किन-किन व्यक्तियों को इस बात का ज्ञान था तथा शासन ने क्या-क्या पग उठाए? कपूर आयोग की नियुक्ति का यही कारण था।

अपनी रिपोर्ट में न्यायाधीश कपूर ने इस बात की भी चर्चा की है कि गांधी-वध का पूर्वज्ञान किन-किन व्यक्तियों को था?

जब अभियोग चला उस समय प्रा. जे.सी. जैन ने न्यायाधीश आत्माचरण के सम्मुख सन् 1948 में गवाही दी थी कि मदनलाल पाहवा ने उक्त षड्यन्त्र के बारे में उनसे कुछ कहा था। न्यायाधीश कपूर के समक्ष भी जैन की गवाही हुई है। रिपोर्ट भाग 2, पृष्ठ 177, अनुच्छेद 21/217 पर उद्धृत है कि "इस गवाह के कथन के अनुसार किसी की भी यह इच्छा नहीं थी कि गांधी जी को बचावें। इस आयोग के निर्माण का खोज क्षेत्र सीमित है। इस सीमा में इस गवाही का यह भाग महत्वपूर्ण है। उन्होंने कहा, "मेरी जितनी शक्ति थी मैंने लगा दी। मैंने बम्बई राज्य के मुख्य सचिव को बताया था। जयप्रकाश जी को बताया था और हॅरिस को भी। इससे अधिक मैं क्या कर सकता था? मुझसे जो बन सका मैंने किया। इनमें से किसी ने भी कोई हलचल नहीं दिखाई, यह मेरा दोष नहीं है।"

प्रा. जैन ने प्रा. याज्ञिक को बताया था। श्री याज्ञिक रामनारायण रुइया कॉलेज में एक प्राध्यापक हैं। उन्होंने भी साक्षी दी है। उनकी साक्षी क्रम संख्या 29 है। जब प्रा. जैन ने श्री याज्ञिक को मदनलाल के कार्यक्रम के विषय में कहा तो याज्ञिक उस पर विश्वास करने को तैयार नहीं हुए। उन्होंने श्री जैन को निर्देश दिया कि वे शासन को उस विषय में सूचित करें।

न्यायमूर्ति श्री कपूर ने रिपोर्ट के पृष्ठ 1479 पर लिखा है, प्रा. जैन को गांधी जी के जीवन को खतरा है, इस बात का पूर्वज्ञान था। यह बात जैन ने अपने मित्रों से कही थी, किन्तु उन्होंने इस बात पर गम्भीर रूप में नहीं सोचा, परन्तु इस आयोग का यह मत है कि श्री जैन को सतर्कता अधिकारी श्री नागरवाला या श्री भरूचा से मिलने में कुछ संकोच था तो उन्हें इस बात को मन्त्रियों को अथवा कांग्रेस के नेताओं को अथवा चीफ प्रेसिडेन्सी मैजिस्ट्रेट को बतानी चाहिए थी, वह उनका कर्त्तव्य था। (श्री कपूर का तात्पर्य है कि प्रार्थनास्थल पर बम का विस्फोट होने के पूर्व उन्हें इस बात की सूचना देनी चाहिए थी।)

रिपोर्ट भाग 1, पृष्ठ 210 पर न्यायाधीश कपूर का सारांश है, "स्व. बालूकाका कानिटकर, उस समय के कृषक, श्रमिक पक्ष के कार्यकर्ता श्री र.के. खाडिलकर, सांसद स्व. केशवराव जेघे और श्री ग. वि. केतकर आदि अपदाधिकारी व्यक्तियों को यह ज्ञात था कि पूना का वातावरण गांधी के विरुद्ध है। समाचार-पत्रों का लेखन, सार्वजनिक व्यासपीठ के भाषण, व्यक्ति-व्यक्तियों के वार्तालाप इन सबमें कांग्रेस के वरिष्ठ नेता, विशेषकर महात्मा गांधी, नेहरू, सरदार पटेल, मौलाना आजाद के जीवन को हानि पहुँचाने के संकेतों की अभिव्यक्ति होती थी, इस बात का ज्ञान उपर्युक्त सज्जनों को था। इन व्यक्तियों में से स्व. बालूकाका कानिटकर और भागवत ने ही केवल बम्बई के मुख्यमंत्री श्री खेर और उपप्रधान मंत्री सरदार बल्लभभाई पटेल को सूचित किया था, किंतु उन्होंने सतर्कता अधिकारियों को नहीं बताया था।" न्यायाधीश कपूर आगे कहते हैं कि इस बात के तथ्य की छानबीन करने के लिए किसी ने भी गुप्तचर विभाग से सम्पर्क नहीं किया, यह बात आश्चर्यकारक है।

श्री गाडगिल की गवाही क्रमांक 6 है। श्री केशवराज जेथे ने गाडगिल से जो बात कही थी उसको छोड़कर उन्होंने और कोई स्पष्टीकरण नहीं दिया। ऐसा न्यायमूर्ति कि रिपोर्ट खण्ड 2, अनुच्छेद 129-30 से स्पष्ट होता है। पृष्ठ 130 पर अनुच्छेद 21-35 में लिखा है, "श्री काका गाडगिल तब केंद्रीय मंत्री थे। वे पूना के एक प्रमुख नागरिक थे। उन्होंने सन् 1964 के 'धनुर्धारी' के दीपावली अंक में एक लेख लिखा है। उसमें वे कहते हैं कि पंजाब और बंगाल के हिन्दुओं पर विभाजन के कारण जो आपत्ति आई, उस कारण गांधी जी के विरुद्ध लोकमत क्रुद्ध था। पूना में गांधी जी के विरुद्ध बड़ी कठोर भाषा का प्रयोग खुलेआम होता था। पूना के समाचार-पत्रों ने गांधी जी की आलोचना कर हिंसावाद का अप्रत्यक्ष

रूप में वातावरण निर्माण किया था। कोई न कोई भयानक घटना होने वाली है, इस प्रकार की किंवदन्तियाँ भी सुनने में आती थीं। श्री बालूकाका कानिटकर ने श्री बालासाहेब खेर को एक गुप्त पत्र लिखा है, ऐसा सुनने में आता था। उस पत्र में श्री कानिटकर ने लिखा था कि गांधी जी के विरुद्ध कुछ षड्यन्त्र पक रहा है। सरदार पटेल कभी-कभी चिन्ता व्यक्त करते थे, किन्तु उसकी ओर गंभीरतापूर्वक ध्यान नहीं दिया जाता था। श्री नेहरू हिन्दू नेतागणों के विरुद्ध आग उगलते थे। श्री गाडगिल आगे लिखते हैं, ''निर्वासितों की भावना थी कि गांधी उनके लिए कुछ भी नहीं करते हैं, अपितु वे केवल मुसलमानों की सहायता करते हैं। क्योंकि अपने प्रार्थनोत्तर भाषण के पश्चात् गांधी जी केवल हिन्दुओं के कृत्यों की आलोचना किया करते थे, इसलिए बहुत सारे निर्वासितों का मन गांधी जी के इस व्यवहार से गुस्से में था। वे खिन्न थे। कुछ तो बड़े ही क्रुद्ध थे। 55 करोड़ का प्रदान उनके लिए जले पर नमक जैसा सिद्ध हुआ था। निर्वासितों को लगा कि इस धन-प्रदान का अर्थ है, जिनके जनों की हत्या हुई है उनकी अवहेलना और जो हत्यारे हैं उनसे सहानुभूति। गांधी जो भाषण करते थे और नेहरू हिन्दुओं के विरुद्ध जो बोलते थे, उससे गांधी जी के विरुद्ध वातावरण दिन-प्रतिदिन विषाक्त हो रहा था।''

स्व. गाडगिल को इस घटना का जो पूर्वज्ञान था उस विषय में न्यायाधीश कपूर ने कहा है कि श्री जेघे का कहना ठीक-ठीक क्या था, इसकी छानबीन गाडगिल को करनी चाहिए थी। मदनलाल ने जो स्वीकारोक्ति (कन्फेन्शन) दी थी उसके अनुसार थी और उस दृष्टि से भी श्री गाडगिल ने गंभीरता से लेने का प्रयास नहीं किया। उन्हें अपनी उदासीनता थोड़ी दूर रखनी चाहिए थी और अपनी विलक्षण बुद्धि काम में लानी चाहिए थी। (पृष्ठ 132)

गोपाल गोडसे ने अपनी गवाही में न्यायाधीश कपूर से कहा था कि ''यदि हम सब षड्यंत्रकारी पकड़े जाते तो भी गांधी जी की हत्या टलना संभव नहीं दिखता था।''

'गांधी-वध का पूर्वाभास' से यह निष्कर्ष निकलता है कि गांधी-हत्या का वातावरण बन चुका था, इसका पूर्वज्ञान वरिष्ठ प्रशासनिक अधिकारियों को था, परन्तु इस जानकारी पर कार्यवाही करने के लिए वे असमंजस में रहे।

5

कश्मीर समस्या और तत्कालीन सरकार की भयंकर भूलें

श्री वी.पी. मेनन ने पुस्तक लिखी है 'दि स्टोरी ऑफ दि इंटिग्रेशन ऑफ दि इंडियन स्टेटस्'। पुस्तक के एक परिच्छेद का साराँश उन्होंने दिया है : "जो राष्ट्र अपने इतिहास तथा अपने भूगोल से मुँह मोड़ता है, उस राष्ट्र का विनाश अटल है।" (पृष्ठ 413) कश्मीर पर हमला हुआ था। कश्मीर के महाराज ने हिन्दुस्तान से सहायता की प्रार्थना की थी। हिन्दुस्तान में विलीन होने की लिखित स्वीकृति उन्होंने दी थी। श्री मेनन ने सूचनात्मक सुझाव दिया था कि उस लेख को स्वीकार किया जाए। उनकी सूचना का विशेष महत्व था। सरदार वल्लभभाई पटेल उन दिनों गृहमंत्री और उपप्रधानमंत्री थे। श्री मेनन वल्लभभाई के सचिव थे। रजवाड़ों के विलीनीकरण में उनका कार्य बड़ा ही अनमोल था। कश्मीर प्रश्न पर श्री मेनन ने जो सूचना हिन्दुस्तान शासन को दी थी उसके पीछे उनका विचार था, "जिरगेवालों का कश्मीर पर आज जो आक्रमण हुआ है उसका अर्थ है बचे हुए हिन्दुस्तान के अभंगत्व में भयानक भय का प्रारंभ। मुहम्मद गोरी के समय से अर्थात् आठवीं शताब्दी के पूर्व से वायव्य (पश्चिम-उत्तर) सीमा के उस पार से हिन्दुस्तान पर लगातार आक्रमण होते रहे। मुगलकाल के समय में इस क्रम में कुछ अपवाद था। मुहम्मद गजनी ने स्वयं सत्रह आक्रमण किए थे। और अब पाकिस्तान निर्माण के लगभग छह सप्ताह के अन्दर ही वायव्य सीमा से लुटेरे जिरगेवाले पुनः हमला करने को स्वच्छन्द छोड़े गये थे। आज श्रीनगर तो कल दिल्ली।" इसलिए श्री मेनन का अभिप्राय था, "A nation that forgets its history or its Geography does so at its peril."

हिन्दुस्तान का मस्तक है कश्मीर। चौदहवीं शताब्दी तक वहाँ बुद्ध तथा अन्य हिन्दू राजाओं का राज चला। उनके कार्यकाल का वर्णन हम कल्हण की राजतरंगिणी नामक संस्कृत पद्य-ग्रन्थ से देख पाते हैं। डॉ. स्टेन (Sten) ने कश्मीर के इतिहास के विषय में लिखा है कि "मुस्लिम आक्रमण कालखण्ड के पूर्व काल से भी यथाक्रम अविरत इतिहास लेखन यदि हिन्दुस्तान के किसी भूखंड पर हुआ हो तो वह कश्मीर है।" (1895 The valley of Kashmir by Walter Lawren, London) कल्हण का इतिहास लेखन-कार्य पंडित जोनाराजा ने 15वीं शताब्दी के प्रारंभ तक चालू रखा।

हिन्दू कालखंड में राज्य संपादन के साथ-साथ ही सुन्दर मन्दिर और सुदर्शन सार्वजनिक रचनाएँ खड़ी हुईं। अनंत नाग ब्रजबिहारी पांडुपट्टण, शंकराचार्यपट्टण, मार्तंड आदि नगरों के अवशेष आज भी दृष्टिगोचर होते हैं। इससे यह सिद्ध होता है कि वहाँ पर बस्ती भी घनी होगी। हिन्दू राजाओं के शासन में रही हिन्दू-प्रजा सुख समृद्धि में रहती होगी। जो नहर अथवा ताल अवस्थित हैं उनसे लगता है कि नरेशों ने अपनी संपत्ति का विनियोग केवल मंदिर बनाने में नहीं लगाया था, अपितु खेती के विकास के लिए भी लगाया था।

मुस्लिम आक्रमणों ने कश्मीर को दासता का रूप दिया। विकसित वस्तुएँ ध्वस्त की गईं। हिन्दुओं का भ्रष्टीकरण हुआ 1587 में अकबर ने कश्मीर को मुगल साम्राज्य में विलीन किया। मुगलों ने वह स्थान लगभग दो सौ वर्षों तक अपना हिल स्टेशन बनाया।

धीरे-धीरे मुगलों का चंगुल ढीला हुआ। अफगानिस्तान के अहमदशाह अब्दाली ने लगभग सन् 1750 में हिन्दुस्तान पर आक्रमण किया और कश्मीर को उसने अपने अधीन किया। फिर लगभग 70 वर्ष या निश्चित गणना में सन् 1819 तक कश्मीर पर भिन्न-भिन्न पठान प्रशासन अधिकार जमाए बैठे रहे।

मुस्लिमों की क्रूरता का वर्णन अनेक इतिहासकारों ने लिखा है। इस्लाम की वृद्धि किस प्रकार हुई इसका ज्ञान उससे होता है।

पाकिस्तान निर्माण के लगभग दो मास बाद अर्थात् 22 अक्टूबर, 1947 को पाकिस्तान ने टोलीवालों को आगे कर कश्मीर पर धावा बोल दिया। कश्मीर की

अपनी भी सेना थी। वह मुजफ्फराबाद में इकट्ठी थी। लेफ्टिनेंट कर्नल नारायणसिंह इस वाहिनी का (बटालियन का) सेनापति था।

सेना में मुसलमान भी थे और डोगरे भी। दोनों का वेतन कश्मीरी शासन देता था। किन्तु 'हमारा अलग, स्वतन्त्र राष्ट्र है' यह भावना मुसलमानों में उनके नेताओं ने फैलाई थी और अनुयायिओं ने उसे स्वीकार किया था।

जैसे ही हमला हुआ, इस वाहिनी के मुसलमान सैनिक शास्त्रों सहित भाग गए। वे कहाँ गए? वे टोलीवालों से मिल गए। उन्होंने टोलीवालों को स्थलों तथा व्यक्तियों का भेद दिया। उनका मार्गदर्शन किया और जाते-जाते उन्होंने वाहिनी प्रमुख तथा उसके उपप्रमुख (अड्ज्यूटन्ट) को मार डाला।

मुस्लिम समाज किस आक्रमण स्थिति में है, इस बात से अनभिज्ञ कर अथवा उस तथ्य को लोगों से छुपाए रखकर भारतीय काँग्रेसी शीर्ष नेताओं ने जनता को हिन्दू-मुस्लिम एकता के भ्रम-जाल में फंसाए रखा था। कश्मीर के हिन्दू सेनाधिकारियों पर भी उस झूठे प्रचार का प्रभाव हुआ था, ऐसा लगता था। आक्रमण का सामना करना था। आक्रमण मुसलमानों का था। वह धर्म के नाम पर था। इस्लाम के नाम पर था। जिहाद के रूप में था। ऐसी अवस्था में कश्मीर के महाराजा ने लेफ्टिनेंट कर्नल नारायणसिंह से पूछा था, "सेनापति! आपकी वाहिनी में आधा सैन्य मुसलमानों से भरा है। युद्ध किस प्रकार का है, आप जानते हैं, ऐसी स्थिति में क्या मुसलमान सैनिक आपकी आज्ञा का पालन करेंगे? क्या आप उनकी निष्ठा का भरोसा करते हैं?" सेनापति कड़ककर बोले, "महाराज! मेरा और सैनिकों का संपर्क एक दो दिनों का नहीं है, वरन् कई वर्षों का है। डोगरा सैनिक मुझे जितने विश्वास-पात्र लगते हैं उससे बढ़कर मुझे ये मुसलमान सैनिक भरोसे के लगते हैं।" सेनापति का तर्क कितना अदूरदर्शितापूर्ण रहा, यह बताने का सुअवसर भी उन अति स्वामीनिष्ठ सैनिकों ने नारायणसिंह को नहीं दिया था।

धर्मान्तरण न होने देने के अभिशाप और लेफ्टिनेंट कर्नल नारायणसिंह की मुस्लिम सैनिकों पर अतिविश्वास की अदूरदर्शिता का परिणाम काश्मीर को भोगना पड़ा।

सन् 1930-32 के कालखंड में शेख अब्दुल्ला के नेतृत्व में अखिल जम्मू काश्मीर मुस्लिम कान्फ्रेंस का आन्दोलन प्रारम्भ हुआ, जिसका लक्ष्य था मुसलमानों को अधिकार दिलाना। ऐसी परिषदों में जैसे संकेत हुआ करते हैं, विशिष्ट पद्धति से दंगों का प्रादुर्भाव हुआ।

धूर्त शेख अब्दुल्ला ने सन् 1936 धर्म-निरपेक्षता का नुस्खा अपनाया। परिणामतः गांधी के नेतृत्व में हिंदू कॉंग्रेस जनों से कश्मीर के हिंदू राजा के विरुद्ध मुसलमानों के चलाए उस आंदोलन को पुष्टि मिली। शेख अब्दुल्ला को सैक्यूलरवाद के पुरस्कर्ता की उपाधि मिली। अब्दुल्ला द्वारा चालू किए दंगे अब नेशनल कॉन्फ्रेंस के नाम से चलने लगे। शेख अब्दुल्ला ने 1946 में 'छोड़ो कश्मीर' नामक आंदोलन प्रारम्भ किया, जिसका लक्ष्य महाराज थे। मानो उसकी पूर्ति के लिए ही गांधी रट लगाते रहे कि कश्मीर के महाराजा को अब सत्ता मुसलमानों के हाथ या शेख अब्दुल्ला के हाथ सौंपनी चाहिए और स्वयं काशीतीर्थ जाना चाहिए। क्या उसका परिणाम ऐसा होने वाला था कि काश्मीर सीधे हिंदुस्तान में विलीन होने की इच्छा करे? सैक्यूलर शेख को वह नहीं चाहिए था। गांधी जी ने भी उस भेद-भरी और अलगपन की प्रवृत्ति की किस प्रकार पुष्टि की, इस बात का प्रमाण उन दिनों की घटनाओं से मिलता है।

1 अगस्त, 1947 को गांधी जी कश्मीर गए थे। टाइम्स के रिपोर्टर ने बाद में लिखा है, ''गांधी जी की कश्मीर-यात्रा और उनके समय-समय के वक्तव्यों से कश्मीर की राजनीति में खलबली मची। कश्मीर का भविष्य कश्मीर की जनता निश्चित करेगी, ऐसे उनके विधान से कश्मीर की स्थिति वायव्य सीमा प्रांत जैसी हुई।''

गांधी जी ने अपना मत व्यक्त किया, ''मेरी यात्रा का उद्देश्य यह नहीं है कि कश्मीर किस राज्य (हिंदुस्तान या पाकिस्तान) में विलीन हो। हम इतना ही बताना चाहते हैं कि कश्मीर की जनता की हम उपेक्षा नहीं करते। विलीनीकरण का प्रश्न जनता को ही निश्चित करना है, क्योंकि अन्त में प्रजा ही सर्वोपरि होती है।''

बाद में 6 अगस्त, 1947 को गांधी ने वक्तव्य दिया। उसमें उन्होंने आशा व्यक्त की कि कश्मीर की समस्या दो देश (हिन्दुस्तान-पाकिस्तान) कश्मीर के महाराज

और कश्मीर की जनता सुलझाएंगे। उन्होंने कहा, यदि वे एकमत से निर्णय करें तो अच्छा होगा। कश्मीर एक बड़ा राज्य है और युद्ध की दृष्टि से इसका बड़ा महत्त्व है। अंततोगत्वा काश्मीर मुख्यतया मुसलमान है, किन्तु उनमें स्थानीय देशभक्ति भरपूर है; यह बात भी गांधी जी ने कही (Kashmir, a Study in Indian Pakistan, Relations : Sisir Gupta, page 97) गांधी जी के इस वक्तव्य में कश्मीर के मुसलमानों की अलगता की भावना को प्रोत्साहन था और साथ ही साथ उनकी देशभक्ति की, अर्थात् महाराजा के विरुद्ध किए प्रयासों की प्रशंसा थी।

कश्मीर में मुसलमानों की संख्या अधिक थी। धर्म-निरपेक्षता के नाम से शेख अब्दुल्ला को कश्मीर का स्वतन्त्र अस्तित्व चाहिए था। हिन्दुओं का संख्याधिक्य जिसमें है, ऐसे हिन्दुस्तान में समाविष्ट होने का अर्थ है अपना स्वातंत्र्य गंवाना होगा, यही उसके अंतःकरण में गुप्त सुप्त भाव था।

सन् 1946 के मई महीने में शेख अब्दुल्ला को 'कश्मीर छोड़ो' आंदोलन में नौ वर्ष का कारावास हुआ, किंतु केवल पन्द्रह महीनों के पश्चात् 29 सितम्बर, 1947 को छोड़ दिया गया। श्री कारबेल ने अपना तर्क दिया है कि वह मुक्तता पं. नेहरू की मध्यस्थता के कारण हुई।

बंदीगृह से मुक्तता पाते ही शेख अब्दुल्ला ने प्रचार प्रारम्भ किया कि कश्मीर की सत्ता जनता के हाथ दी जानी चाहिए।

स्वराज्य और देश-विभाजन, इन प्रक्रियाओं के साथ राज्यों के विलीनीकरण का प्रश्न जुड़ा हुआ था। कश्मीर के महाराज हरीसिंह की स्थिति विषम थी। राजा था हिन्दू किन्तु बहुसंख्यक प्रजा मुसलमान थी। एक समय का वह हिन्दुस्तान का ही अविभाज्य भाग था, किन्तु धर्मांतरित प्रजा के कारण हिन्दुस्तान के विरुद्ध रहने वाला। यदि पाकिस्तान में विलीन हो जाए तो जम्मू-लद्दाख आदि भागों में रहने वाले हिन्दुओं का संहार निश्चित था, और स्वयं राजा का भी निष्कासित होना अनिवार्य था। इसके विपरीत, हिंदुस्तान में विलीन होने का निश्चय करे तो मुस्लिम जनता को राजा के विरुद्ध विद्रोह के लिए आमंत्रण देने जैसा था।

सत्ता-हस्तांतरण के पूर्व दो महीनों से मेजर जनरल जनकसिंह कश्मीर के मुख्यमन्त्री थे। उन्होंने महाराज की ओर से हिन्दुस्तान और पाकिस्तान से 'यथास्थित

अनुबन्ध' (Standstill Agreement) किया। उस पर विचार करने के लिए हिंदुस्तान ने कुछ समय लिया।

अनुबन्ध के अनुसार उन दोनों राज्यों में कश्मीर से व्यापारिक सम्बन्ध चालू रखना था। फिर पाकिस्तान ने रुकावट डाली। गाड़ियों की यातायात में व्यवधान डाला। कश्मीर की साढ़े चार सौ मील सीमा से टोली वाले और सैनिक कश्मीर में घुसे। लूट मार चालू की। संहार प्रारंभ हुआ।

श्री मेहरचन्द महाजन तब कश्मीर के मुख्यमंत्री बने थे। बाद में वे हिन्दुस्तान के सर्वोच्च न्यायालय के प्रमुख न्यायमूर्ति बने।

महाराज ने 15 अक्टूबर, 1947 को ब्रिटिश मुख्य प्रधान से कहा कि पाकिस्तान ने यथास्थित अनुबंध सन्धि का उल्लंघन किया है। गुरुदासपुर, गिलगिट प्रदेश में उनकी चढ़ाई चालू है। पूंछ भाग में हमले चालू हुए हैं। ब्रिटिश मुख्य प्रधान, पाकिस्तान को समझावें। इस प्रकार का आशय महाजन के पत्र में था।

पत्र का उत्तर नहीं मिला।

18 अक्टूबर, 1947 को महाराज ने हिन्दुस्तान के गवर्नर जनरल लॉर्ड माउंटबैटन और पाकिस्तान के गवर्नर जनरल जिन्ना को एक विशेष पत्र लिखा।

जिन्ना ने उत्तर दिया। शिकायती-पत्र की भाषा ही औध्यत्यपूर्ण है, यह उसकी शिकायत थी। बात तो सच थी। पाकिस्तान को आक्रमण करने का अधिकार प्राप्त था। उस आक्रमण से जो घाव लगे उनके दुःख की अभिव्यक्ति का कश्मीर के महाराज को अधिकार न था। महाराजा की मनःस्थिति ऐसी थी :

"हम आह भी भरते हैं, तो हो जाते हैं बदनाम।
वे कत्ल भी करते हैं, तो चर्चा नहीं होती।"

जिन्ना ने महाराज के पत्र का उत्तर दिया। उसमें लिखा कि पूर्वी पंजाब में अशान्त वातावरण यातायात में बाधा डालता है, जिससे कोयला उपलब्ध नहीं होता। व्यापारिक सम्बन्धों में रुकावट आने जैसे कारण उत्तर में दिए गए थे।

किन्तु तीन-चार दिनों में ही पाकिस्तान ने कश्मीर पर व्यापक आक्रमण कर दिया। अफ्रीदी, वझीरी, मशहद, पठाण आदि नामधारी टोली वालों के दलों का नेतृत्व छुट्टी पर गए पाकिस्तानी सेनाधिकारी कर रहे थे।

गढ़ी और डोमेल स्थानों को उध्वस्त कर टोलीवाले मुजफ्फराबाद पहुँचे। लेफ्टिनेंट कर्नल नारायणसिंह के मुसलमान सैनिक पाकिस्तानियों से जा मिले, इस बात का उल्लेख पहले आ ही चुका है। मुजफ्फराबाद पर शत्रु का कब्जा हुआ।

अब बारामूला की दिशा में आक्रमणकारी बढ़ने लगे। रास्ते में उन्होंने 'उरी' पर हमला किया। कश्मीर राज्य की सेवा में रत मुसलमान सैनिक पाकिस्तानियों को मिलने के लिए भाग गए थे। ब्रिगेडियर राजेन्द्रसिंह उरी में शत्रु का सामना कर रहे थे। उनके पास केवल 250 सैनिक थे, किन्तु वे बड़ी शूरता से लड़े। दो दिन तक वे लड़ते रहे। अंत में सबके सब मारे गए। उसके बाद ही शत्रु को उरी पर कब्जा मिला।

टोलीवालों ने 24 अक्तूबर को माहुरा विद्युत केन्द्र पर कब्जा किया। श्रीनगर उस पर आश्रित था, क्योंकि वहाँ बिजली का केन्द्र था। माहुरा शत्रु के हाथ आते ही पूरा श्रीनगर अंधियारे में डूब गया। 26 अक्तूबर को ईद थी। टोलीवालों ने घोषणा की कि ईद की नमाज श्रीनगर की मस्जिद में पढ़ेंगे।

24 अक्तूबर को कश्मीर के महाराज ने हिंदुस्तान से सहायता की प्रार्थना की। 25 अक्तूबर को हिन्दुस्तान शासन सुरक्षा समिति की गोष्ठी हुई। माउंट बेटन अध्यक्ष थे।

कश्मीर की सहायता देने के प्रश्न पर विचार विमर्श हुआ। अधिकारियों ने दिल्ली से श्रीनगर और श्रीनगर से दिल्ली उड़ान भरी। राजनैतिक दृष्टि से कश्मीर हिंदुस्तान में विलीन होने के पश्चात् ही सहायता दी जाने की संभावना थी।

महाराज ने अपनी विलीनीकरण याचिका में लिखा था कि शेख अब्दुल्ला को कश्मीर का शासक बनाने की मेरी इच्छा है। महाराज का यह निर्णय स्वयंस्फूर्त था अथवा हिन्दुस्तान की ओर से सहायता प्राप्त हो, इसलिए वह हिंदुस्तान पर दबाव था, यह कहीं स्पष्ट नहीं था, किंतु कारबेल ने अपनी पुस्तक में (पृष्ठ 85) एक शंका प्रकट की है कि हिंदुस्तान की ओर से ऐसा दबाव होगा। श्री होरीलाल सक्सेना ने तो अपनी पुस्तक की प्रस्तावना के आठवें पृष्ठ पर स्पष्ट रूप में लिखा है कि हिन्दुस्तान शासन ने 'यथास्थित' अनुबंध को तभी स्वीकार किया जब नेशनल कॉन्फ्रेंस के नेता शेख अब्दुल्ला को कश्मीर शासन ने मुक्त किया। अर्थात् हिंदुस्तान

शासन ने सैनिक सहायता देने का तभी निश्चय किया जब कश्मीर शासन ने शेख अब्दुल्ला को शासक बनाने के लिए निमंत्रित करना स्वीकार किया।

कश्मीर का विलीनीकरण स्वीकृत किया गया। उसके अनुसार भारतीय शासन ने सेना भेजने का प्रबंध किया। उसमें शर्त यह थी कि टोलीवाले आक्रमक जैसे ही कश्मीर से बाहर भगा दिए जायेंगे, कश्मीर जनमत के अनुसार कहीं भी सम्मिलित होने के लिए अथवा अपना भाग्य सम्बद्ध करने के लिए मुक्त रहेगा। लेकिन सुरक्षा की दृष्टि से शेख अब्दुल्ला ने उन दिनों अपने परिवार को इंदौर में अपने साले के यहाँ रखा था और वह भी श्रीनगर में नहीं था (The Iron Curtain in Kashmir: ले. होरीलाल सक्सेना, पृष्ठ 25) उसने तत्कालीन मंत्रिमंडल गठन किया।

काश्मीर का भविष्य कश्मीरवासी तय करेंगे, यह निर्णय लेना भारतीय नेताओं की मुस्लिम तुष्टिकरण नीति और अदूरदर्शिता थी। नेतागण यह भूल गए थे कि मूलतः यह हिन्दू भूमि है, यहाँ के निवासियों को धर्मान्तरित करके मुसलमान बनाया गया है। उलटा कहना तो यह चाहिए था कि हमलावर कश्मीर से बाहर जाएँ। देश के साथ कितना बड़ा मजाक है कि हमारी सेना बलिदान करे और फिर वहाँ के मुसलमानों को संतुष्ट करने के लिए उनको बताया जाए कि आप संकटमुक्त हैं; जहाँ इच्छा हो वहाँ विलीन हो जाइए। वहाँ के अल्पसंख्यक हिंदुओं का भविष्य भी उन मुसलमानों के पल्ले बाँधना! फिर यह परिश्रम किसलिए? सैनिकों की बलि देने की उदारता किस लिए? श्री वी.पी. मेनन ने हैदराबाद अध्याय में एक वाक्य लिया है, "It is axiomatic that no nation can afford to be generous at the cost of its integrity and India had no reason to be afraid of her own shadow" अर्थात् "यह बात स्वयं सिद्ध है कि अपनी एकात्मकता खोकर उदार होना किसी भी देश के लिए व्यवहारहीनता है। हिंदुस्तान को तो अपनी ही परछाईं से घबराने की कोई आवश्यकता न थी।"

श्री वी.पी. मेनन ने इसका समर्थन किया है कि हमने कश्मीर का आत्मनिर्णय का मार्ग खुला रखा। अपनी पुस्तक के पृष्ठ 413 पर वे लिखते हैं कि "कश्मीर के प्रश्न में हमें भूमिविस्तार की अभिलाषा नहीं थी। यदि टोली वाले हमला न करते तो हिंदुस्तान शासन हस्तक्षेप न करता। माउंटबेटन इंग्लैंड से लौटे थे। उसके

बाद उन्होंने यह भी कहा था कि कश्मीर के महाराज यदि निर्णय करते कि पाकिस्तान में विलीन होना है तो भी वैसा करने की उन्हें पूर्ण रूप से स्वतन्त्रता थी। यह बात हिंदुस्तान शासन की ओर से कश्मीर के महाराज को अधिकृतता से कही गई थी।"

और हिंदुस्तान शासन ने भी किस भूमिका से कहा कि कश्मीर यदि पाकिस्तान में विलीन हो तो भी हमें कुछ आपत्ति नहीं होगी। क्या इसलिए कि बहु-जनसंख्या मुसलमान थी? फिर, 'हमने द्विराष्ट्रवाद को नहीं माना' यह थोथा प्रचार किसलिए? मेनन अपने ग्रन्थ के पृष्ठ 412 पर लिखते हैं कि जिन्ना और मुस्लिम-लीग, दोनों ने विभाजन-पूर्व कुछ भी प्रचार किया हो, विभाजन की अनुमति देते समय कांग्रेसी नेताओं ने द्विराष्ट्रवाद को अनुमति नहीं दी।"

इसका अर्थ है कि कांग्रेस की दृष्टि में पाकिस्तान-निर्माण की स्वीकृति द्विराष्ट्रवाद के सिद्धांत पर नहीं हुई। यह ऐतिहासिक सत्य का गला घोंटना है। कांग्रेस द्वारा भारतमाता के अंग-भंग करके भी अपराध-बोध तक महसूस न करना कितनी बड़ी हृदयहीनता है। इससे यह निष्कर्ष भी निकलता है कि कांग्रेस के नक्शे में भारत की सीमा पाकिस्तान छोड़कर थी। इसलिए पाकिस्तान तो उनकी स्वीकृति से पूर्व अस्तित्व में था। सीधा प्रश्न यह उठता है कि शेख अब्दुल्ला और नेशनल कॉन्फ्रेंस यदि द्विराष्ट्रवाद से अलिप्त हैं, अर्थात् सैक्यूलर हैं तो हिंदुस्तान में पूर्णरूप से सम्मिलित होने में उन्हें विरोध क्यों? कांग्रेस-पक्ष का द्विराष्ट्रवाद को मानने, न मानने से कभी भी कोई सुसंगत निष्कर्ष नहीं निकल पाया है। द्विराष्ट्रवाद का अर्थ, वे जो चाहें लें, किन्तु जनता इसका अर्थ भलीभांति समझती है। द्विराष्ट्रवाद के आधार भारत-विभाजन के लिए कांग्रेस को दोषी मानती है।

हिंदुस्तान की भूमि पर पाकिस्तान कभी अभिप्रेत नहीं था, तो भी वह भूभाग हिंदुस्तान से तोड़ा गया। इसके पश्चात् हिंदुस्तान से संलग्न भूभाग खोकर पाकिस्तान की भूमि विस्तार की भूख को तृप्त करना देश के लिए हितकर नहीं होगा। क्या यही विचारधारा उस समय के राज्यकर्ताओं के मन में नहीं होगी? वहाँ आज मुसलमान भले ही बहुसंख्या में हों, किंतु जिस कालखंड में इन मुसलमानों के पूर्वज हिंदू-संस्कृति से भ्रष्ट हुए वह आठ सौ वर्षों का इतिहास भूलना और

वह भूभाग मुस्लिम तुष्टि या प्रभावकश पाकिस्तान के अधीन किया जाना अपने देश के लिए हानिप्रद होगा, यह धारणा क्या उन दिनों के सरदार पटेल जैसे नेताओं के मन में न होगी।

कश्मीर में हिन्दुस्तान की सेना विमान से पहुँचाने का निर्णय 26 अक्टूबर, 1947 को लिया गया। दूसरे दिन प्रातःकाल लगभग सौ वायुयान उड़ान के लिए तैयार हुए। प्रातःकाल दस बजे विमानों का पहला दल श्रीनगर एअरपोर्ट पर मंडराने लगा और जैसे ही देखा कि वह हवाई पट्टी (Run way) ध्वस्थ नहीं हुई है, हमारे वायुयान वहाँ उतर गए।

टोली वाले बारामूला तक आ धमके थे। वे श्रीनगर के इर्दगिर्द भी पहुँचे थे। श्रीनगर में घुसने का मार्ग बारामूला से था। टोली वालों की वर्ग संख्या, उनके शस्त्र, उनके अस्त्र, उनकी व्यापकता आदि की कल्पना भारतीय सेना को नहीं थी। लेफ्टिनेंट कर्नल राय बारामूला की ओर चल पड़े। उन्होंने देखा कि ये तथाकथित टोली वाले आधुनिक शस्त्रों से सुसज्जित थे। संख्याबल में भी वे कई गुना अधिक थे। इसलिए श्री राय पट्टन तक पीछे आए और शत्रु का सामना किया। राय और उनका दल मारा गया। हमारे सैनिकों की शूरता अतुलनीय थी।

कश्मीर के गिलगिट क्षेत्र में मुस्लिम सैनिकों ने लेफ्टिनेंट कर्नल मजीदखान के आधिपत्य में 4 नवंबर, 1947 को स्वतंत्र राज्य घोषित किया। हिंदुओं का वहाँ पर भयंकर संहार हुआ।

हमारी सेना ने बल बटोरकर चढ़ाई की और नवंबर को बारामूला स्वाधीन कराया। वह गाँव 1400 जनसंख्या का था, किंतु गाँव में शायद ही एक हजार तक लोग बचे होंगे। संपत्ति लूटी गई थी। स्त्रियों को भगाया गया था। लोग भारी संख्या में मारे गए थे। गाँव के मुसलमान टोली वालों को मार्ग-दर्शन करने में और उनका स्वागत करने में व्यस्त रहे।

श्री मेनन ने लिखा है, 'नादिरशाह ने दिल्ली धोयी', ऐसा इतिहास हम पढ़ते हैं। उसी की पुनारवृत्ति टोलीवालों ने यहाँ पर की थी। किंतु मुस्लिम आक्रमण का दूसरा तंत्र ही क्या है? उनका संख्याबल कैसे बढ़ा? तात्पर्य यह है कि इतिहास की पुनरावृत्ति होती ही रहती है। यह कश्मीर का इतिहास स्पष्टतः दिखा रहा था।

रजौरी में टोली वालों ने 11 नवंबर को क्रूरता का प्रदर्शन किया। तीन सौ स्त्रियों ने राजौरी के तहसील बिल्डिंग में अग्निकुंड रचा और अग्नि प्रवेश कर जौहार किया (The Iron curtain in Kashmir : होरीलाल सक्सेना) हमारी सेना वहाँ पहुँची तो उन्होंने पाया 'हड्डियों का ढेर'।

मीरपुर में 25 नवंबर को पन्द्रह सौ हिंदुओं का सिर काटा गया। हमारे ही लोग संस्कृति से बाहर होने से मूल संस्कृति पर कैसा प्रहार करते हैं, इसका प्रत्यक्ष उदाहरण था।

हमारी सेना ने 11 नवंबर को उरी जीत लिया। सामने खड़े हुए भयानक क्रूरकर्मियों से लड़ते समय हमारी सेना ने कितना उत्साह दिखाया होगा, इसका प्रमाण है एक के पीछे एक शत्रु अधीन भाग मुक्त कराना।

दूसरी ओर, दिल्ली-करांची तथा दिल्ली-लाहौर के बीच वाक-युद्ध चलता रहा। कश्मीर विषयक हलचल प्रारंभ होने के सप्ताह-भर पश्चात्, अर्थात् 20 नवम्बर, 1947 को प्रधानमंत्री नेहरू ने आकाशवाणी पर भाषण किया। "परिणामों का विचार कर ही हमने कश्मीर के प्रकरण में प्रत्येक पग उठाया है। हमारे शांत रहने का अर्थ था छलबल, घर जलाना, बलात्कार, नरसंहार, ऐसे कृत्यों के सामने सर झुकाना कश्मीर के प्रति विश्वासघात होगा। यह कश्मीर का युद्ध आक्रमणकारियों के विरुद्ध युद्ध है, जनता का युद्ध है इसलिये एक बार वहाँ शांति स्थापित हो गई तो यू. एन.ओ. जैसे तटस्थ के अनुशासन में लोकमत की कल्पना की जाएगी और विलीनीकरण कहाँ हो यह निश्चित किया जाएगा।" नेहरू की इस सोच पर शेख अब्दुल्ला का जादू हावी था।

लियाकत अली की प्रतिक्रिया लाहौर आकाशवाणी पर ध्वनित हुई। उन्होंने कहा, "गुलाबसिंह और अंग्रेजों के बीच अमृतसर में हुई उभयान्वय सन्धि, यही मूलतः कुख्यात है। हिन्दुस्तान का कश्मीर पर अधिकार जताना न केवल अवैध है, अपितु अनैतिक भी। कश्मीर के महाराज के विरुद्ध विद्रोह कश्मीर के लोगों का है, किंतु बाहर के लोगों से उन कश्मीर के लोगों के साथ सहानुभूति है। इसलिए हिंदुस्तान शासन एक आभास निर्माण करने पर तुला है कि कश्मीर पर आक्रमण हुआ है जो बाहर से है। इतिहास झूठा लिखा गया है। हिंदुस्तान का उद्देश्य यह नहीं है कि कश्मीर को बचाए, अपितु परोक्ष रूप में वहाँ की राजसत्ता को बचाने

का उनका हेतु है। वहाँ के भीरू राजा ने हिंदुस्तान में सम्मिलित होने का जो अनुबंध किया है, वह कश्मीरी जनता से धोखा है। हिंदुस्तान ने कश्मीर को आक्रमणकारी सहायता दी है।

यदि कश्मीर पाकिस्तान में विलीन होता तो कश्मीर के महाराज और कश्मीर के हिंदुओं की क्या दुर्दशा होती। यह लियाकत अली के उपर्युक्त वक्तव्य से स्पष्ट होता है।

पं. नेहरू ने 21 नवंबर, 1947 को संसद में वक्तव्य दिया। पिछले चार सप्ताहों की घटनाओं का उन्होंने ब्यौरा दिया और कश्मीरी जनता को अपना भविष्य निश्चित करने का अवसर मिलेगा, यह आश्वासन भी घोषित किया।

26 नवंबर को दोनों देशों में बातचीत हुई। उसमें विभाजन से उत्पन्न प्रश्नों की भी चर्चा हुई। 27 नवम्बर को 55 करोड़ रुपये देने का निर्णय हुआ, वह इस धारणा पर कि उसका कार्यान्वयन अर्थात् प्रत्यक्ष रूप में राशि का प्रदान अन्य प्रश्नों के सुझाव पर अवलंबित रहेगा।

किंतु इतना वचन मिलते ही पाकिस्तान ने अपना कश्मीर-प्रश्न का रुख प्रखर किया। सरदार पटेल को इस स्थिति की तुरन्त समझ आ गई।

हिंदुस्तान ने अपना पक्ष निश्चित किया। पाकिस्तान की उद्धत नीति को न चलने देने का यत्न नेताओं ने किया। एक ओर हमारे नेताओं का यह प्रयत्न था कि पाकिस्तान ही कबीले वालों को कश्मीर पर हमला करने से रोके और उन्हें वापस खींच ले, तो दूसरी ओर यह 55 करोड़ का आश्वासन उस प्रयत्न में रुकावटें डालने लगा।

ऐसी विपरीत अवस्था में हिंदुस्तान शासन ने 55 करोड़ रुपये न देने का जो निर्णय किया था वह गांधी के अनशन से बदलना पड़ा। सद्भावना के कारण वह प्रदान हुआ, ऐसे ढोल कितने भी बजाए गए हों, किंतु उस सद्भावना को प्रतिदान नहीं प्राप्त हुआ। 55 करोड़ के प्रदान के पश्चात् भी कश्मीर की हल के सुझाव में पाकिस्तान की ओर से सहयोग नहीं मिला। गांधी जी की मृत्यु के बाद यू.एन.ओ. के सुरक्षामंडल में पाकिस्तान के प्रतिनिधि जफरुल्ला खाँ ने गांधी जी को गौरवपूर्ण शब्दों में श्रद्धांजलि अर्पित जरूर की, किंतु वे तात्कालिक उद्‌गार थे। उस वक्तव्य का पाकिस्तान के कश्मीर विषयक नीति से कुछ भी संबंध नहीं था, क्योंकि आगामी सत्र में ही उस सभा में पाकिस्तान ने अपना दुराग्रह ही चालू रखा था।

सरदार पटेल की आशंका को पाकिस्तान ने अपनी कृति से संपुष्ट कर दिया। गांधी के हठ से पटेल को बड़ा दुःख हुआ था। वह दुःख उनकी अपनी प्रतिष्ठा अथवा अप्रतिष्ठा की धारणा के कारण नहीं था। उन्होंने अपने वक्तव्य में ही कहा था, "आर्थिक अनुबंध पाकिस्तान को सुदृढ़ कर देने वाला था। इसलिए पाकिस्तान ने अपनी आर्थिक स्थिरता रखने के लिए 55 करोड़ का वचन प्राप्त किया था। बदले में हमारी सुरक्षा पर ही कुल्हाड़ी मारे अथवा हमारी (देश की) प्रतिष्ठा नष्ट करे, ऐसे प्रश्न पैसों के लेन-देन के प्रश्न में डुबाये रखना हमारे लिए हानिप्रद था। हमें यह देखना होगा कि जो तनातनी है, उसमें वृद्धि न हो। 12 दिसंबर, 1947 को मैंने अपने वक्तव्य में कहा ही है कि हमारी सद्भावना से खड़ा किया कार्य अब धोखे में आ गया है अर्थात् हमारी सद्भावना को ही अब भय है। इस समय पाकिस्तान ने हमसे दुबारा सशस्त्र संघर्ष खड़ा कर रखा है। ऐसा लगता है कि उसकी व्यापकता और फैलेगी। यदि पाकिस्तान को उसकी उद्दंड नीति में यश प्राप्त हुआ तो समझौते की नींव ही उखड़ जाएगी और पाकिस्तान के आक्रमण के कदम को सुलभता प्राप्त होगी।"

किंतु गांधी जी का हठ पूरा करना पड़ा। सरदार पटेल के शब्दों में राष्ट्र की अस्मिता डोल रही थी। वह अस्मिता गांधी जी के हठ में बलि चढ़ गई। वल्लभभाई ने अपमान का घूँट पीया और 26 जनवरी, 1948 को बम्बई की सभा में उन्होंने कहा, "सद्भाव और दातृत्व की प्रवृत्ति से हमने यह 55 करोड़ प्रदान किए। यह बात पाकिस्तान के वित्त सचिव और लंदन के अर्थशास्त्रियों ने मान ली है। हमने जिस धन राशि को प्रदान करने का निर्णय लिया, वह इसलिए कि गांधी जी अपनी मानसिक यातनाओं से मुक्त हों।"

क्या इस धन राशि-प्रदान करने से लड़ाई समाप्त हुई? क्या पाकिस्तान ने आक्रमण रोका? क्या निर्वासितों का ताँता बंद हुआ? जिसकी कथा हम हिंदुस्तान शासन के वार्ता- वितरण मंत्रालय द्वारा 1947 में प्रकाशित 'कश्मीर का रक्षण' (Defending Kashmir) पुस्तक में पढ़ सकते हैं। सरसरी दृष्टि से भी हमें अति भयानक दृश्य देखने को मिलेंगे।

कश्मीर के उत्तरी भाग में आक्रामक बाहर से आए थे तो जम्मू के पश्चिम भाग में जो आक्रमण आए, उनकी सहायता स्थानीय लोगों ने की। उनको रोगा-सामग्री बाहर से प्राप्त होती थी (Defending Kashmir, पृष्ठ 37)।

अत्याचार के बलि बने सहस्त्रावधि हिंदु निर्वासित (मूल पुस्तक में नॉन मुस्लिम लिखा है) अपनी सेना की छाया में असहाय अवस्था में रक्षण पा रहे थे। तो सीमाओं की रक्षा करने में लगे कश्मीर राज्य के सैनिक टोली वालों से घिर गए थे, इसलिए असहाय थे। उनको सहायता पहुँचाना और निर्वासितों को छुड़ाना, यही अपनी सेना का पहला काम रहा। केवल पुंछ में ही 40,000 शरणार्थी इकट्ठे हुए थे।

(पृष्ठ 37)

20 जनवरी, 1948 को लेफ्टिनेंट जनरल करीअप्पा ने पश्चिमी मोर्चे का नेतृत्व हाथ में लिया। नौशेरा परिसर में 6 फरवरी को घमासान लड़ाई हुई। हमारी सद्‌भावना हमारे ही सैनिकों पर बन्दूक की गोली द्वारा पलटा खा गई थी। तीन टुकड़ियों में पंद्रह हजार शत्रुसेना ने नौशेरा में लड़ाई लड़ी थी। हमारी सेना ने विलक्षण शौर्य दिखाया। शत्रु के दो हजार सैनिक मारे गए, किंतु उसके लिए हमारे केवल 21 सैनिकों को प्राणों से वंचित होना पड़ा था और नब्बे सैनिक घायल हुए थे।

(पृष्ठ 42)

जैसे ही शीतकाल घटने लगा। हमारी सेना ने शत्रुव्याप्त भूभाग को मुक्त करने का अभियान शुरू किया। राजौरी शत्रु के ही अधीन था। फिर भी वहाँ शरणार्थी इकट्ठे हो रहे थे। हमारी सेना राजौरी की ओर चल पड़ी। 13 अप्रैल, 1948 को हमारी सेना वहाँ पहुँच गई और कबीले वाले भाग निकले थे।

हमारे सैनिकों में बड़ा उत्साह था कि अब राजौरी में स्थित निर्वासित हमारा स्वागत करेंगे, किन्तु वहाँ देखा तो केवल बारह सौ से पन्द्रह सौ तक ही निर्वासित जीवित थे। वे स्त्रियाँ थीं। उनमें से लगभग पाँच सौ स्त्रियों को मारने के लिए जकड़ रखा था। हमलावर भाग गए, इसलिए वे स्त्रियाँ बच सकी थीं।

अन्य शरणार्थियों का क्या हुआ था? शासकीय रिपोर्ट में लिखा है कि बारामूला में हुआ नरसंहार राजौरी में हुए नरसंहार के मुकाबले फीका रहा। नगर में सब ओर शमशान की सी शांति थी।

भाग जाने से पहले हमलावरों द्वारा हिंदू ('नान मुस्लिम') लोगों का सार्वजनिक संहार हुआ। घरों के अस्तव्यस्त खंडहर, स्थान-स्थान पर दफनाये असंख्या शव, अधूरे

दबे सड़ रहे शवों के ढेर, उनसे निर्मित दुर्गंध, इन बातों से हमारी सेना को ज्ञात हुआ कि वहाँ क्या-क्या हुआ। जीवित मनुष्यों पर शस्त्रों के घाव थे। वे रेंगते-रेंगते सहारा ढूँढने आए थे।

डेढ़ सौ वर्ग फुट लम्बे और पन्द्रह फुट गहरे तीन गड्ढे शवों से भरे थे। शत्रु को समय तक न था कि इन शवों पर मिट्टी फेंके। हमारे सैनिकों को बार-बार नए शव दिखते थे। एक स्थान पर टूटे कंगनों का ढेर नजर पड़ा। पास ही स्त्रियों की कई चप्पलें भी थीं। भूमि पर रक्त फैला था। कहीं-कहीं बच्चों के अधूरे दबाए प्राणहीन हाथ आकाश की ओर निर्देश करते दीखते थे।

गाँव के आधे से अधिक घर या तो जलाए गए थे या फावड़े से गिराए गए थे। राजौरी पर यह दूसरा बलात्कार था। नवम्बर, 1947 के प्रारम्भ में टोली वालों ने जब राजौरी पर पहली बार कब्जा किया, उस समय उन्होंने अपनी क्रूरता का जो परिचय दिया उसका वर्णन पहले कर चुके हैं।

गांधी ने 5 नवम्बर, 1947 को अहिंसक युद्ध का स्वप्न-चित्र शब्दाङ्कित किया था। यहाँ उसका स्मरण होता है। एक प्रश्नकर्ता ने गांधी से पूछा था, "कश्मीर पर हुए आक्रमण का प्रतिकार अहिंसा से कैसे किया जाए? गांधी ने गैर-जिम्मेदाराना ढंग से कहा, **"जिन पर आक्रमण हुआ है उनको सैनिक सहायता न दी जाए। संघ राज्य अहिंसक सहायता करे, और वह भी विपुल मात्रा में। भले ऐसी सहायता मिले अथवा न मिले। जो आक्रमित हैं वे विनयनबद्ध सेना का, अर्थात् आक्रमणकारियों का प्रतिरोध न करें (अर्थात् अपने पर आक्रमण होने दें)। आक्रमित अपने नियतस्थान पर (पोस्ट ऑफ ड्यूटी पर) क्रोध रहित और द्वेष रहित हृदय से आक्रमकों के शस्त्रों की बलि चढ़ें। स्वयं शस्त्र प्रयोग न करें। हाथ की मुट्ठी से भी प्रति प्रहार न करें। ऐसा अहिंसामय प्रतिकार इस पृथ्वी पर इतिहास को आज तक ज्ञात नहीं है। ऐसा नेत्रदीपक शूरता का दर्शन करायेगा। फिर कश्मीर पवित्र भूमि होगी। उस पवित्रता की सुगन्ध हिन्दुस्तान में ही नहीं अपितु पूरे विश्व में महकेगी।"** यह थे गांधी के उदगार।

"यह स्वप्न मात्र है और मैं उसका कार्यान्वयन करने में प्रमुख (Important) हूँ' यह भी गांधी ने कहा था। यह चित्र यदि गांधी जैसी किसी देवात्मा को सुन्दर,

रमणीय लगे तो भले लग जाए। मानवता की दृष्टि से इस जैसा क्रूर-चित्र विश्व में शायद ही कहीं दीखेगा। बारामूला हो अथवा राजौरी, वहाँ के प्रतिकार अहिंसक ही हुए थे, और उसमें हजारों प्राणों की बलि हुई थी, और हमारे सैनिक उस अहिंसक प्रतिकार का तांडव देख रहे थे। क्या उस सबकी दुर्गन्ध से इस भूमि को पवित्रता आने वाली थी? गांधी की धूर्तता का इससे बड़ा उदाहरण और कहीं नहीं मिल सकता।

55 करोड़ का प्रदान करने को अपने शासन को बाध्य न करने से ही अहिंसा का कुछ सीमा तक पालन हुआ होता, किन्तु वह न करते हुए गांधी एक ओर अहिंसक युद्ध के दिवास्वप्नों में मस्त रहे और दूसरा 55 करोड़ के प्रदान के लिए उपवास करने लगे। आक्रमकों को अत्याचार करने के लिए अधिक सामर्थ्य प्रदान करने वाले गांधी जी के उपचार उनके अहिंसा तत्व से पूर्णतया विसंगत सिद्ध हुए।

राजौरी खोना पड़ा। इसका प्रतिशोध लेने के लिए आक्रमणकारियों ने 16 अप्रैल को छः हजार की संख्या में झांगर पर हमला किया। हमारी सेना ने उनको मार भगाया था। 23 मई को टीटवाला, 27 मई को उरुसा, 28 मई को पोरकांटो स्थानों को हमारी सेना ने स्वाधीन कराया। हमारे सैनिक लड़ते-लड़ते वे बड़ी संख्या में अपनी बलि चढ़ाते रहे। भिन्न-भिन्न मोर्चों पर यही स्थिति रही।

14 अगस्त, 1948 को पाकिस्तान सेना ने मानो मधुमक्खी के झुंड जैसा आक्रमण स्कार्डू स्थान पर किया। हमारे सैनिक लड़ते रहे, किन्तु न उन्हें सहायता मिलने की आशा थी, न विजय प्राप्त होने की। शत्रु की प्रचंड सेना के बीच वे दब गए। पाकिस्तानी सेना ने विजय प्राप्त की। उनके मुख्य स्थान पर उन्होंने विजय प्राप्ति का सन्देश भेजा। वह क्या था? सब सिखों को गोली मारो। सब स्त्रियों के साथ बलात्कार किया जाए। (All sikhs shot. All women raped!)"

(Defending Kashmir, पृष्ठ 72)

यदि हममें से कोई बलात्कार का दुष्कृत्य करे तो हम उसको नीच समझते हैं और जो बलात्कार करता है उसको भी उस दुष्कृत्य पर गर्व नहीं हुआ करता। वह लज्जित रहता है, किन्तु कश्मीर में अर्थात् हिन्दुस्तान के विरुद्ध 'धर्मयुद्ध' 'बगावत' खड़ा किए हुए मुसलमानों को उनके धर्म के अनुसार स्त्रियों के साथ बलपूर्वक किया संभोग गौरवपूर्ण प्रतीत हुआ। वह इतना कि विजय में क्या-क्या

लूट प्राप्त हुई, क्या-क्या शूरता दिखाई, इन बातों के कथन में इस 'धर्मकृत्य' का भी उन्होंने अपने संदेश में उल्लेख किया।

अस्तु! शत्रु को क्या करना चाहिए। इसकी अपेक्षा हमें क्या करना चाहिए यही हमारे सन्मुख उन दिनों समस्या थी। हमारे सैनिकों का उत्सर्ग, स्त्रियों का अपहरण और बलात्कार और मारे गए नागरिक निर्विवाद रूप से उस 55 करोड़ की राशि के बलि थे।

क्या केवल 55 करोड़ से ही लड़ाई लड़ी जाती है? क्या यह सच नहीं है कि युद्ध में 55 करोड़ की ऐसी कई राशियाँ व्यय हुआ करती हैं? जी हाँ! किन्तु दूसरी बातों पर यह बात निर्भर रहती है। उस समय की अवस्था में इस 55 करोड़ की राशि से पाकिस्तान को कितना सहारा मिला, यह बात सरदार पटेल के वक्तव्य से हम देख चुके हैं। हमारे पास कई करोड़ हैं। 55 करोड़ के लिए क्या दुःखी होना, ऐसा आत्मघातक विचार हमारे देश ने नहीं किया था। हमारे पास कई मुफ्त के जहाज हैं। उसमें से एक विमान पाकिस्तान ने बलपूर्वक भगाया और जलाया उसका क्या दुःख करें, उससे पाकिस्तान पर क्यों क्रोध करें, इस प्रकार का विचार जो राष्ट्र करेगा वह स्वाभिमानी नहीं होगा। ऐसा राष्ट्र दूसरे बलवान राष्ट्रों से मकौड़े के समान (गोगलगाय?) पैर के नीचे दबने योग्य रहेगा। इसलिये हमारा जहाज भगाया गया और जलाया गया, इस घटना का क्रोध न्यूनतम शब्दों में व्यक्त करते हैं। इसी कारण उन दिनों 55 करोड़ के प्रदान से पूरा राष्ट्र संतप्त हो उठा था।

सितम्बर, 13 और 14 को मराठा और जाट दलों ने बोटकूलम् गंज की ओर चढ़ाई की, किन्तु अपने उद्दिष्ट के केवल तीस यार्ड अंतर पर ही उन पर प्रचंड अग्नि वर्षा हुई। पूरी की पूरी एक कम्पनी हताहत हुई।

युद्ध बन्द हो, इसलिए कई दिनों से प्रयास चल रहा था, किन्तु प्रत्यक्ष युद्ध बन्द का कार्यन्वयन 31 दिसम्बर, 1948 को मध्य रात्रि में हुआ। इस प्रकार सद्भावना के नाम पर 55 करोड़ देने के निर्णय के लगभग एक वर्ष पश्चात् हमारी सेना के भाग्य में आया 'अग्नि-वर्षा की भेंट'।

6
उच्च न्यायालय में अपील से पहले

“उच्च न्यायालय से अपील करने वालों में से नथूराम वि. गोडसे ने अपने कृत्य (गांधी हत्या) को नकारा नहीं था। 30 जनवरी, 1948 को महात्मा गांधी की हत्या के कारण उस पर दण्ड विधान धारा 302 के अनुसार आरोप सिद्ध हुआ था, उस अपराध के लिए उसको फाँसी का दण्ड सुनाया गया था। उसके विरुद्ध उसने अपील नहीं की। उसने अपनी अपील और अपने तर्क दूसरे आरोप जो सिद्ध माने गए थे, उनकी परिसीमा में ही सीमित रखे। इस न्यायालय में उसने अपना अधिवक्तव्य स्वयं ही दिया। वह देते समय उसने वस्तुस्थिति के तत्त्वों का जो विवेचन दिया उससे उसकी विलक्षण क्षमता प्रतीत हुई। मैं विश्वासपूर्वक कहना चाहूँगा कि किसी भी विधि-विशेषज्ञ गर्व के उपयुक्त उसने अपना अधिवक्तव्य प्रस्तुत किया।” (न्यायपीठ की सम्मिति)

(“Of all the Appellants Nathuram V. Godse has not challenged his conviction under Sec. 302 of the Indian Penal Code nor has he appealed from the sentence of death passed on him in respect of the offence. He has confined his appeal and also his arguments at the Bar only to the other charges which have been found proved against him”. “......he personally argued his appeal, I must say, with conspicuous ability evidencing a mastery of facts which would have done credit to any counsel.”)

दिल्ली के लिए उन दिनों उच्चन्यायालय पंजाब का था। विभाजन के पश्चात् वह शिमला में बैठने लगा। उस न्यायालय में गांधी-हत्या अभियोग के दंडितों की अपील सुनी गई। 22 जून, 1949 को न्यायमूर्तियों ने अपना निर्णय-पत्र पढ़ा।

न्यायपीठ बेंच में न्यायमूर्ति श्री भण्डारी, श्री अच्छरुराम और श्री जी.डी. खोसला थे। श्री भण्डारी और श्री अच्छरुराम ने अपने अलग-अलग निर्णय-पत्र लिखे। वे आपस में मिलते थे। श्री खोसला ने इन दोनों न्यायमूर्तियों के मत की एकाध पन्ने में पुष्टि की।

डॉ. परचुरे और शंकर किस्तैया को उच्चन्यायालय ने दोष मुक्त ठहराया था। करकरे, मदनलाल पाहवा और गोपाल गोडसे को आजीवन कारावास, नथूराम और नाना आपटे के फाँसी के दण्ड को बरकरार रखा गया।

अपील चलते समय न्यायमूर्तियों ने नथूराम का जो निरीक्षण किया, उस पर भी उन्होंने अपना अभिमत व्यक्त किया। इन अध्यायों में नथूराम के अपील के विषय में तथा उसकी क्षमता के सम्बन्ध में जो प्रारम्भ में उल्लेख है, वह न्यायमूर्ति श्री अच्छरुराम ने अपने निर्णयपत्र के पृष्ठ 204 और 206 पर अंकित किया अभिमत है :

"यद्यपि वह मैट्रिक परीक्षा में अनुत्तीर्ण हो गया था, किन्तु उसका अध्ययन गहन है। अपने प्रतिवेदन पर बहस करते हुए अंग्रेजी का गम्भीर ज्ञान और सोचने विचारने की स्पष्ट क्षमता दर्शनीय थी।"

("Although he failed in his Matriculation examination, he is widely read. While arguing his appeal he showed a fair knoweledge of the English language and a remarkable capacity for clear thinking.")

नथूराम ने अपने वक्तव्य में एक भूमिका दी थी। "20 जनवरी, 1948 को, अर्थात् गांधी जी के प्रार्थना स्थल पर धमाका हुआ, उस दिन मैं वहाँ पर नहीं था, मैं पीछे रह गया था, क्योंकि मेरे सिर में दर्द था।" इस बात को काटते हुए न्यायमूर्ति ने नथूराम की उन्होंने जो क्षमता देखी उसी का आधार लिया। न्यायमूर्ति ने माना

है कि उसका सिर दर्द करता होगा, किन्तु ऐसे महत्त्व के क्षणों में उस जैसा समर्थ व्यक्ति पीछे रहा होगा, यह मानने के लिए वे तैयार नहीं थे। वे कहते हैं–

''अपील हमारे सामने पाँच सप्ताह से अधिक चली। उस अवधि में और विशेषकर जो आठ-नौ दिन नथूराम स्वयं अपने तर्क प्रस्तुत कर रहा था उस सम्बन्ध में हमने उसको भलीभाँति परखा है, उसके जैसा कर्तृत्ववान मनुष्य ऐसा पीछे रहने का विचार भी मन में लायेगा, यह हम सोच तक नहीं सकते।''

("We have seen quite enough of Nathuram during the period of more than five weeks while we were hearing these appeal and particularly during the eight or nine days while he was arguing his own case, and I cannot imagine that a man of his calibre could have even entertained the idea.")

न्यायमूर्ति श्री खोसला ने गांधी-वध के लगभग पन्द्रह वर्ष बाद, अपनी सेवानिवृत्ति के पश्चात् ''दस न्याय-निर्णय कथाओं'' की एक पुस्तक लिखी। उसमें गांधी-वध (The Murder of the Mahatma) अर्थात् नथूराम गोडसे का अभियोग (The case of Nathuram Godse) यह भी एक अध्याय है। श्री खोसला के मन पर उस समय जो मुद्रा अंकित हुई थी, वह वस्तुस्थिति उन्होंने शब्दांकित की है। वे लिखते हैं–

नथूराम का वक्तव्य न्यायालय में उपस्थित दर्शकगण के लिए एक आकर्षक वस्तु थी। खचाखच भरा न्यायालय इतना भावाकुल हुआ था कि उनकी आहें और सिसकियाँ सुनने में आती थीं और उनके गीले-गीले नेत्र और गिरने वाले आँसू दृष्टिगोचर होते थे। न्यायालय में उपस्थित उन प्रेक्षकों को यदि न्यायदान का कार्य सौंपा जाता तो मुझे तनिक संदेह नहीं है कि उन्होंने अधिक से अधिक संख्या में यह कहा होता कि नथूराम निर्दोष है।

("The highlight of the appeal before us was the discourse delivered by Nathuram Godse in his defence. He spoke for several hourse discussing, in the first instance, the facts of the case and then the motive which had prompted him to take

Mahatma Gandhi's life........") (The murder of the Mahatma, Page 238)

("The audience was visible and audibly moved. There was a deep silence when he ceased speaking. Many women were in tears and men were coughing and searching for there handkerchiefs. The silence was accentuated and made deeper by the sound of an occasional subdued sniff or a muffled cough...")

("I have however no doubt that had the audiance of that day been constituted into a Jury and entrusted with the task of deciding Godse's appeal, they would have brought in a verdict of 'not guilty' by an overwhelming majority")

(The Murder of The Mahatma, Page 234)

न्यायमूर्ति कपूर को एक स्थान पर नथूराम की क्षमता का आधार लेकर ही उनके समक्ष हुई एक गवाही का वक्तव्य काटना पड़ा।

गांधी-हत्या के सम्बन्ध में क्या पहले कोई कुछ जानता था। इसकी छानबीन करते समय गांधी जी की पौत्री श्रीमती मनुबेन गांधी की एक गवाही हुई। वे गांधी जी के साथ सदा रहती थीं। उन्होंने कहा कि 30 जनवरी, 1948 को दोपहर के लगभग बारह बजे नथूराम बिरला-भवन पर आया था। उसको किसी ने रोका नहीं था, क्योंकि लोग आते-जाते रहते थे और आने वाला व्यक्ति कोई विशेष है, ऐसा उस समय नहीं लगा। उसके आने में भी किसी को कोई विशेषता नहीं लगी, क्योंकि गांधी जी जहाँ रहते थे, सोते थे, भोजन करते थे, वे स्थान देखने के लिए लोग आया करते थे। नथूराम भी आया था। संभवतः वह पिछले द्वार से आया होगा। कई व्यक्ति गांधी जी के दर्शन के लिए इस प्रकार भी आते थे। उन्हें कोई रोकता नहीं था। गांधी जी उस समय धूप का आनन्द ले रहे थे और यदि नथूराम के मन में होता तो वह वहीं पर उनके ऊपर गोली दाग सकता था। श्रीमती मनुबेन ने कहा, निश्चित है कि वह नथूराम ही था, क्योंकि सायंकाल को नथूराम ने गोलियाँ दागीं उस समय उन्होंने उसे पहचाना। उनकी धारणा है कि जब दोपहर को नथूराम आया था तब गांधी जी के प्रच्छन्न तेज से वह चकाचौंध हुआ था।

किन्तु श्रीमती मनुबेन ने 'बापू जी का अन्तिम दर्शन' (Last glimpse of Bapuji) नाम की जो पुस्तक लिखी है उसमें उन्होंने उपयुक्त घटना का उल्लेख तक नहीं किया है। 31 जनवरी, 1948 को अर्थात् गांधी-वध के दूसरे दिन उन्होंने सुरक्षा-कर्मियों को भी यह घटना नहीं बताई, किंतु उन्होंने 'ब्लिट्स' (साप्ताहिक-पत्र) के 26 जनवरी, 1969 के अंक में जो लेख लिखा है उसमें इस घटना का प्रथम बार ही उल्लेख किया है। उस लेख में उन्होंने ऐसा भी लिखा है कि उन्होंने यह बात पं. नेहरू तथा सरदार पटेल से भी कही थी। (न्या. कपूर आयोग प्रतिवृत्त खण्ड 1, पृष्ठ 202-203)

इस कथा पर न्यायमूर्ति कपूर ने विश्वास नहीं किया। उन्होंने एक कारण यह दिया है कि गांधी के जीवन को पूर्णतः समाप्त करने का नथूराम का निश्चय उसके वक्तव्य में ही प्रतीत होता है। उस लिखित निवेदन में उसके मन का जो दृढ़निश्चय दृष्टिगोचर होता है, उसे ध्यान में रखते हुए, यदि उसको दोपहर में गांधी जी को मारने का अवसर मिला होता तो वह उसको गँवायेगा, यह बात सम्भवातीत है। सायंकाल प्रार्थना-स्थल पर उसको व्यामोह नहीं हुआ था, दोपहर को व्यामोह हुआ होगा, ऐसी धारणा बनाने के लिए कारण मिलना असम्भव है। किसी के प्राण लेने के लिए प्रस्थान करने वाला व्यक्ति अपने लक्ष्य के 'दर्शन' के लिए नहीं जाता भले वह लक्ष्य गांधी क्यों न हो। जैसे नथूराम ने अपनी अपील में कहा है, गोली चलाने के पश्चात् सुरक्षा-कर्मियों को आत्मसमर्पण करने का उसका निश्चय था, आयोग ने इस बात की उपेक्षा नहीं की है। (खण्ड 1 अनुच्छेद, 12 एफ/91 (5) पृष्ठ 205), इसलिए श्रीमती मनुबेन की गवाही 'असिद्ध', इस वर्ग में गिननी पड़ेगी। अतएव वह स्वीकार्य नहीं है।

गांधी-हत्या जैसी भीषण घटना के समय नथूराम के मन की स्थिरता के विषय में न्या. कपूर ने जो अभिप्राय दिया, वही उपरोक्त विवेचन से प्रतीत होता है।

नथूराम का व्यक्तित्व कैसा था, विचारों के विवेचन की उनकी पद्धति कैसी थी, जो काम वे हाथ में लेते उसमें उनकी लगन कैसी थी, वाद-विवाद में पांडित्य कैसा था, आदि बातों का विवरण मैं स्वयं भी दे सकता था, क्योंकि उनके वे गुण मैंने स्वयं देखे हैं, किंतु उसमें एक भय था। हत्या करने वाले व्यक्ति का गुणगान

करने से मैंने हत्या को उत्तेजन देने वाला लेखन किया, इस प्रकार का आरोप मुझ पर मढा जाता। उस आरोप की छानबीन कराने के लिए न्यायालय के द्वार भले ही खुले हों, किंतु उसके लिए जो सप्रमाण प्रतिरोध करना पड़ता है, उस कारण सब प्रकार के कष्ट सहने पड़ते, यह अनुभव सिद्ध बात है। इसलिए वध करने के प्रायश्चित के रूप में फाँसी का दण्ड सुनाते-सुनाते भी न्यायमूर्तियों ने नथूराम के गुणों का वर्णन किया है, क्योंकि नथूराम के निवेदन में जो ऐतिहासिक प्रसंग आए हैं वे कितने सक्षम हैं और समर्थ व्यक्ति ने लिखे हैं यह बात न्यायमूर्तियों ने नथूराम के विषय में जो राय व्यक्त की है उससे पाठक जान सकेंगे। वे घटनाओं को भी सत्य-असत्य देख पाएंगे और स्वयं मूल्यांकन कर सकेंगे।

गांधी-हत्या से संलग्न प्रश्न जैसे, देश-विभाजन, निर्वासित, कश्मीर पर आक्रमण, 55 करोड़ की राशि आदि उन दिनों के जीते-जागते प्रश्न न्या. कपूर ने विवेचित किए हैं। जिसका सारांश रूप से उल्लेख प्रारम्भ के अध्यायों में आया है। 'निर्वासित और गांधी जी' अध्याय के अन्त में जैसे लिखा है, तथा अन्य स्थानों पर भी उल्लेख किया है, कपूर आयोग की रिपोर्ट के सम्बन्धित भागों से भी नथूराम के वक्तव्य की पुष्टि होती है।

यह मानना होगा कि 55 करोड़ की संख्या ही मानो हिंदुस्तान की राजनीति में अशुभ-सी रही। इस संख्या पर राष्ट्र की अस्मिता बलि चढ़ी। उस संख्या की वेदी पर कश्मीर में हमारे वीर सेनानी बलि चढ़े। उसी प्रकार गांधी जी का वध भी उसी 55 करोड़ के सम्बन्ध में हुआ। उस हत्या के अनुसंग (इंसिडेंट) से अभियोग खड़ा रहा। उसमें जो बलि हुए, वे लक्षणों से कहा जाए तो, पर्याप्त रूप से इस 55 करोड़ की संख्या के नाम ही लिखने होंगे।

नागपुर के 'तरुण भारत' वृत्त-पत्र के सम्पादक श्री ग. त्र्यं. माडखोलकर जी को नथूराम ने एक पत्र 14 नवम्बर, 1949 को अर्थात् फाँसी जाने से एक दिन पूर्व लिखा। वह पत्र 'सोबत' साप्ताहिक के दीपावली, 1970 के अंक में श्री ग. वा. बेहरेजी ने प्रकाशित किया है।

नथूराम ने उस पत्र में लिखा है, ''न्यायालय में दिए वक्तव्य का बहुत सारा भाग इतिहास है और कुछ भाग अन्तकरण से लिखा साहित्य है।''

नथूराम ने जो 'बहुत सारा' भाग लिखा है इसका अर्थ यह है कि षड्यंत्र के आरोप का खण्डन करने के लिए उसमें जो तर्क प्रस्तुत किए हैं, वे केवल बचाव के लिए थे और इतिहास की व्याख्या में आने वाले नहीं थे, यही उसने बताया है। जो आरोप स्वीकृत नहीं है उनका उत्तर देने की चेष्टा करना ही अनुच्छेदों का विषय रहा है। वह भाग भी बहुत थोड़ा है। गांधी जी का वध क्यों अनिवार्य हुआ, इसका तात्कालिक कारण नथूराम ने दिया है। उसके पूर्व उन्होंने उस समय की स्थिति का राजनीतिक विवरण दिया है। गांधी जी की नीति का मार्गदर्शन किस प्रकार होता रहा और देश पर उसका क्या परिणाम हुआ इसकी समालोचना नथूराम ने की है। यह इतिहास-पक्ष है।

श्री माडखोलकर जी को जो पत्र नथूराम ने लिखा है उसमें वे कहते हैं, "जो सत्य इतिहास मैंने लिखा है और जो अन्तःकरण से लिखा साहित्य है, वह लोगों के सामने जाने से शासन को भय लगता है, इसी से उसका प्रभाव मैं अनुभव कर सकता हूँ।"

उन दिनों राज्यों के शासनों ने कानून के अन्तर्गत नथूराम की लिखित विस्तृत अपील के प्रकाशन पर प्रतिबंध लगाया था। नथूराम की धारणा सत्य थी। देश का, स्वतन्त्रता के आंदोलन का, विभाजन का, नरसंहार को छिपाने का, क्रूरता का इतिहास जो नथूराम ने प्रकट किया, उस वक्तव्य पर शासन ने प्रतिबंध लगाया। सत्य प्रकट होने से कांग्रेस भयभीत थी। कारण, उससे उनकी देशभक्ति और मुस्लिम तुष्टिकरण का परदाफाश होता था।

समय परिवर्तनशील है। जिस कानून के अन्तर्गत प्रतिबन्ध लगाया गया था, वह कानून ही अब शासन के अस्तित्व में नहीं रहा। इसी से यह विस्तृत अपील लोगों के सम्मुख रखना सम्भव हो रहा है। इसके पूर्व न्यायमूर्ति श्री खोसला, श्री के.एल. गौवा, श्री धर्मेन्द्र शर्मा आदि लेखकों ने अपने-अपने ग्रंथों में नथूराम की अपील के भाग दिए हैं वह इसलिए सम्भव हुआ कि वह प्रतिबन्ध लगाने वाला कानून अस्तित्व में नहीं रहा।

नाथूराम : प्रारंभिक जीवन

नथूराम की प्राथमिक शिक्षा बारामती में ही प्रारंभ हुई। उनका यज्ञोपवीत संस्कार कुलदेवता के सम्मुख मनौती के अनुसार बारामती के राम मन्दिर में हुआ। सन्ध्या-वन्दन और सूर्य नमस्कार सभी माता-पिता उन दिनों अपने घरों में अपनी सन्तान को सिखाते ही थे। नथूराम का भी वही उपक्रम चलता रहा। स्कूली शिक्षा के साथ-साथ उन दिनों यह प्रथा भी थी कि पुत्र को संस्कृत तथा मराठी शिक्षात्मक कविताएँ भी कठस्थ कराई जाती थीं। ऐसी मान्यता थी कि इससे बुद्धि का विकास होता है। यह कार्य घर पर ही होता था।

नथूराम की स्मरण-शक्ति बहुत ही तीव्र थी। शाम को नवनीत के चुने हुए श्लोक मनुस्मृति के श्लोक, करुणाष्टक, आरती, रामायण और महाभारत के चुने हुए श्लोक पढ़ाने तथा उनसे सुन लेने की प्रथा होने के कारण नथूराम को बहुत कुछ कंठस्थ था।

महाराष्ट्र के, विशेष कर तथा पूना के राष्ट्रीय विचारधारा के समाचार-पत्रों को रौलट ने चितपावन प्रेस संज्ञा से ही सम्बोधित किया है। सिडिशस कमेटी की रिपोर्ट के पृष्ठ 13 पर ऐसा स्पष्ट अंकित है। 'केसरी' उस समय का प्रमुख-पत्र माना जाता था। अंग्रेज-भक्त कर्मचारियों ने 'केसरी' की नीति को अंग्रेजी राज्य का विरोध करने के लिए जनता में असन्तोष निर्माण करने वाली नीति कहकर अलिखित रूप से केसरी के पठन को आपत्तिजनक घोषित किया हुआ था, किन्तु इसके विपरीत वस्तुस्थिति यह थी कि प्रेमी पाठकों से भी अधिक उत्कण्ठा ऐसे लोगों में ही 'केसरी' पढ़ने के लिए देखी जाती थी। किसी कृति पर प्रतिबन्ध लगाने से उसके प्रति कौतूहल बढ़ता है। यही कारण है कि नथूराम के पिता ने अपने ऊपर कोई आरोपण न हो सके, इस संभावना से बचने के लिए नथूराम के नाम से, जिसकी आयु उस समय सात-आठ वर्ष की होगी, 'केसरी' मंगवाना आरंभ किया।

नथूराम को छोटी-सी अवस्था में पढ़ने का चस्का लग गया था। वह 'केसरी' पढ़कर उसको समझता भी था। स्वतान्त्र्य-समर की जो सामग्री उसमें प्रकाशित होती थी उसे नथूराम बाल्यावस्था में तो अनजाने में, किन्तु बाद में समझ कर निरन्तर रुचि से पढ़ते थे। इसका उनके मन पर प्रभाव हुआ। इस सम्बन्ध में होने वाली चर्चा तथा भाषणों में भी उनकी रुचि बढ़ने लगी थी। एक बार वे अपने पिताजी

के साथ एक भाषण सुनने के लिए गए। भाषण के विषय के अनुसार घर लौटने पर उन्होंने विदेशी चीनी के बहिष्कार का आग्रह किया। उनके पिताजी जानते थे कि यह हठ केवल बाल-स्वभाव के कारण है, किसी विषय को पूर्णरूप से समझकर करने की प्रतिक्रिया नहीं है। इतना जानते हुए भी केवल पुत्र का हठ पूर्ण करने के विचार से और यह समझते हुए भी कि इस हठ को पूर्ण करने में कोई हानि भी नहीं है उन्होंने उस समय से घर में विदेशी शक्कर का लाना बन्द कर दिया, किन्तु इस क्रिया ने एक परम्परा डाल दी और भविष्य में घर में विदेशी वस्तुओं का न लाना नियम-सा बन गया।

नथूराम के पिता का स्थानान्तरण छोटे-छोटे ग्रामों में होते रहने के कारण उनकी शिक्षा का समुचित प्रबन्ध न हो पा रहा था। मराठी की चतुर्थ श्रेणी उत्तीर्ण कर अंग्रेजी शिक्षा के लिए उनको पूना में उनकी बुआ के पास रखा गया। बाद में तीन-चार छात्रों ने मिलकर एक अलग कमरा लिया तो नथूराम भी वहीं जाकर रहने लगे। अवकाश के दिन नथूराम अपने घर आया करते थे।

कविता पढ़ना, उसे कंठस्थ करना और स्वयं भी कविता रचना, यह अभिरुचि पाठशाला के दिनों में ही नथूराम में जागृत हो गई थी। लोकमान्य तिलक की शिक्षा के अनुसार उस समय गणपति समारोह का सदुपयोग राष्ट्रभक्ति प्रज्वलित करने के लिए ही किया जाता था। लोकमान्य के बाद में भी यह प्रथा प्रचलित रही, खण्डित नहीं हुई। नथूराम उन दिनों मेले में गाए जाने योग्य देशप्रेम से ओतप्रोत रचनाएँ रचने लगे थे। उन दिनों ही उन्होंने 'लक्ष्मीतनय' नाम से एक छोटा-सा पद्य-संग्रह भी प्रकाशित कराया था। 'रामरक्षा स्तोत्र' का छन्दोबद्ध रूपान्तर भी उन्होंने किया।

गांधी-वध का वह दिन

गांधी-वध के फौरन बाद नथूराम के सिर पर दो, तीन आघात हुए थे जिनके कारण घावों से रक्त बह रहा था। रघुनाथ माली ने अपने खुरपे से नथूराम पर प्रहार करने का अपने बयान में चर्चा की थी, किन्तु नथूराम ने बताया–'माली पूर्णतया झूठ बोल गया है। हाथ में रखी जाने वाली छड़ी के दो-चार आघात मेरे सिर पर लगे

थे, किन्तु तत्काल नहीं, घटना के चार-पाँच मिनिट पश्चात्। जब डॉक्टर ने मेरी चिकित्सा की, तब तक रक्त जम गया था। मेरे घावों का विवरण भी डॉ. ने लिखा है। उसमें घावों को मामूली (All apparent Simple) बताकर उन्हें ठोस शस्त्र प्रहारजन्य (Blunt) लिखा है।'

नथूराम को पकड़ने में अपनी तत्परता का लगभग सभी साक्षियों ने उल्लेख किया है, इस सम्बन्ध में नथूराम ने बताया था कि, 'मेरे हाथ में पिस्तौल थी, गोलियाँ मैं दाग चुका था, और गोलियाँ मैं नहीं दागूँगा, यह विश्वास किसी को नहीं था। यदि किसी सशस्त्र सिपाही ने उस समय मुझ पर गोली चलाई होती तो वह निःसन्देह उचित होता, किन्तु हुआ यह कि एकाएक दागी गई उन गोलियों से सभी किंकर्तव्य विमूढ़ और आतंकित हो गए थे। बहुत पास के लोगों ने मेरे हाथ में रिवाल्वर देखा था। इस दशा में प्रत्येक व्यक्ति को अपने ऊपर भी गोली चलाए जाने की आशंका थी, इसलिए सभी लोग तत्काल पाँच-सात पग पीछे हट गए, गांधी जी के आगमन के लिए जो मार्ग छोड़ा गया था और जिस पर मैं खड़ा था वह मार्ग और चौड़ा हो गया। चार पग के अन्तर पर ही गांधी जी अचेत हो गिरे हुए थे। मेरे चारों ओर एक बड़ा-सा घेरा बन गया था। मेरा सशस्त्र हाथ ऊपर उठा हुआ देखकर लोग स्यात् और पीछे नहीं हटे।

'गोलियाँ चलाते ही पिस्तौल वाला हाथ ऊपर उठाकर मैं 'पुलिस! पुलिस!' चिल्लाया, किन्तु आधा मिनिट बीतने पर भी कोई पास में नहीं आया। उस समय प्रत्येक क्षण मेरे मन के ऊपर तनाव बढ़ता जा रहा था। मैं बहुत अस्वस्थता अनुभव कर रहा था। मुझे लगा कि मैं उत्तेजित हो रहा हूँ।'

'कोई मुझे मरेगा और यदि मरेगा तो उसका बचाव मुझे कैसे करना है, यह कल्पना उस समय मेरे मन में तनिक भी नहीं थी। उस समय की अपनी मनःस्थिति को आज मैं प्रत्यक्ष अनुभव कर सकता हूँ। गांधी-वध के किसी भी परिणाम को भोगने के लिए मैं तत्पर था, किन्तु मैं तीन आरोपों से बचना चाहता था। मैंने भाग जाने का प्रयत्न किया, ऐसा संकेत भी किसी के द्वारा हो, यह मैं नहीं चाहता था। आधे मिनिट के पश्चात् मैंने फिर पुलिस को बुलाया। अपने सामने पूरे गणवेष

में खड़े सिपाही को मैं देख रहा था, किन्तु वह मुझे पकड़ने का साहस नहीं जुटा पा रहा था। यदि मैं पिस्तौल फेंक देता तो उसका अर्थ यह लगाया जाता कि मैंने बचाव का रास्ता उत्पन्न करने का प्रयत्न किया। यह आरोप भी मुझे स्वीकार नहीं था। मैं अपने शस्त्र के साथ स्वयं को पुलिस के हाथों सौंपना चाहता हूँ, यह विश्वास सामने खड़े पुलिस कर्मचारियों को मैं कैसे दिलाऊँ? यह मुझे समझ में नहीं आ रहा था।'

'अपनी दृष्टि चारों ओर घुमाने लगा, इतने में अमरनाथ की अथवा जिस सैनिक ने मुझे पकड़ने की बात कही है उसकी दृष्टि से मेरी दृष्टि मिली। आँखों ही आँखों में मैंने उसे निकट आने का संकेत किया। मेरे दृष्टि संकेत पर स्यात् उसने विश्वास कर लिया। वह मेरे पास आया और मेरी कलाई को उसने ऊपर ही ऊपर पकड़ लिया। मैं प्रतिकार नहीं कर रहा हूँ, यह उसने जान लिया। उसी समय मेरे मन का बोझ मानों उतर गया। मैंने मुक्ति का श्वास लिया। इसके पश्चात् दूसरा मनुष्य आया और उसने मेरे पिस्तौल पर हाथ रखा। मैंने उसे उसके हाथों में छोड़ दिया।

'उसके बाद तो अनेक लोगों ने मुझे घेर लिया। कई लोगों ने मुझे पीटा भी। पुलिस भी कितनी मूर्ख थी कि वह पिस्तौल लोगों के कुतूहल की वस्तु बना एक हाथ से दूसरे हाथ घूमती फिर रही थी। एक उत्तेजित व्यक्ति ने पिस्तौल को मेरे सामने करते हुए मुझ से कहा—'मैं तुम्हें इसी पिस्तौल से मार डालूँगा।' मैंने उस शांत और स्पष्ट शब्दों में कहा—'बड़ी प्रसन्ता से, किन्तु पिस्तौल को सम्भालने का ज्ञान तुम्हें प्रतीत नहीं होता। उसका सेफ्टीकैच खुला है। तनिक-सा धक्का लग जाने पर भी तुम्हारे हाथ से दूसरा कोई मर जाएगा। उसमें और भी गोलियाँ हैं, यह ध्यान में रखो।' फिर मैंने पास खड़े पुलिस अधिकारी से कहा—पहले तुम वह पिस्तौल अपने हाथा में ले लो, उसका सेफ्टीकैच खुला ही रह गया दीखता है, उसे बन्द करो अन्यथा यह भला मानुष मेरे स्थान किसी और को मार बैठेगा।' बात उस अधिकारी के समझ में आ गई और उसने तुरन्त पिस्तौल अपने हाथ में लेकर उसका सेफ्टीकैच बंद करके उसे जेब में डाल लिया। यह हल्ला, गुल्ला

कोई पाँच मिनिट तक चलता रहा। उस समय तक और एक-दो सिपाहियों ने मुझे आ पकड़ा था। बाहर निकलते समय मुझ पर छड़ियों से कुछ वार किए गए थे, जिनके घावों से रक्त बहने लगा था।

मुख्य घटना के सम्बन्ध में नाथूराम ने बताया :

संध्या चार बजकर पचास मिनिट पर मैं बिड़ला भवन के द्वार पर पहुँचा। द्वार के रक्षक प्रार्थना-सभा में जाने वालों का निरीक्षण कर रहे थे। इस निरीक्षण का ही मुझे सबसे अधिक भय था। इसलिए चार-पाँच व्यक्तियों के एक झुण्ड के साथ होकर सावधानीपूर्वक मैं अन्दर पहुँचा। वहाँ प्रार्थना-सभा का स्थान लगभग खाली था और मुझे कुछ समय तक ऐसा लगा कि इधर-उधर घूमने वाले सिपाहियों की दृष्टि मानो मुझ पर ही है। तब आस-पास के लोगों की भीड़ में मैं शीघ्रता से जाकर मिल गया।

'पाँच बजकर दस मिनिट हो चुके थे। कुछ लोगों के साथ मैंने गाँधी जी को अपने कमरे से निकलकर प्रार्थना-स्थल की ओर आते देखा। उनके मार्ग में प्रार्थना-सभा की सीढ़ियों के निकट खड़े लोगों में मिलकर मैं खड़ा था।'

'गांधी जी सीढ़ियाँ चढ़कर दो-चार पग आगे आए। उनके हाथ दो बालिकाओं के कंधों पर थे।'

'जेब में हाथ डालकर मैंने पिस्तौल का सेफ्टीकैच खोला। समूह से घिरे गांधी जी के निकटतम होने की सुविधा मुझे कहाँ मिलती है, यह मैंने देख लिया था।'

'मुझे अब केवल तीन सैकिन्ड का समय चाहिए था। दो पग आगे बढ़कर गांधीजी के सामने जाकर, पिस्तौल बाहर निकालने और गांधी जी ने अपने जीवन में जो देश-सेवा की थी, जो त्याग किया था उसके प्रति उनका अभिवादन करने के लिए।'

उन दो लड़कियों में से एक गांधी जी के अत्यन्त समीप थी। मेरी गोलियों से वह आहत होगी, ऐसा मुझे भय था। मैं आगे बढ़ा—'नमस्ते' कह कर पिस्तौल

सहित हाथों से गांधी जी का अभिवादन किया। एक डग और आगे बढ़कर उस लड़की को बाएं हाथ से दूर किया।

अगले ही क्षण मैंने गोली चला दी। उन क्षणांशों के पूर्वार्ध समय में पहले ही कृश गांधी जी 'आह' इस बहुत अस्पष्ट जैसे भीतर ही भीतर निकले उद्गार हों, के साथ अचेत होकर पृथ्वी पर गिर पड़े।

'गांधी जी की आत्मा अंतर्धान हो रही थी और मैं अपनी मृत्यु जैसी जीवित समाधि में प्रविष्ट हो रहा था।'

मृत्युदण्ड के आदेश के वास्तविक और विधिसम्मत कार्यानवयन से पूर्व आत्महत्या करना या उसका प्रयत्न करने के उदाहरण बहुत बार देखने को मिलते हैं। किन्तु प्रायः उनका उद्देश्य शासन को चकमा देने का होता है, किन्तु नथूराम की भूमिका यह नहीं थी। आत्महत्या करके शासन को वंचना अथवा चकमा देने का उनका विचार न था, क्योंकि उनकी पक्की धारणा थी कि शासन और न्यायालय, दोनों ही अपने हैं।

नथूराम के सैद्धान्तिक पक्ष की इस भूमिका को पंजाब उच्च-न्यायालय ने स्पष्ट अनुभव किया। वकील का कार्य, फिर चाहे वह अभियोजक पक्ष का हो अथवा बचाव पक्ष का, न्याय प्रदान कार्य में न्यायालय को सहयोग देना होता है। नथूराम ने भी अपने अभियोग की अवधि में वैसा ही सहयोग न्यायालय को दिया था, ऐसा न्यायालय की कार्यवाही पढ़ने से ज्ञात होता है। मृत्युदण्ड के विरुद्ध उन्होंने एक भी शब्द नहीं कहा, किन्तु न्यायालय के सम्मुख उन्होंने अपना पक्ष जिस कुशलता से प्रस्तुत किया वह नितान्त प्रशंसनीय एवं सराहनीय माना जाएगा।

'...of the appealants NathuRam V. Godse has not challanged his conviction under section 302 of the Indian Penal Code for the offence of the murder of Mahatma Gandhi on the 30th January 1948, nor has he appealed from the sentence of death passed on him in respect of that offence. He has confined his appeal and also has argument at the Bar,—he personally argued his appeal, I must say with conspicuous ability evidencing, a mastery of facts which would have done credit to any counsel—only to the other charges which have been found proved against him...' (Special Court–Shimla)

अपने हाथों होने वाले गांधी-वध के पश्चात् लोगों द्वारा अपना नाम किन-किन विशेषणों से संयुक्त किया जाएगा, इसकी नथूराम को आरंभ से ही पूर्व कल्पना थी।

'...लोग मुझे सिरफिरा या पागल आदि बताएँगे, कहीं मैं सचमुच पागल न मान लिया जाऊँ। उस दशा में, मानसिक विकृति की दशा में वध के आधार पर शासन को मुझ पर अपनी दया लादने का अवसर मिल जाएगा अथवा बचाव पक्ष ही मुझे मनोविकारग्रस्त घोषित करके मेरे लिए दया की याचना करेगा।' नथूराम इस स्थिति के लिए कदापि तत्पर न थे। इसीलिए उन्होंने डॉक्टर से अपनी शारीरिक परीक्षा करने का अनुरोध किया था। डॉक्टर के अनुसार उनकी श्वास-प्रक्रिया सामान्य और नाड़ी की गति उत्तेजनारहित थी।

कुछ भी हो, नथूराम द्वारा यह अवैध-कृत्य मन की एक विशिष्ट दशा में सम्पन्न हुआ था, यह हर कोई स्वीकार करेगा। स्वयं नथूराम भी यह मानते थे कि उस कृत्य के पक्ष में कोई वैधानिक तर्क नहीं दिया जा सकता। फाँसी ही इस कार्य का उपयुक्त दण्ड है, ऐसी उनकी भी धारणा थी।

मन की इस अवस्था में भी वे मानव-मन की अन्य प्रवृत्तियों से शून्य नहीं थे। अपने असाधारण कृत्य से मैं गांधी-परिवार पर एक असह्य आघात करने जा रहा हूँ, इसकी उन्हें कल्पना थी। इस विषय में खेद प्रकट करने का अवसर उन्हें गांधी-वध से थोड़े समय बाद ही मिल गया था।

पकड़े जाने के कुछ समय पश्चात् नथूराम को पहले तुगलक रोड और बाद में पार्लियामेंट स्ट्रीट के पुलिस केन्द्र की हवालत में रखा गया था। अधिकारियों के साथ अनेक लोग उन्हें देखने के लिए आया करते थे। कोठरी में नथूराम टहलते हुए सीकचों के सामने खड़ा हो जाया करता था।

सीकचों के बाहर खड़े एक पुरुष से नथूराम की दृष्टि मिली।

'मैं समझता हूँ, आप श्रीयुत देवदास गांधी है?' 'हाँ! आप कैसे पहचानते हैं।' उस पुरुष ने प्रतिप्रश्न किया। मैं किसी विद्रूप, असंस्कृत और असभ्य व्यक्ति को अपने पिता के हत्यारे के रूप में देखूँगा यह श्री देवदास की कल्पना रही होगी। नथूराम का सौम्य, शान्त और स्पष्ट कथन उनके लिए अकल्पनीय था।

'हम एक पत्रकार परिषद् के संदर्भ में एकत्र हुए थे। आप 'हिन्दुस्तान टाइम्स' के सम्पादक के नाते वहाँ आए थे।' नथूराम ने कहा।

'और आप।'

'मैं नथूराम विनायक गोडसे, दैनिक 'हिन्दुराष्ट्र' का सम्पादक। मैं भी वहीं था। आप आज पितृहीन हो चुके हैं। मैं इसका कारण बना हूँ। आप पर और आपके परिवार पर जो वज्रपात हुआ है, उसका मुझे खेद है। आप विश्वास करें कि किसी वैयक्तिक शत्रुता या द्वेष से अथवा आपका अनिष्ट करने के उद्देश्य से प्रेरित होकर मैंने यह कार्य नहीं किया।'

जिसके 'हत्याकारी' हाथों का रक्त अभी सूखा न हो, वह मनुष्य इतनी शांति से, संतुलित और संयत स्थितप्रज्ञ की भाँति वार्तालाप कर रहा है, यह देखकर श्री देवदास का कुतूहल जाग उठा। अपने पिता का अन्त करने वाले व्यक्ति से उन्हें घृणा होती तो उसमें कुछ भी अस्वाभाविक न होता। यदि वैसी घृणा का अनुभव उन्हें हुआ भी हो तो उन्होंने उस पर नियंत्रण रखा। पितृवियोग के क्षोभ को नियंत्रित करके उन्होंने पूछा—'तब आपने ऐसा क्यों किया?'

'कारण राजनैतिक और केवल राजनैतिक ही है।' नथूराम ने उत्तर दिया। 'क्या आप आधा-पौन घंटा सुन सकते हैं? अधिकारियों से पूछिए। आप सम्पादक हैं, पृष्ठभूमि आपकी समझ में आ जाएगी।'

'बात मत कीजिए, आप आ जाइए।' समीप खड़े अधिकारी ने श्री देवदास से अनुरोध किया। गांधी जी के पुत्र होने के कारण श्री देवदास को नथूराम से दो-तीन मिनिट वार्ता की छूट मिली थी। अपने संपूर्ण कुतूहल के साथ श्री देवदास वहाँ से हट गए।

उत्सर्ग

दिल्ली के लाल किले में दिनांक 10-2-1949 के दिन गांधी-वध के सम्बन्ध में गठित विशेष न्यायालय के न्यायाधीश आत्माचरण ने अभियोग का निर्णय घोषित किया। उन्होंने निर्णय में नथूराम गोडसे ओर नाना आपटे को तो मृत्यु-दण्ड की घोषणा की थी और विष्णु करकरे, मदनलाल पहवा, गोपाल गोडसे, शंकर किस्तैया और डॉक्टर परचुरे को आजीवन कारावास का दण्ड दिया। इसके अतिरिक्त भी अन्य अनेक दण्डों का विधान था, किन्तु वे उस मुख्य दण्ड के साथ-साथ भुगतने थे। दिगम्बर बड़गे को क्षमा आश्वासित साक्षी के रूप में क्षमा प्रदान कर दी गई थी और सावरकर जी को निष्कलंक मुक्त कर दिया गया था।

गाँधी हत्या के अभियुक्तों का संयुक्त फोटो

खड़े हुए (बाएं से दाएं) *: शंकर किश्तैया, गोपाल गोडसे, मदनलाल पहावा, दिगंम्बर बागड़े।*
बैठे हुए (बाएं से दाएं) *: नारायण आप्टे, विनायक सावरकर, नाथूराम गोडसे, विष्णु करकरे।*
(श्री विनायक सावरकर को निचली अदालत में ही दोषमुक्त कर दिया गया था।)

7

नथूराम की अपील

भाग 1

आरोपों की चर्चा और नथूराम का स्पष्टीकरण

विशेष न्यायालय लालकिला

न्या. श्री आत्माचरण अपने आसन पर विराजमान हुए थे। सब दूर सन्नाटा-सा था। कठघरे में अभियुक्त अपने-अपने स्थान पर बैठे थे। दोनों पक्षों के अधिवक्ता (एडवोकेट) उपस्थित थे। समाचार-पत्रों के प्रतिनिधि और संवाददाता अपनी लेखनियाँ तैयार कर लिखने को बैठे थे।

न्यायालय खचाखच भरा था। सुरक्षा अधिकारियों से प्रवेश पत्र लेकर ही न्यायालय-परिसर में लोगों को प्रवेश मिला था।

अभियोजकों की (प्रॉसिक्यूटर्स की) ओर से साक्षियाँ समाप्त हो चुकी थीं। प्रमाणों का प्रस्तुतिकरण पूरा हुआ था। अभियुक्तों का क्या कहना है यह आज न्यायालय के सामने प्रकट होने वाला था। वह दिन था 8 नवंबर, 1948।

दंड प्रक्रिया संहिता की अर्थात् क्रिमिनल प्रोसीजर कोड की धारा 364 के अनुसार न्यायमूर्ति ने अभियुक्तों से प्रश्न पूछना प्रारंभ किया।

''अभियुक्त क्रमांक एक, नथूराम विनायक गोडसे, आयु 37 वर्ष, व्यवसाय संपादक 'हिंदूराष्ट्र' मुखपत्र पूना.......''

जैसे ही अभियुक्त क्रमांक एक शब्द सुना, नथूराम उठ खड़े हुए।

न्यायमूर्ति ने कहा, ''तुम्हारे विरुद्ध अभियोजकों ने साक्षियाँ प्रस्तुत कीं और जो प्रमाण दिए वे तुमने सुने हैं। तुम्हारा उस पर क्या कहना है?''

नथूराम ने कहा, ''मुझे लिखित निवेदन प्रस्तुत करना है।''

न्यायमूर्ति ने नथूराम से निवेदन पढ़ने के लिए कहा।

उस समय मुख्य अभियोजक श्री दफ्तरी खड़े हुए। उन्होंने आपत्ति उठाई। ''इस अभियोग से संबंधित निवेदन प्रस्तुत करने की अनुमति दी जाए अन्यथा निवेदन पढ़ने न दिया जाए।''

न्यायमूर्ति ने उस आपत्ति को नहीं माना। नथूराम निवेदन पढ़ने लगा। माइक लगा था इसलिए ध्वनि दूर तक पहुँच रही थी।

''विशेष न्यायमूर्ति, लालकिला दिल्ली के न्यायालय में ''राज्य के विरुद्ध नथूराम विनायक गोडसे और अन्य अभियुक्त!

देशभक्ति को पाप कहें यदि,
हूँ मैं पापी घोर भयंकर
किंतु रहा वह पुण्यकार्य तो
मेरा है अधिकार पुण्य पर
अचल खड़ा मैं इस वेदी पर।

संदर्भ : निवेदन 136

"मान्यवर न्यायमूर्ति की सेवा में, मैं नथूराम विनायक गोडसे आरोपी क्रमांक एक नम्रतापूर्वक निवेदन प्रस्तुत करता हूँ......" इन शब्दों में नथूराम ने अपने निवेदन का प्रारम्भ किया।

निवेदन के पहले पच्चीस अनुच्छेदों में उस पर लगाए भिन्न-भिन्न आरोपों की छानबीन की। उसका कथन सारांश रूप में है : "20 जनवरी, 1948 को गांधी जी के प्रार्थना-स्थल पर जो विस्फोट हुआ और जिसके लिए मदनलाल पकड़ा गया, वह घटना 30 जनवरी, 1948 की गांधी-वध की घटना, इन दोनों घटनाओं का अन्योन्याश्रित संबंध नहीं है। यह एक षड्यंत्र था, इस आरोप की पुष्टि के लिए अभियोजकों ने जो प्रमाण प्रस्तुत किए हैं, उनसे वह आरोप सिद्ध नहीं हो पाता है। 30 जनवरी की घटना का उत्तरदायी केवल मैं ही हूँ। अन्य समय में भी मैंने न किसी के साथ षड्यन्त्र किया है और न किसी की सहायता की है। अतएव षड्यंत्र का आरोप मैं अस्वीकार करता हूँ।

अवैध रूप से (पिस्तौल) अपने पास रखने का आरोप नथूराम ने स्वीकार किया है। पिस्तौल दिल्ली में ही उसने खरीदी, यह उसकी स्वीकृति थी। उसका विवरण देते समय अपने निवेदन के अनुच्छेद, 15 और 16 में नथूराम ने कहा—मैं यह बताना आवश्यक समझता हूँ कि मैं दिल्ली क्यों और किस प्रकार आया? इस बात को तो मैं सदा बिना छिपाये कहता रहा हूँ कि मैं गांधी जी के सिद्धान्तों के विरोधी सिद्धान्तों का प्रचार कर रहा हूँ। मेरा यह पूर्ण विश्वास रहा है कि अहिंसा का अति-प्रचार हिन्दू जाति को अत्यन्त निर्बल बना देगा और अन्त में यह जाति इस योग्य भी नहीं रहेगी कि वह दूसरी जातियों के, विशेष रूप से मुसलमानों के, अत्याचारों का प्रतिरोध कर सके। इसलिए मैंने निश्चय किया कि सार्वजनिक कार्य में लगूँ और अपने विचारों के व्यक्तियों का संगठन करूँ। इस दिशा में मैंने और आपटे ने मिलकर काम किया और एक दैनिक पत्र 'अग्रणी' प्रकाशित किया। हम लोग गांधी जी की अहिंसा के ही विरोधी नहीं थे, प्रत्युत इस बात के अधिक विरोधी थे कि गांधी जी अपने विचारों और कार्यों में मुसलमानों का अनुचित पक्ष लेते थे और उनके सिद्धान्तों एवं कार्यों से हिन्दू जाति को अधिकाधिक हानि हो रही थी। मैं अपने दृष्टिकोण को आगे विस्तारपूर्वक स्पष्ट करूँगा और उदाहरण दूँगा कि किस प्रकार गांधी जी के कारण हिन्दू जाति को घोर दुःख और कष्ट सहने पड़े।

क्षेपक 16 में अपने पत्र 'अग्रणी' अथवा 'हिन्दूराष्ट्र' में मैंने गांधी जी के विचारों की कड़ी आलोचना की। अपने लक्ष्य की प्राप्ति के लिए उनके द्वारा किए जाने वाले उपवासों की भी आलोचना की। पश्चात् प्रार्थना-सभाओं में गांधी जी ने जब अपने विकृत राजनैतिक विचारों को प्रकट करना प्रारम्भ किया तब मैंने और मेरे सहयोगी श्री आपटे ने यह निश्चय किया कि हम गांधी जी के कार्यक्रमों का शान्तिपूर्वक विरोध करें। हमने ऐसे प्रदर्शन पंचगनी, पूना, बम्बई और दिल्ली में किए। हमारे और गांधी जी के सिद्धान्तों के बीच बहुत बड़ा अन्तर था। यह अन्तर बढ़ता ही गया क्योंकि गांधी जी के आदेशानुसार मुसलमानों को अधिकाधिक सुविधाएँ दी जाने लगीं। गांधी जी के इशारों पर चलने वाली कांग्रेस ने जब 15 अगस्त, 1947 के दिन देश का विभाजन स्वीकार कर लिया तब मतभेद और भी बढ़ गया। इस विषय में मैं विस्तार से बताऊँगा। 13 जनवरी, 1948 को मुझे पता लगा कि गांधी जी एक और अनशन करने का निश्चय कर चुके हैं। इस अनशन के द्वारा वे इस बात का आश्वासन चाहते थे कि 'इण्डियन डोमिनियन' अर्थात् विभाजित भारत में हिन्दू मुस्लिम एकता रहे, किन्तु मैं और बहुत से लोग इस बात को स्पष्ट रूप से देख सकते थे कि अनशन का वास्तविक ध्येय कुछ और था। गांधी जी भारत-सरकार को बाध्य करना चाहते थे कि वह पाकिस्तान को 55 करोड़ रुपये दे दें। गांधी जी के इस प्रस्ताव से भारत-सरकार पूर्णतया असहमत थी।'' इस विषय में श्री आपटे ने परामर्श दिया कि गांधी जी की प्रार्थना सभाओं में लगातार विरोध प्रदर्शन करने चाहिए। मैं इस प्रस्ताव पर सहमत तो हो गया, किन्तु मैं जानता था कि ऐसे प्रयत्न सर्वथा निरर्थक होंगे। फिर भी इसके अतिरिक्त उस समय कोई और उपाय नहीं था, इसलिए हमने ऐसे प्रदर्शन करने का निश्चय कर लिया और इस निश्चय के साथ हम बम्बई गए।''

इस प्रकार, नथूराम का वक्तव्य था कि वह जो दिल्ली में गया था वह गांधी जी के विरुद्ध प्रदर्शन करने की योजना बन रही थी, उसमें हाथ बँटाने के लिए।

और पिस्तौल प्राप्ति का ब्योरा देते हुए उसने कहा—

''यहाँ (दिल्ली में) संयोगवश मुझे एक शरणार्थी मिला जो शस्त्र बेचता था और उसने मुझे एक पिस्तौल दिखाई। मुझे वह पिस्तौल पसंद आ गई और मैंने उसे खरीद लिया। यही वह पिस्तौल थी जिससे मैंने गांधी जी को निशाना बनाया।''

अपनी अपील के अनुच्छेद 24 में नथूराम अपनी मनःस्थिति के बारे में कहता है, "हिंदुओं की आज की दमघुट और आगामी ध्वंस चिंतन में मैंने दिनांक 29 की रात बितायी।"

स्व. सावरकर जी से नथूराम का संबंध दिखाया गया था। नथूराम का कहना था, अभियोजक कहते हैं कि वीर सावरकर ने मेरा मार्गदर्शन किया और यदि उनका प्रोत्साहन न होता तो मैं गांधी-वध न कर पाता। मैं इस बात को अस्वीकार करता हूँ। उनके कथन में असत्यता है। ऐसे सत्यविहीन न्यायविहीन आरोप का मैं तीव्रतर प्रतिरोध करता हूँ। इस आरोप में मेरी संतुलित बुद्धि का और प्रज्ञा का अपमान है। अभियोजकों का यह कहना है कि मैं किसी के हाथ की कठपुतली हूँ, वस्तुस्थिति के विपरीत है। प्रत्युत यह सत्य का मजाक है।

अनुच्छेद 25 में नथूराम ने इस विषय को स्पष्ट किया है, "स्वातंत्र्यवीर सावरकर जी से मेरा राजनीतिक और अन्य प्रकार से भी संबंध था। अभियोजकों ने तिल का ताड़ बनाया। यहाँ से मैं उस संबंध की भूमिका दे रहा हूँ।"

अनुच्छेद 26 में नथूराम ने अपने पूर्ववृत्त से आरंभ किया है। यहाँ से उसका पूरा निवेदन अलग रूप में दिया है।

(26) मैंने एक भक्तिपरायण ब्राह्मण वंश में जन्म लिया था, इसलिए स्वभावतः मेरे हृदय में हिन्दू-धर्म, हिन्दू इतिहास और हिन्दू संस्कृति के लिए सम्मान था। मुझे हिन्दुत्व का अभिमान था। मैं ज्यों-ज्यों बड़ा होता गया, स्वतन्त्रतापूर्वक सोचता रहा। मैं कट्टरपन पर नहीं जमा रहा। इसीलिए मैंने छूत-छात और जन्मजात जातीयता को मिटाने का प्रयत्न किया। मैंने जाति-पाँति विरोधी-दल में काम किया और इस निश्चय पर पहुँचा कि सब हिन्दू बराबर हैं। चाहे वे किसी भी जाति में उत्पन्न हुए हों और चाहे उनका कोई भी व्यवसाय हो। सबको एक ही सामाजिक और धार्मिक दृष्टि से देखा जाना चाहिए। मैंने खुल्लम-खुल्ला बहुत बार ऐसे भोजों में भाग लिया जिनमें ब्राह्मण, क्षत्रिय, वैश्य और अंत्यजों ने साथ बैठकर भोजन किया था।

(27) मैंने दादाभाई नौरोजी, विवेकानन्द, गोखले और तिलक के साहित्य को पढ़ा है और प्राचीन एवं आधुनिक भारत के इतिहास को पढ़ा है। साथ ही संसार

के बड़े-बड़े देशों—इंग्लैंड, फ्रांस, अमेरिका और रूस के इतिहास को भी पढ़ा है। केवल यही नहीं प्रत्युत मैंने समाजवाद और रूस के कम्युनिज्म पर भी पुस्तकें पढ़ी हैं, परन्तु सबसे अधिक ध्यान मैंने वीर सावरकर और गांधी जी के साहित्य और विचारों पर दिया। आधुनिक भारत गत 50 वर्षों में इन्हीं दो पुरुषों के सिद्धांतों से प्रभावित रहा है।

(28) पर्याप्त पढ़ने और सोचने के पश्चात् मुझे ऐसा लगता है कि देशभक्त होने के नाते मेरा सर्वप्रथम कर्त्तव्य हिंदुत्व और हिन्दू जनता की सेवा करना है, क्योंकि तीस करोड़ हिंदुओं की स्वतन्त्रता और उनके अधिकारों की रक्षा करना संपूर्ण संसार के पाँचवें भाग की भलाई करना है। इसी विचारधारा से प्रेरित होकर मैं हिंदू-संगठन की ओर आकृष्ट हुआ और मेरा यह विश्वास दृढ़ हो गया कि उन्हीं सिद्धान्तों पर चलकर मातृभूमि भारतवर्ष की स्वतन्त्रता को स्थाई रखा जा सकता है।

(29) मैंने कई वर्षों तक राष्ट्रीय स्वयंसेवक संघ में भी काम किया, किन्तु बाद में मैं हिन्दू-महासभा में आ गया और हिन्दू-ध्वज के नीचे एक सैनिक के रूप में काम करता रहा। उस समय वीर सावरकर हिन्दू-महासभा के अध्यक्ष चुने गए थे। उनके मार्गदर्शन में हिन्दू-संगठन की लहर बहुत प्रखर हो गई थी। लाखों हिन्दू उन्हें अपना सच्चा नेता मानकर उनमें से बहुत से आशाएँ रखते थे। मैं भी उनमें से एक था। मैंने बहुत परिश्रम से हिन्दू-महासभा का काम किया। यहाँ तक कि सावरकर जी मुझे व्यक्तिगत रूप से जानने लग गए थे।

(30) कालांतर में मैंने और मेरे साथी श्री आपटे ने एक दैनिक पत्र का प्रकाशन करने का निश्चय किया। इस पत्र के प्रकाशन का उद्देश्य हिंदू-संगठन को दृढ़ करना ही था। इस विषय में हम अनेक हिन्दू नेताओं से मिले और आर्थिक सहायता तथा सहानुभूति प्राप्त करके हम सावरकर जी से मिले। उन्होंने भी इस विषय में सहानुभूति दिखाई और हमें इस शर्त पर 75 सहस्त्र रुपया भी दिया कि हम एक लिमिटेड फर्म बनाएं जिसमें इन 75,000 रुपये के शेयर रखे जाएं।

(31) इस योजना के अनुसार हमने मराठी दैनिक पत्र 'अग्रणी' निकाला और कुछ दिनों बाद एक लिमिटेड फर्म भी रजिस्टर्ड कराई। इस फर्म में एक शेयर 500 का रखा गया। कम्पनी के डायरेक्टरों में सेठ बालचन्द हीराचन्द के भाई सेठ गुलाबचन्द, भूतपूर्व मंत्री श्री शिंगरे, कोल्हापुर के प्रसिद्ध फिल्म-निर्माता श्री भालजी पेंढारकर और अन्य माननीय व्यक्ति थे। मैं पत्र का सम्पादक था। हमने कई वर्षों तक इस पत्र को सफलतापूर्वक चलाया एवं लोगों के सम्मुख हिन्दू-संगठन के पक्ष को अच्छी प्रकार रखा।

(32) इस पत्र का प्रतिनिधि होने के नाते हम हिन्दू-संगठन कार्यालय में जाया करते थे जो वीर सावरकर के निवास-स्थान में था। यह कार्यालय सावरकर जी के सचिव श्री जी.वी. दामले और उनके अंगरक्षक श्री अप्पा कासार के प्रबन्ध में था। हम इस कार्यालय में सावरकर जी के सचिव से सावरकर जी के भाषण आदि की प्रतिलिपियाँ और उनकी यात्राओं के विषय में सूचनाएँ प्राप्त करते थे। सावरकर जी के मकान में ही 'फ्री हिन्दुस्तान के सम्पादक भी किरायेदार के रूप में रहते थे और अनेक हिंदुराष्ट्रवादी कार्यकर्ता एकत्र होते थे। इन कारणों से हमारा 'सावरकर सदन' में आना-जाना होता रहता था।

(33) यहाँ यह उल्लेखनीय है कि जब हम 'सावरकर सदन' में जाते थे तो निचली मंजिल में ही रुक जाते थे। वीर सावरकर ऊपर की मंजिल में रहते और हम बहुत ही कम उनसे मिलते थे और जब मिलते थे तो उनसे समय निश्चित करके।

(34) तीन वर्षों से सावरकर जी का स्वास्थ्य खराब था और वह प्रायः बिस्तर पर पड़े रहते थे। उन्होंने अपना सार्वजनिक कार्य निलंबित (सस्पेंड) कर दिया था। इस प्रकार हिन्दू-महासभा का नेतृत्व करने के लिए कोई प्रभावशाली व्यक्तित्व नहीं रह गया था और हिन्दू-सभा का कार्य शिथिल होता जा रहा था। जब श्री मुखर्जी इसके अध्यक्ष बने तब हिन्दू-महासभा कांग्रेस की तुलना में बहुत निर्बल हो गई थी। उस समय एक ओर गांधी जी के अनुयायी ऐसी नीतियों पर चल रहे थे जो हिन्दू के लिए घातक थी और दूसरी ओर मुस्लिम-लीग हिन्दुओं का विनाश करने पर तुली हुई थी, परन्तु हिन्दू-महासभा में इतनी शक्ति न थी कि दोनों को पराजित

कर सके। उस समय मुझे कोई आशा नहीं रही कि महासभा की कार्य-पद्धति पर चल कर हिन्दू-संगठन सफल हो सकेगा। इसलिए मैंने यह निश्चय किया कि उन युवक कार्यकर्त्ताओं का संगठन करूँ जो मेरे विचारों के हों। इस प्रकार मैंने बूढ़े नेताओं का परामर्श लिए बिना ही गांधीवाद और मुस्लिम-लीग के विरुद्ध लड़ने का कार्यक्रम बनाया।

(35) उन्हीं दिनों बहुत-सी घटनाएँ ऐसी हुईं जिनसे मुझे ऐसा विश्वास हो गया कि सावरकर जी और अन्य नेता मेरे विचारों के युवकों की उग्र नीति का समर्थन नहीं करेंगे। 1946 में सुहरावर्दी की सरकार के समय नोआखाली (बंगाल) में मुसलमानों के हाथों हिन्दुओं पर जो अत्याचार हुए उससे हमारा खून खौल गया। हमारा क्षोभ उस समय और भी उग्र हो गया जब गांधी जी ने सुहरावर्दी को शरण दी और प्रार्थना-सभाओं में उसे 'शहीद साहब' के नाम से सम्बोधित करना प्रारम्भ किया। गांधी जब दिल्ली आए तो भंगी कालोनी में मन्दिर में अपनी प्रार्थना-सभा में जनता और पुजारियों के विरोध करने पर भी उन्होंने कुरान की आयतें पढ़ीं, लेकिन कभी भी वह किसी मस्जिद में (मुसलमानों के भय से) गीता न पढ़ सके। वह जानते थे कि मस्जिद में गीता पढ़ने से मुसलमानों द्वारा उनके साथ किस प्रकार का व्यवहार होगा? वे सदा सहनशील हिन्दुओं को ही कुचलते रहे। मैंने गांधी के इन विचारों को, कि हिन्दू सहनशील होता है, नष्ट करने का निर्णय किया। मैं उनको यह सिद्ध करके दिखाना चाहता था कि जब हिन्दू का अपमान होता है, तब वह भी सहनशीलता छोड़ सकता है और ऐसा ही करने का निश्चय किया।

(36) मैंने और आपटे ने यह निश्चय किया कि उनकी प्रार्थना-सभाओं में इतने प्रदर्शन करें कि उनके लिए प्रार्थना-सभा करना असम्भव हो जाए। श्री आपटे ने कुछ शरणार्थी साथ लेकर शहर में जुलूस भी निकाले जिसमें गांधी जी और सुहरावर्दी के विरुद्ध नारे लगाए गए और भंगी कालोनी की प्रार्थना-सभा में प्रदर्शन किया। उस समय हमारा हिंसा करने का लेशमात्र भी विचार न था, फिर भी गांधी जी ने कायरतापूर्वक पिछले दरवाजे की शरण ली और अपने आपको सुरक्षित करने का प्रयत्न किया।

(37) जब श्री सावरकर ने इस प्रदर्शन के विषय में पढ़ा तो उन्होंने हमारे कार्य की प्रशंसा नहीं की, प्रत्युत मुझे एकांत में ऐसे कार्य के लिए बहुत बुरा-भला कहा। यद्यपि हमने प्रदर्शन शान्तिपूर्ण किए थे तथापि उन्होंने कहा, "जिस प्रकार मैं इस बात की निन्दा करता हूँ कि कांग्रेस से संबंध रखने वाले लोग हमारी सभाओं और चुनाव में शांति भंग करते हैं। उसी प्रकार मुझे इस बात की भी निन्दा करनी चाहिए कि हिन्दू संगठनवादी लोग कांग्रेस वालों के किसी कार्यक्रम को भंग करते हैं। यदि गांधी जी अपनी प्रार्थना-सभा में हिन्दुओं के विरुद्ध बोलते हैं तो उसी प्रकार आप भी अपनी पार्टी की सभा करें और गांधी जी के सिद्धान्तों का खण्डन करें। हम सबको अपनी-अपनी बात का प्रचार संवैधानिक नियमानुसार करना चाहिए।"

(38) दूसरी महत्वपूर्ण घटना उस समय हुई जब भारत के विभाजन का अन्तिम निश्चय हुआ। उस समय कुछ हिन्दू-सभाई यह जानना चाहते थे कि विभाजित भारत की नई कांग्रेस सरकार के साथ हिंदू-महासभा का क्या व्यवहार होगा? वीर सावरकर आदि हिन्दू नेताओं ने कहा कि नई सरकार को किसी दल अथवा कांग्रेस की सरकार नहीं मानना चाहिए, प्रत्युत भारत की राष्ट्रीय-सरकार समझना चाहिए और उसकी प्रत्येक आज्ञा का पालन करना चाहिए। उन्होंने कहा कि पाकिस्तान बनने का उनको दुःख तो अवश्य है, परन्तु फिर भी नई आजादी की रक्षा करने के लिए और उसे स्थाई रखने के लिए नई सरकार को सहयोग देना ही हमारा ध्येय होना चाहिए। यदि नई सरकार को सहयोग न दिया तो देश में गृहयुद्ध हो जाएगा और मुसलमान अपने गुप्त उद्देश्य अर्थात् सारे भारत को पाकिस्तान बनाने में सफल हो जाएंगे।

(39) मुझे और मेरे मित्रों को सावरकर जी के ये विचार सन्तोषजनक नहीं लगे। हमने सोच लिया कि हमें हिन्दू जाति के हित में सावरकर जी के नेतृत्व को छोड़ देना चाहिए, अपनी भविष्य की योजनाओं और कार्यक्रम के विषय में उनका परामर्श नहीं लेना चाहिए और न हमको अपनी भविष्य की योजनाओं का विवरण उनको देना चाहिए।

(40) कुछ समय बाद ही पंजाब और भारत के अन्य भागों में मुसलमानों के अत्याचार शुरू हो गए। कांग्रेस शासन ने बिहार, कलकत्ता, पंजाब और अन्य

स्थानों पर उन हिन्दुओं को ही गोली का निशाना बनाना शुरू कर दिया जिन्होंने मुसलमानों की बढ़ती हुई शक्ति को रोकने का साहस किया था। जिस बात से हम डरते थे वही होकर रही। फिर भी कितनी लज्जा की बात थी कि कांग्रेस शासन 15 अगस्त, 1947 को रंगरेलियाँ रचाए, रोशनी करे और आनन्दोत्सव मनाए जबकि उसी दिन पंजाब में मुसलमानों द्वारा हिन्दुओं का खून बहाया जा रहा था और पूरे पंजाब में हिंदुओं के घर जलाए जा रहे थे। मेरे विचारों के हिंदू-सभाइयों ने निश्चय किया कि हम उत्सव मनाएँ और मुसलमानों के बढ़ते हुए अत्याचार को रोकने का प्रयत्न करें।

(41) हिन्दू-महासभा की कार्यकारिणी और अखिल भारतीय हिन्दू कनवेन्शन की सभाएँ नौ और दस अगस्त को दिल्ली में हुई थीं, जिनकी अध्यक्षता सावरकर जी ने की। मैंने, आपटे ने और मेरे विचारों के अन्य सदस्यों ने भरसक प्रयत्न किया कि महासभा के नेताओं श्री सावरकर, मुखर्जी और श्री भोपटकर को अपने विचारों से सहमत करें और यह प्रस्ताव पारित कराएँ कि कांग्रेस से भारत-विभाजन और हिन्दुओं के व्यापक विनाश के प्रश्न पर टक्कर ली जाए, परन्तु महासभा वर्किंग कमेटी ने हमारे इन परामर्शों को भी नहीं माना कि हैदराबाद के विषय में विशेष रूप से कोई कार्य किया जाए, या नई कांग्रेस सरकार का बहिष्कार किया जाए। मेरे व्यक्तिगत विचार में विभाजित भारत की सरकार को वैध सरकार मानना और उसकी सहायता करना ठीक नहीं था, परन्तु कार्यकारिणी ने यह प्रस्ताव पारित किया कि 15 अगस्त को जनता अपने घरों पर भगवा ध्वज लहराए। वीर सावरकर ने स्वयं आगे बढ़कर कहा कि चक्र वाले तिरंगे झण्डे को राष्ट्रध्वज स्वीकार किया जाए। हमने इस बात का खुला विरोध किया।

(42) केवल यही नहीं, 15 अगस्त को वीर सावरकर ने बहुत से हिन्दू राष्ट्रवादियों की इच्छा के विरुद्ध, अपने मकान पर भगवे ध्वज के साथ चक्र वाला तिरंगा ध्वज भी लहराया, इसके साथ ही जब मुखर्जी ने ट्रंककाल से पूछा कि नई गवर्नमेंट में वे मन्त्री पद स्वीकार कर लें या नहीं तब सावरकर जी ने उत्तर दिया कि नई गवर्नमेंट राष्ट्र की गवर्नमेंट है और सभी पार्टियों को इसमें सहयोग देना चाहिए, चाहे इसमें मन्त्री किसी भी पार्टी के हों। हिंदूराष्ट्रवादियों को चाहिए कि

यदि उनके नेता को मन्त्री पद दिया जाए तो वह उसे स्वीकार करके अपने सहयोग का प्रमाण दें। उन्होंने कांग्रेस नेताओं को इस बात पर बधाई दी कि वह मंत्रिमंडल बनाने में सबका सहयोग प्राप्त कर रहे थे और उन्होंने हिन्दू-सभा के नेता डॉ. श्यामाप्रसाद मुखर्जी को भी मन्त्री पद के लिए आमन्त्रित किया। श्री भोपटकर का भी ऐसा ही विचार था।

(43) उस समय कांग्रेस के उच्च-नेता और कुछ प्रान्तीय-मन्त्री सावरकर जी से पत्र-व्यवहार कर रहे थे। गवर्नमेंट सबके सहयोग से बने, यह तो सावरकर जी पहले ही निश्चय कर चुके थे। मुझे सब दलों की मिली-जुली सरकार से कोई विरोध न था, परन्तु चूँकि कांग्रेस गवर्नमेंट गांधी जी के इशारों पर चलती थी, और यदि किसी समय कांग्रेस सरकार उनकी कोई बात नहीं मानती थी तो वह अनशन की धमकी देकर मना लेते थे, ऐसी स्थिति में जो सरकार (कांग्रेस सरकार या सबकी मिली-जुली सरकार) बनती उसमें कांग्रेस का बहुमत तो निश्चय ही था और यह भी तय था कि वह सरकार गांधी जी की आज्ञा में चलेगी और तब उसके द्वारा हिन्दुओं के साथ अन्याय होता रहना निश्चित था।

(44) जो भी कार्य वीर सावरकर आदि ने इस दिशा में किए, मेरे मन में उनकी इस नीति के प्रति घोर विरक्ति हो गई और मैंने, आपटे ने एवं अन्य हिन्दू संगठनवादी नवयुवकों ने यह निश्चय किया कि सभा में पुराने नेताओं के बिना पूछे अपना कार्यक्रम बनावें और चलें। हमने यह भी सोच लिया कि अपनी कोई योजना किसी को नहीं बताएंगे, यहाँ तक कि सावरकर जी को भी नहीं।

(45) मैंने अपने दैनिक पत्र 'अग्रणी' में हिन्दू-महासभा की इस नीति और वृद्ध नेताओं के कार्यों की आलोचना प्रारम्भ की और हिन्दू-संगठन के इच्छुक नवयुवकों का आह्वान किया कि वे हमारे कार्यक्रम को अपनाएँ।

(46) नया कार्यक्रम बनाने के लिए मेरे पास दो मुख्य मार्ग थे जिनसे मैं आरम्भ करता। पहला तो यह था कि शान्तिपूर्वक गांधी जी की प्रार्थना-सभा में प्रदर्शन किए जाएं, जिससे उनको यह ज्ञान हो जाए कि हिन्दू सामूहिक रूप से उनकी नीति का विरोध करते हैं, अथवा प्रार्थना-सभाओं में, जिनमें वे हिन्दू विरोधी प्रचार करते थे, अपने विरोध से गड़बड़ फैलाई जाए। दूसरा यह कि, हैदराबाद के

विषय में आन्दोलन प्रारम्भ किया जाएं, जिससे हिन्दू भाई-बहनों की यवनों के अत्याचार से रक्षा हो। ये कार्यक्रम गुप्त रूप से ही चल सकते थे और वह भी एक व्यक्ति की आज्ञा का पालन करने पर। इसलिए हमने यह निर्णय किया कि यह योजना केवल उन्हीं को बताई जाए जिनका इस मार्ग पर विश्वास हो और जो इस विषय में प्रत्येक आज्ञा का पालन करने को तत्पर हों।

(47) मैंने यह सब विस्तार से इसलिए बताया है कि मुझ पर दोष लगाते हुए कहा गया है कि मैंने सब कुछ सावरकर के इशारे पर किया, स्वयं अपनी इच्छा से नहीं। ऐसा कहना कि मैं सावरकर जी पर निर्भर था, मेरे व्यक्तित्व का, मेरे कार्य का और मेरे निर्णय की क्षमता का अपमान है। यह सब मैं इसलिए कह रहा हूँ कि मेरे विषय में जो भ्रान्त धारणाएँ हों, वे दूर हो जाएँ। मैं इस बात को दोहराता हूँ कि वीर सावरकर को मेरे उस कार्यक्रम का तनिक भी पता नहीं था जिस पर चल कर मैंने गांधी का वध किया। मैं इस बात को भी दोहराता हूँ कि यह निरा झूठ है कि आपटे ने मेरे सामने या मैंने स्वयं बडगे को कहा कि हमें सावरकर जी ने गांधी, नेहरू और सुहरावर्दी को मारने की आज्ञा दी है। यह भी सच नहीं है कि हम ऐसी किसी योजना या षड्यन्त्र के बारे में श्री बडगे के साथ सावरकर जी के अन्तिम बार दर्शन करने गए हों और उन्होंने हमें आशीर्वाद के ये शब्द कहे हों–'सफल हो और वापिस लौटो–यशस्वी हों!' यह असत्य है कि आपटे या मैंने बडगे को कहा कि सावरकर ने हमें कहा है कि गांधी जी के सौ बरस पूर्ण हो चुके हैं इसलिए तुम अवश्य सफल हो आओगे। मैं न तो इतना अंधश्रद्ध था कि सावरकर की भविष्यवाणी के आधार पर कार्य करता और न इतना मूर्ख था कि ऐसे भविष्य-कथन पर भरोसा करता।

भाग 2
गांधी जी की बड़ी राजनीतिक भूलें

उपभाग 1

(48) 30 जनवरी, 1948 की घटना का कारण राजनैतिक और केवल राजनैतिक था। मैं इस बात को सविस्तार बताऊँगा। मुझे इसमें कोई आपत्ति नहीं थी कि गांधी जी हिन्दू-मुस्लिम और अन्य धर्मों की पवित्र पुस्तकों का अध्ययन करते थे या वे अपनी प्रार्थना में गीता, कुरान और बाईबिल से श्लोक पढ़ते थे। सब धर्मों की पुस्तकें पढ़ना मैं बुरा नहीं समझता। भिन्न-भिन्न धर्म-ग्रन्थों का तुलनात्मक अध्ययन करना मैं गुण समझता हूँ। मेरे मतभेद के कारण और थे।

(49) उत्तर में वायव्य सीमा प्रान्त से लेकर दक्षिण में कुमारी अन्तरीप तक और कराची से आसाम तक इस सारी भूमि को मैं अपनी मातृभूमि मानता रहा हूँ। इतने विशाल देश में प्रत्येक धर्म के लोग रहते हैं। मैं समझता हूँ कि उन सबको अपने धर्म पर चलने की स्वतन्त्रता होनी चाहिए। भारत में हिन्दुओं की संख्या सबसे अधिक है। इस देश से बाहर ऐसा कोई स्थान नहीं है जिसे हम अपना कह सकें। भारतवर्ष प्राचीन काल से ही हिन्दुओं की मातृभूमि है और पुण्यभूमि भी। हिन्दुओं के कारण यह देश प्रसिद्ध हुआ। कला, विज्ञान, धर्म एवं संस्कृति में इसको जो ख्याति मिली, वह भी हिन्दुओं के कारण मिली। हिंदुओं के पश्चात् यहाँ मुसलमानों की जनसंख्या सबसे अधिक है। मुसलमानों ने दसवीं शताब्दी से यहाँ प्रवेश करना आरम्भ किया और भिन्न-भिन्न स्थानों पर अपने राज्य स्थापित करके भारत के बहुत बड़े भाग पर अपना आधिपत्य जमा लिया।

(50) अंग्रेजों के भारत में आने के पहले ही हिन्दू और यवन शताब्दियों के अनुभव के पश्चात् यह जान चुके थे कि मुसलमान यहाँ राजा बनकर नहीं रह सकते और न ही उन्हें यहाँ से निकाला ही जा सकता है। दोनों यह जानते थे कि दोनों को स्थाई रूप से यहाँ रहना है। मराठों की उन्नति, राजपूतों के विद्रोह और सिखों की शक्ति के कारण मुसलमानों का आधिपत्य बहुत निर्बल हो चुका था। वैसे तो मुसलमान तब भी यहाँ राज्य जमाए रखने का इरादा किए हुए थे, परन्तु अनुभवी लोग जानते थे कि ऐसी आशाएँ निरर्थक हैं। दूसरी ओर, अंग्रेज हिन्दुओं और मुसलमानों से युद्ध में जीते हुए थे और नीति में इन दोनों से अधिक निपुण थे। उन्होंने अपनी योग्यता और राज्य-प्रबन्ध से जनता के जीवन और सम्मान को सुरक्षित किया। हिन्दू और मुसलमान, दोनों ने उनको यहाँ का राजा स्वीकार कर लिया। हिन्दुओं और मुसलमानों में कटुता तो पहले से ही थी। अंग्रेजों ने इस कटुता का लाभ उठाया और अपने राज्य को अधिक समय तक जमाए रखने के लिए हिन्दू और मुसलमानों की परस्पर कटुता को और बढ़ावा दिया। कांग्रेस, इस ध्येय से बनाई गई थी कि जनता को उसके अधिकार दिलाए जाएं। मेरे मन में प्रारम्भ से ही, जब मैं कार्यक्षेत्र में उतरा, वे विचार बहुत दृढ़ हो गए थे कि विदेशी राज्य को समाप्त करके उसके स्थान पर अपना राज्य स्थापित किया जाना चाहिए।

(51) मैंने अपने लेखों और भाषणों में सदा यही बात कही है कि चुनाव के समय या मन्त्रीमण्डल बनाते समय अथवा अन्य ऐसे कार्यों में सम्प्रदाय का प्रश्न नहीं उठाना चाहिए। स्पष्ट रूप से समझने के लिए आप हिन्दू-महासभा के बिलासपुर के अधिवेशन के प्रस्तावों को देख सकते हैं जो आगे दिए भी गए हैं। (प्रस्ताव पढ़े गए, परिशिष्ट देखिए) कांग्रेस के नेतृत्व में यह विचार दृढ़ होता जा रहा था, परन्तु मुसलमानों ने अग्रसर होकर इसमें भाग नहीं लिया। पीछे वे अंग्रेजों की चाल में आ गए। हिन्दू और मुसलमानों में फूट डालकर ही अंग्रेज यहाँ राज्य कर सकते थे। अंग्रेजों ने उनकी सहायता की और उनसे प्रोत्साहित होकर मुसलमान यह अभिलाषा करने लगे कि हिंदुओं पर आगे उनका आधिपत्य पुनः हो सकेगा। यह अभिलाषा प्रथम बार 1906 में प्रकट हुई जब वायसराय लार्ड मिंटो का संकेत पाकर मुसलमानों ने हिन्दुओं से अलग चुनाव के अधिकार माँगे और अंग्रेजों ने धूर्ततापूर्वक यह कहकर अलग चुनावों को स्वीकार कर लिया कि ऐसा करने से अल्पसंख्यक अर्थात् मुसलमानों के अधिकार सुरक्षित हो जाएंगे। कांग्रेस ने पहले तो इसका थोड़ा-सा विरोध किया, परन्तु 1934 में उसने इस प्रस्ताव को पास कराने में अप्रत्यक्ष सहायता की। कांग्रेस ने कहा—हम इस विषय में न 'हाँ' कहते हैं और न 'ना'।

(52) इस प्रकार देश के विभाजन की माँग की नींव पड़ी और नींव पड़ते ही यह माँग बढ़ी। जो प्रारम्भ में जरा-सी बात थी, उसने अन्त में पाकिस्तान का रूप धारण कर लिया। वास्तविक गलती तो यह हुई कि हम सबने यह सोचा कि किसी प्रकार सब मिलजुलकर अंग्रेजों को निकाल दें, फिर आपस के मतभेद स्वयं ही मिट जाएंगे।

(53) सिद्धान्ततः मैं चुनाव के अधिकारों के विभाजन के विरुद्ध था, परन्तु हमें उस समय यह सहन करना पड़ा, फिर भी मैंने इस बात पर जोर दिया कि दोनों जातियों की संख्या के अनुसार ही सदस्य लिए जाएं।

(54) मुस्लिम-लीग को एक ओर तो अंग्रेजों की सहायता मिलती रही और दूसरी ओर, गांधी के नेतृत्व वाली कांग्रेस का आशीर्वाद मिलता रहा। उधर मुसलमानों ने मुस्लिम-लीग को अपना पूरा समर्थन दिया और वह प्रतिवर्ष अपने अलग अधिकारों की मांगों को बढ़ाती गई।

(55) जैसे मैंने पहले कहा है, कांग्रेस वैसे तो अलग चुनाव के सिद्धान्त के विरुद्ध थी, परन्तु 1916 में उसने लखनऊ पैक्ट में मुसलमानों की अनुचित मांगों को स्वीकार कर लिया और फिर हर बार वह स्वीकार करती गई। इस प्रकार कांग्रेस, जो अपने ध्येय से हटती गई, आगे एक असहनीय कष्ट का कारण बनी।

(56) सन् 1920 से अर्थात् लोकमान्य तिलक के पश्चात् गांधी जी का प्रभाव कांग्रेस में बढ़ा और बल पकड़ता गया। उन्होंने जनता को जागृत करने के लिए जो कार्य किए उनका बहुत प्रभाव पड़ा। वे सत्य और अहिंसा के नारे लगवाते रहे। कोई भी समझदार व्यक्ति उन नारों को बुरा नहीं कह सकता था। वास्तव में इन उद्घोषों में नवीन बात न थी। प्रत्येक शांतिपूर्ण आंदोलन में ऐसे उद्घोष लगाए ही जाते हैं। यह आशा करना कि जनता साधारण जीवन में ऐसे उच्च सिद्धान्तों पर चलेगी, केवल एक स्वप्न है। वास्तविकता यह है कि अपने कर्त्तव्य का पालन करने के लिए, अपने सम्मान की रक्षा करने के लिए और अपने आश्रितों और देश के लिए कुछ करने के लिए हमें अहिंसा छोड़कर हिंसा पर चलना पड़ेगा। मेरा अटल विश्वास है कि अत्याचारी का सामना शस्त्रों से ही किया जा सकता है। अत्याचारी शत्रु का शस्त्रों से दमन करना मैं पवित्र समझता हूँ। श्री रामचंद्र ने सीता को मुक्त कराने के लिए रावण को मारा। श्रीकृष्ण ने कंस के अत्याचारों का अन्त करने के लिए कंस को मारा। महाभारत में अर्जुन को भी बहुत ऐसे व्यक्तियों को मारना पड़ा जिनमें उनके बहुत से निकट संबंधी भी थे। यहाँ तक कि पूजनीय भीष्म पितामह को भी मारना पड़ा, क्योंकि वे अत्याचारी के पक्ष में थे। यदि कोई राम, कृष्ण और अर्जुन को हिंसक समझता है तो उसको मानवता के सिद्धान्त का ज्ञाता नहीं कहा जा सकता। ऐसा कहना चाहिए की उसे संसार की कार्य-प्रणाली का ही ज्ञान नहीं है। वह छत्रपति शिवाजी की ही वीरता थी, जिसने भारत में यवनों के अत्याचार को रोका। शिवाजी ने जिस प्रकार अफजलखाँ को मारा वह बिल्कुल ठीक तरीका था, अन्यथा अफजलखाँ शिवाजी को मार डालता। गांधी जी शिवाजी, प्रताप और गुरु गोविंदसिंह की निन्दा करते थे और उनको गलत-पथ पर चलने वाला कहते थे और इस प्रकार वह अपने बौद्धिक दिवालियापन का प्रमाण दे रहे थे।

(57) प्रत्येक देशभक्त वीर ने अपने समय में देश को अत्याचारों से बचाया। शक्ति से विदेशी आक्रमणों को रोका और मातृभूमि को मुक्त कराया। दूसरी ओर, इस महात्मा के 30 साल के नेतृत्व में वे करतूतें हुईं, जो पहले कभी नहीं हुई थीं। अधिक से अधिक मन्दिरों को अपवित्र किया गया। अधिक से अधिक लोगों को मुसलमान बनाया गया और अधिकाधिक स्त्रियों का अपमान हुआ और अन्त में देश का एक तृतीयांश हाथ से जाता रहा। मुझे आश्चर्य इस बात का है कि गांधी जी के अनुयायी उस स्पष्ट बात को भी नहीं देख सके, जिसको कोई अन्धा भी देख सकता है। गांधी जी तो शिवाजी, प्रताप और गुरु गोविंदसिंह के समक्ष कुछ भी नहीं थे। वे उन वीरों की निन्दा करते थे जो उनकी सीमा से बाहर का काम था और नितान्त अनुचित था।

(58) यह पार्टी जिसके हाथ में अंग्रेजों की दी हुई शक्ति है, जिसने मुसलमानों की हिंसा के आगे सर झुका कर कायरता से भारत के विभाजन को स्वीकार कर लिया, आज सैकड़ों उल्टे-सीधे उचित-अनुचित उपायों से अपने स्वार्थों के लिए प्रयत्नशील है। गांधी जी की मृत्यु भी उनकी स्वार्थ-सिद्धि के उपभोग में लाई जा सकती है, परन्तु गांधी जी का ठीक स्थान कहाँ पर है, यह इतिहास ही समय आने पर बताएगा। मेरा कहना विपरीत लगेगा, किन्तु वास्तव में गांधी एक हिंसक शांतिमूर्ति थे जिन्होंने सत्य-अहिंसा के नाम पर देश पर घोर विपत्तियों का भार डाल दिया, जब कि प्रताप, शिवाजी और गुरु गोविंदसिंह देशवासियों के हृदयों में सदा जीवित रहेंगे, क्योंकि उन्होंने देश को रावणों से मुक्त कराया और राष्ट्र का मुख उज्ज्वल किया।

(59) गांधी जी 1914 में इंग्लैंड से आए और उसी समय उन्होंने देश के राजनैतिक जीवन में प्रवेश किया। दुर्भाग्य से श्री फिरोजशाह मेहता और श्री गोखले जिनको गांधी जी अपना गुरु कहते थे, शीघ्र ही स्वर्गवासी हो गए।

गांधी जी ने अपना कार्य अहमदाबाद में साबरमती नदी के किनारे एक आश्रम खोलकर प्रारम्भ किया। सत्य और अहिंसा के जयघोष कराए। उन्होंने स्वयं इस बात को बहुत बार स्वीकार किया कि वे अपने सिद्धान्तों के विरुद्ध कार्य कर जाते हैं। मुसलमानों को खुश करने के लिए उन्हें अपने सिद्धान्त जब तोड़ने पड़ते थे

तो वे इसमें कभी नहीं चूकते थे। सत्य और अहिंसा वैसे तो बहुत अच्छे सिद्धान्त हैं, परन्तु उनको जीवन में बरता जाए तभी तो वह अच्छे कहलाएँगे। मैं आगे चलकर बताऊँगा कि किस प्रकार गांधी जी स्वयं इन सिद्धान्तों को बुरी तरह तोड़ने के अपराधी हैं।

(60) गांधी जी के राजनैतिक जीवन को निम्नलिखित तीन भागों में विभक्त किया जा सकता है–

(क) 1915 से 1939-40 तक

(ख) 1939-40 से 3 जून, 1947 तक, जब कांग्रेस जिन्ना के सामने झुकी और इन महात्मा जी के नेतृत्व में उसने पाकिस्तान स्वीकार किया।

(ग) तीसरा हिस्सा देश के विभाजन से उस समय तक, जब उन्होंने पाकिस्तान को 55 करोड़ रुपया दिलाने के लिए आमरण अनशन करने का निश्चय किया और कुछ दिन बाद उनकी मृत्यु हो गई।

(61) जब गांधी जी 1914 के अन्त में भारत लौटे तब दक्षिणी अफ्रीका में भारतवासियों का नेतृत्व करने के कारण उनका काफी नाम था। वहाँ उन्होंने भारत के सम्मान के लिए ही संघर्ष किया था और अंग्रेजों के अत्याचारों के विरुद्ध वे वहाँ रहने वाले भारतवासियों के नागरिक अधिकारों के लिए लड़े थे। वहाँ हिन्दू, मुसलमान और पारसियों ने बिना भेदभाव के उनकी आज्ञा का पालन किया और दक्षिण अफ्रीका में उनको बहुत बढ़ाया। भारत में भी हम सबने उनका बहुत आदर किया।

(62) जब वे भारत में भारतवासियों के साथ मिलकर स्वतन्त्रता का संघर्ष करने के लिए आए तो उनको यह आशा थी कि यहाँ भी उन्हें सभी वर्गों की ओर से पूर्ण विश्वास और सहयोग मिलेगा, परन्तु वे शीघ्र ही निराश हो गए। भारत दक्षिण अफ्रीका नहीं था। अफ्रीका में भारतवासियों की केवल एक ही माँग थी कि उनको भी नागरिक अधिकार दिए जाए। उन सबको एक ही शिकायत थी। इसलिए हिंदू, मुसलमान और पारसी, सब संगठित होकर शत्रु के विरुद्ध खड़े हो सके। उनका दक्षिणी अफ्रीका की सरकार के साथ कोई झगड़ा नहीं था। भारत में बात

और थी। यहाँ अपने राज्य, अपनी सरकार और स्वतन्त्रता के लिए लड़ाई चल रही थी। यहाँ हम अंग्रेजों के प्रभुत्व को समाप्त करना चाहते थे, जिनके पाँव इस भूमि पर अच्छी तरह जम चुके थे और जो यहाँ जमे रहने के लिए प्रत्येक सम्भव साधन का प्रयोग कर रहे थे। हिन्दू और मुसलमानों में फूट डाली जा रही थी और बहुत सीमा तक यह नीति सफल भी होती जा रही थी। इसलिए गांधी जी को प्रारम्भ में ही ऐसे प्रश्न को छेड़ना पड़ा जिसका उन्हें दक्षिण अफ्रीका में कोई अनुभव नहीं हुआ था। दक्षिण अफ्रीका में तो उनका काम बिना बाधाओं के चलता रहा। विभिन्न जातियों का अर्थात् सबका वहाँ एक ही स्वार्थ था, परन्तु भारत में तो चुनाव भी अलग-अलग होते थे। गांधी जी के मन में हिन्दू और मुसलमान, दोनों जातियों का नेतृत्व करने की महत्वाकांक्षा प्रबल रूप में थी। उनकी आकांक्षा तो सच्ची थी, परन्तु उनको यह पता न था कि ऐसे स्थान पर कैसे नेतृत्व किया जाए, जहाँ ऐसी फूट पड़ी हो। ऐसी सेना का अधिपति बनना जो परस्पर भीषण मतभेद रखती हो, मूर्खता नहीं तो और क्या है?

(63) गांधी जी को भारत आने के बहुत समय पश्चात् तक सम्पूर्ण भारत की राजनीति का नेतृत्व नहीं मिला। मिलने की सम्भावना भी नहीं थी। दादाभाई नौरोजी, सर फिरोजशाह मेहता, लोकमान्य तिलक और श्री गोखले के जीवनकाल में गांधी जी यद्यपि लोकप्रिय तो हो गए थे, परन्तु इन नेताओं से वे आयु में भी कम थे और अनुभव में भी। एकाएक गांधी जी का भाग्य चमका और लोकमान्य तिलक का देहांत हो गया। उनकी मृत्यु के पश्चात् शीघ्र ही अन्य नेता भी स्वर्ग सिधार गए और गांधी जी के लिए रास्ता साफ हो गया। वे राजनीति के क्षेत्र में बहुत आगे बढ़ गए।

(64) उन्होंने देखा कि विदेशी अंग्रेज भारतवासियों में फूट डाल रहे थे और मुसलमानों में विचित्र प्रकार की इस्लाम-भक्ति की भावना भर रहे थे। उन्होंने सोचा कि जब तक जनता में एकता नहीं आएगी अंग्रेजों के विरुद्ध लड़ना अत्यंत कठिन है। इसलिए उन्होंने हिन्दू-मुसलमान एकता पर अपनी राजनीति की नींव डाली। अंग्रेजों की चालों को कुचलने के लिए उन्होंने मुसलमानों से स्नेह बढ़ाना प्रारम्भ किया और उनसे बहुत से वायदे शुरू कर दिए, जिनमें हिन्दुओं को हानि थी।

इस प्रकार उन्होंने मुसलमानों की शक्ति बढ़ा दी। यह एकता बढ़ाने का कार्य उस समय तक तो ठीक था जब तक भारत की स्वतन्त्रता को प्रमुख समझ कर यह किया गया, परन्तु कुछ समय पश्चात् गांधी जी ने अपना ध्येय ही मुसलमानों को संतुष्ट करना बना लिया जिसका परिणाम आज हम देख रहे हैं।

(65) सन् 1919 तक गांधी जी निराश रहे और मुसलमानों का विश्वास ग्रहण न कर पाए। वे वायदे पर वायदे करते चले गए। यहाँ तक कि उन्होंने मुसलमानों की मर्जी के अनुसार सब कुछ उन्हें देने की सोच ली। उन्होंने देश में खिलाफत आंदोलन के लिए सहानुभूति उत्पन्न की, और इसी कारण खिलाफत आंदोलन को कांग्रेस की पूरी सहायता मिली। कुछ समय तक तो ऐसा प्रतीत होता रहा कि गांधी जी सफल हो जाएंगे क्योंकि भारत के प्रसिद्ध मुसलमान नेता उनके अनुयायी प्रतीत होते थे। 1920-21 में जिन्ना साहब का कोई महत्व न था और अलीभाई (मोहम्मद अली और शौकत अली) मुसलमानों के नेता थे। गांधी जी ने अली भाइयों को बहुत चढ़ाया और उनकी बहुत प्रशंसा की। उन्हें हर प्रकार की सुविधा दी, परन्तु जो कुछ गांधी जी करना चाहते थे, वह कभी नहीं हुआ। मुसलमान खिलाफत आंदोलन में लगे, परन्तु खिलाफत आन्दोलन को उन्होंने कांग्रेस से अलग संस्था ही समझा। उन्हीं दिनों मोपला विद्रोह हुआ और उसने यह सिद्ध कर दिया कि जिस एकता पर गांधी जी टकटकी लगाए बैठे थे उसका मुसलमानों पर लेशमात्र प्रभाव नहीं पड़ा है। मोपला विद्रोह में हिन्दुओं का बड़ी संख्या में संहार हुआ। बहुतों को बलात् मुसलमान बनाया गया। उनके घर फूँक दिये गए और उनकी स्त्रियों का अपमान किया गया। अंग्रेजों पर इस विद्रोह का कुछ प्रभाव न पड़ा। कुछ महीनों में यह विद्रोह दबा दिया गया। गांधी जी ने देख लिया कि उनकी हिंदू-मुस्लिम एकता कहाँ तक सफल हुई है।

खिलाफत आंदोलन असफल रहा और गांधी जी की किसी ने नहीं सुनी। अंग्रेज अधिक शक्तिशाली हो गए और मुसलमान हिन्दुओं के पक्के विरोधी हो गए, परन्तु गांधी जी अपनी एकता की जिद पर अड़े रहे। 1919 में चुनाव के अधिकार अलग कर दिए गए और लेजिस्लेचर बोर्ड और कैबिनेट में भी सदस्य लेते समय जाति का ध्यान रखा जाने लगा। नौकरियाँ भी मुसलमान और हिन्दू

कह कर दी जाने लगीं और मुसलमानों को ऊँची-ऊँची नौकरियाँ अंग्रेजों ने केवल इस कारण दीं कि उन्होंने स्वतन्त्रता आन्दोलन में भाग नहीं लिया और वे अंग्रेजों के यहाँ रहने के पक्ष में रहे। मुसलमानों की सहायता अंग्रेजों ने यह कहकर की कि वह अल्पसंख्यक जाति की रक्षा कर रहे हैं और इस प्रकार हर मुसलमान में हिन्दू के विरुद्ध विष भरा गया और गांधी जी के हिन्दू-मुस्लिम एकता के नारे निरर्थक रहे, परन्तु अब भी वे इसी आशा में बैठे थे कि वे हिन्दू और मुसलमान, दोनों का नेतृत्व करेंगे। ज्यों-ज्यों उनकी पराजय होती गई त्यों-त्यों वे मुसलमानों के लिए अधिक बलिदान करने को तत्पर होते गए। देश की दशा बिगड़ती गई और 1924 में सबको यह निश्चय हो गया कि अंग्रेज सब प्रकार से सबल होकर जमे हुए हैं। हर प्रकार से अंग्रेज ही जीत में थे, परन्तु जिस प्रकार हारा हुआ जुआरी दाँव पर दाँव लगाता चला जाता है उसी प्रकार गांधी जी भी दाँव लगाते चले गए। वे सिन्ध और सीमा प्रान्त को भी अलग करने पर सहमत हो गए। वे मुस्लिम-लीग की माँगों को पूरा करते रहे, चाहे वे उचित रही हों अथवा नहीं। केवल इस आशा में कि मुसलमान स्वतन्त्रता के युद्ध में उसका नेतृत्व स्वीकार करेंगे। कालान्तर में अली भाइयों की पूछ नहीं रही और जिन्ना का नेतृत्व बढ़ने लगा। जिन्ना ने कांग्रेस और अंग्रेजों के दिए हुए अधिकारों को स्वीकार करके और अधिक मांगें उग्र रूप से रख दीं। 'राऊँड टेबल कांफ्रेंस' में बम्बई से सिन्ध प्रान्त अलग कर दिया गया। मिस्टर जिन्ना फेडरेशन से उस वक्त तक अलग रहे, जब तक कि गांधी जी ने स्वयं मि. मैक्डॉनल्ड (ब्रिटिश प्रधानमंत्री) को अलग-अलग चुनाव अधिकार देने के लिए नहीं कहा और इस प्रकार से विभाजन के बीज बो दिए गए। 1935 के सुधारों में यह भेद और भी बढ़ा दिया गया। जिन्ना ने हर बात का पूरा लाभ उठाया। कांग्रेस ने पृथक्-पृथक् चुनाव के अधिकारों को मान लिया, हालांकि वह ऊपर से कहती रही कि वह इसको न ही मानती है ओर न इन्कार करती है। सन् 1939 के महायुद्ध में श्री जिन्ना ने खुल्लम-खुल्ला कह दिया कि जब मुसलमानों के अधिकारों को माना जाएगा तभी मुसलमान युद्ध में अंग्रेजों की सहायता करेंगे। अप्रैल, 1940 में अर्थात् युद्ध होने के छह माह के अन्दर ही जिन्ना ने दो राष्ट्रों के सिद्धान्त के आधार पर पाकिस्तान की माँग रख दी। जिन्ना ने इस बात को भुला दिया कि भारतवर्ष में अधिकांश हिन्दू और मुसलमान इकट्ठे रहते थे। किसी

प्रान्त में हिन्दू या मुसलमानों की संख्या इतनी कभी न थी कि अल्पसंख्यक जाति की रक्षा का प्रश्न विभाजन से ही हल हो सकता।

(66) अंग्रेजों को पाकिस्तान की योजना बहुत पसन्द आई, क्योंकि इस योजना से हिन्दू और मुसलमान महायुद्ध काल में मिल नहीं सकते थे और इस प्रकार से अंग्रेज निरापद और निश्चिन्त रह सकते थे। मुसलमान लड़ाई में मदद करते रहे और कांग्रेस कभी तो युद्ध में सहायता देने का विरोध करती रही और कभी तटस्थ बनी रही। उस समय हिंदू-महासभा ने यह अनुभव किया कि यह अवसर है जब हिंदू नवयुवकों को सैनिक-शिक्षा दी जा सकती है और यह भी कि अंग्रेज जान बूझकर हिन्दुओं को सैनिक शिक्षा से अलग रख रहे हैं। युद्ध के कारण हर प्रकार की सेना में जाने के द्वार खुले थे और महासभा ने यह जोर दिया कि हिंदू युद्ध में भाग लेकर सैनिक-शिक्षा प्राप्त करें। इसके परिणामस्वरूप 15 लाख हिंदुओं ने आधुनिक सैनिक शिक्षा प्राप्त की। आज कांग्रेस हिंदू-महासभा की इस दूरदर्शिता का लाभ उठा रही है क्योंकि कांग्रेस-सरकार जो सेनाएँ कश्मीर में भेजती रही वह हिन्दू-महासभा के विचारों के लोगों की कोशिश का ही परिणाम है। सन् 1942 में कांग्रेस ने 'भारत छोड़ो' आन्दोलन छेड़ा। हर एक प्रांत में कांग्रेसियों ने भयानक कार्य किए। उत्तरी बिहार में एक भी रेलवे स्टेशन ऐसा न था जो कि जला न दिया गया हो या जिसे हानि न पहुँचाई गई हो, परन्तु कांग्रेस के उग्र विरोध के चलते अंग्रेज विजयी हो गए। अप्रैल 1945 में जर्मनी हार गया और अगस्त 1945 में जापान। सन् 1942 का 'भारत छोड़ो' आंदोलन असफल रहा। अंग्रेज जीत गए और कांग्रेसी नेताओं ने यह निश्चय किया कि अंग्रेजों के साथ संधि की जाए और अन्त में कांग्रेस ने यह नीति अपना ली कि कांग्रेस के हाथ में सत्ता आ जाये, चाहे इसके बदले कितना भी बड़ा मूल्य क्यों न देना पड़े। अंततः कांग्रेस ने अंग्रेजों से संधि कर ली और उनसे सत्ता ले ली। अन्ततोगत्वा वह जिन्ना की हिंसा के आगे झुक गई और भारत का एक तिहाई भाग अलग देश मानकर उसको दे दिया गया। जिसको इस्लामी देश मान लिया गया। इस कार्य में 20 लाख मनुष्यों का संहार हुआ। नेहरू अब यह कह रहे हैं कि भारत में सब जातियों का बराबर अधिकार है और जो लोग उनको याद दिलाते हैं कि गत वर्ष ही उन्होंने धार्मिक आधार पर जिन्ना के साथ संधि

की थी, उनके साथ वे कठोर व्यवहार करते हैं। नेहरू को अब भी भ्रम है कि वे हिन्दू-मुस्लिम की एकता कर सकते हैं। यह उस आदमी की स्थिति है जो घर के बाहर तो संसार से डरे और अपने घर में पत्नी से। नेहरू अब भी मुसलमानों से डरते हैं।

(67) मैं याद दिलाना चाहूँगा कि सिंध में कांग्रेस ने 'भारत छोड़ो' आंदोलन को त्यागने का वायदा किया, अंग्रेजों को विश्वास दिलाया कि कांग्रेस जापान के विरुद्ध अंग्रेजों की सहायता करेगी और वायसराय लार्ड वैवल को भारतीय सरकार का प्रधान मानेगी। कांग्रेस ने कान्फ्रेंस चैम्बर में जाने के पहले इन तीन बातों को मान लिया था।

(68) अब मैं भारत के विभाजन की दुर्घटना और गांधी जी के वध की चर्चा करूँगा। मुझे इन बातों की चर्चा करके प्रसन्नता नहीं होती, परन्तु भारतवासियों को और सारे संसार को उन तीस वर्षों के इतिहास का पता होना चाहिए जिनमें भारत के टुकड़े किए जाने की भूमिका बनी और हिन्दू-मुस्लिम एकता के नाम पर गांधी के गलत मार्गदर्शन में कांग्रेस अपना वास्तविक ध्येय खो बैठी। 5 करोड़ मुसलमान हमारे देश से अलग हो गए हैं। पश्चिमी पाकिस्तान में हिंदू या तो मार डाले गए हैं या उनका सब कुछ नष्ट हो चुका है। पूर्वी पाकिस्तान में भी यही हाल हो रहा है। 15 करोड़, 10 लाख आदमी बेघर हो गए जिनमें 40 लाख मुसलमान भी हैं और इतने भयानक परिणाम के बाद भी गांधी जी अपनी उसी नीति पर चले जा रहे थे। इस दशा को देखकर मेरा खून खौल उठा और मैं यह सहन न कर सका कि वे कुछ और समय तक देश का विध्वंस करते रहें। मैं व्यक्तिगत रूप से गांधी जी के विरुद्ध कटु शब्दों का प्रयोग नहीं करना चाहता, परन्तु मैं यह अवश्य कहना चाहता हूँ कि मैं उनकी कार्य-प्रणाली और नीति का घोर विरोधी था और हूँ। वास्तव में गांधी जी ने वह काम किया जो अंग्रेज हिंदू मुसलमानों में फूट डाल कर करना चाहते थे। उन्होंने भारत का विभाजन करने में अंग्रेजों की सहायता की और मुझे तो अब भी विश्वास नहीं है कि अंग्रेज भारत से अपना सम्बन्ध तोड़ देने का इरादा रखते हों।

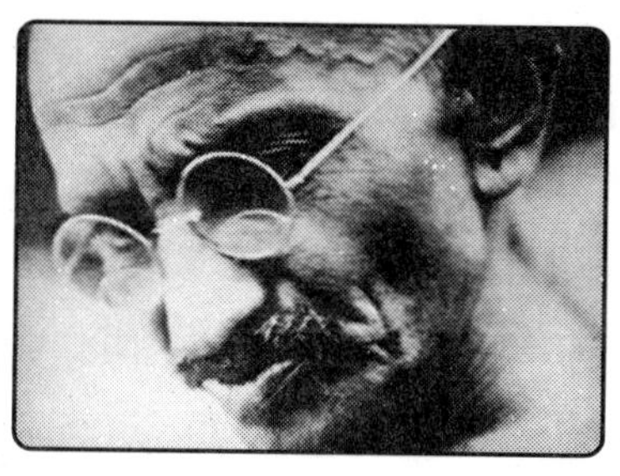

गांधी जी की बड़ी राजनीतिक भूलें

उपभाग 2

(69) बत्तीस वर्षों से गांधी जी मुसलमानों के पक्ष में जो कार्य कर रहे थे और अन्त में उन्होंने जो पाकिस्तान को 55 करोड़ रुपये दिलाने के लिए अनशन करने का निश्चय किया, इन बातों ने मुझे विवश किया कि गांधी जी को समाप्त कर देना चाहिए। भारत आने के पश्चात् उन्होंने ऐसी नीति पर कार्य किया और अपने निर्णय को वे इस प्रकार अन्तिम निर्णय समझने लगे कि यदि देश को उनके नेतृत्व की आवश्यकता हो तो वह उनके कहने पर चले अन्यथा वे कांग्रेस से अलग होकर अपने ढंग पर व्यक्तिगत रूप से चलने पर तैयार हो जाते थे। ऐसी हालत में यही हो सकता था कि या तो उनकी सब प्रकार की अच्छी-बुरी बातें मानी जाएं और उनके दृष्टिकोण के अनुसार कार्य किया जाए या उनके बिना कार्य किया जाए। प्रत्येक निर्णय वे स्वंय करते थे। असहयोग आंदोलन के सब कुछ वही थे। सब अधिकार उन्होंने अपने पास ही रखे कि कब उसे प्रारम्भ और समाप्त किया जाए। चाहे आंदोलन सफल हो या असफल, चाहे इसके कारण कितनी भी विपत्तियाँ आएं, परन्तु गांधी जी अपनी जिद्द से नहीं हटते थे। अन्य किसी को आंदोलन की रूपरेखा नहीं जानने देते थे। उनका सिद्धान्त था कि एक सत्याग्रही कभी असफल हो ही नहीं सकता, परन्तु सत्याग्रह की परिभाषा उन्होंने कभी स्पष्ट नहीं की। गांधी जी अपने सभी विषयों के स्वयं परामर्शदाता होते थे और स्वयं निर्णयकर्ता। गांधी जी के ऊँचे चरित्र और अनवरत कार्य-क्षमता के कारण उनकी ये सब बातें निभती

रहीं और कोई भी उनके दुराग्रह से टक्कर न ले सका। कांग्रेस में बहुत से लोग यह जानते थे कि गांधी जी की नीति ठीक नहीं है, परन्तु उनके लिए केवल एक ही मार्ग था कि या तो कांग्रेस छोड़ दें या अपने आपको उनकी योजना के समक्ष समर्पित कर दें। ऐसी दशा में गांधी जी भूल करते गए, असफलता पर असफलता पाते रहे और विपत्तियाँ लाते रहे। नीचे मैं उनकी उन भीषण भूलों का वर्णन करूँगा जो उन्होंने अपने बत्तीस वर्ष के नेतृत्व में कीं, जब उन्हें कोई रोकने वाला नहीं था।

(70) उन नारों ने जो गांधी जी ने देश को दिए कितनी हानि पहुँचाई और अन्त में उन नारों का कितना भयानक परिणाम हुआ, यह उन्होंने कभी नहीं सोचा।

(क) खिलाफत

पिछले युद्ध के कारण टर्की के राज्य का बहुत-सा अफ्रीका तथा मध्यपूर्व भाग उसके हाथों से चला गया था। यूरोप में भी जो स्थान उसके अधिकार में थे वे उसके हाथों से निकल चुके थे और केवल थोड़ा-सा भूमिखण्ड रह गया था। तुर्क नवयुवकों ने टर्की के सुल्तान को राज्य छोड़ने के लिए बाध्य कर दिया और इसके साथ ही खिलाफत आन्दोलन भी खत्म कर दिया। भारतीय मुसलमान बहुत ही उग्रता से खिलाफत के पक्ष में थे। उन्हें विश्वास था कि अंग्रेज ही सुल्तान के पतन और खिलाफत आंदोलन के कारण थे। इसलिए उन्होंने ही खिलाफत पुनः प्रारम्भ करने के लिए आंदोलन किया। गांधी जी ने सोचा कि खिलाफत आन्दोलन का पक्ष लेकर वह भारत के मुसलमानों का नेतृत्व सहज में ही प्राप्त कर लेंगे और इस प्रकार यदि हिन्दू-मुसलमानों में एकता हो गई तो अंग्रेज शीघ्र ही स्वराज्य दे देंगे। गांधी जी ने खिलाफत आंदोलन में कांग्रेस को लगा दिया और इस प्रकार राजनैतिक आंदोलन में साम्प्रदायिकता ले आए जो कि बहुत महंगी पड़ी और भारत के लिए अत्यन्त अनर्थकारी विपत्ति का कारण बनी। कुछ समय तक तो खिलाफत आंदोलन सफल होता दिखाई दिया। जो मुसलमान खिलाफत के पक्ष में न थे उनका महत्व घट गया और जो खिलाफत के लिए कार्य कर रहे थे, उनकी महत्ता बहुत अधिक बढ़ गई। वे लोकप्रिय हो गए, जिस प्रकार अली भाई। जिन्ना का तब कोई महत्व न था और कुछ वर्षों तक उसकी ओर किसी ने ध्यान भी नहीं दिया था। आगे

चलकर खिलाफत आन्दोलन को दबा दिया गया और मौंटेग्यू-चैम्सफोर्ड रिफार्म की सहायता से खिलाफत के प्रभाव को सर्वथा नष्ट कर दिया गया। मुसलमानों ने कांग्रेस और खिलाफत को सदा अलग समझा था। उन्होंने खिलाफत के साथ कांग्रेस की मदद को स्वीकार किया था, परन्तु वे कांग्रेस के साथ मिले नहीं थे। जब आन्दोलन असफल रहा तो मुसलमानों को बहुत निराशा हुई और अपना क्रोध उन्होंने हिन्दुओं पर उतारा। भारत में विभिन्न स्थानों पर हिन्दू-मुस्लिम संघर्ष हुए और प्रत्येक स्थान पर हिन्दुओं को हानि पहुँचाई। महात्मा जी की हिन्दू-मुस्लिम एकता केवल एक स्वप्न बनकर रह गई।

(ख) मोपला-विद्रोह

मालाबार, पंजाब, बंगाल और सीमाप्रान्त में हिन्दुओं पर अत्यधिक अत्याचार हुए। जिस दुर्घटना को मोपला विद्रोह के नाम से पुकारा जाता है उसमें हिन्दुओं की धन, सम्पत्ति और जीवन पर सबसे बड़ा आक्रमण हुआ। सैकड़ों हिन्दुओं को बलपूर्वक मुसलमान बना लिया गया, स्त्रियों का अपमान किया गया, किन्तु गांधी जी, जो अपनी नीति के कारण इसके उत्तरदायी थे, मौन रहे। अत्याचारियों के विषय में उन्होंने एक भी शब्द नहीं कहा और न कांग्रेस को इन कांडों को रोकने के लिए कोई कार्य ही करने दिया, प्रत्युत दूसरी ओर, यह कहना शुरू कर दिया कि मलाबार में हिन्दुओं को मुसलमान नहीं बनाया गया। अपने पत्र 'यंग इण्डिया' में उन्होंने प्रकाशित किया कि केवल एक ही ऐसी दुर्घटना हुई है। यद्यपि उनके अपने मुसलमान मित्रों ने स्वीकार किया कि मुसलमान बनाने की घटनाएँ अनेक हुई हैं, परन्तु उन्होंने अपने वक्तव्य को कभी नहीं सुधारा और मोपला मुसलमानों की सहायता के लिए निधि-संग्रह (फंड) शुरू कर दिया। इतने पर भी हिन्दू-मुस्लिम एकता का लक्ष्य उन्हें कभी प्राप्त नहीं हो सका।

(ग) अफगानिस्तान के अमीर के साथ सहायता

जब खिलाफत आन्दोलन असफल हो गया तब अली भाइयों ने निश्चय किया कि किसी प्रकार खिलाफत आन्दोलन की भावना को जीवित रखा जाना चाहिए। उनका उद्घोष था—'जो खिलाफत का शत्रु है, वह मुसलमान का शत्रु है।' और चूँकि

अंग्रेजों के कारण टर्की के सुल्तान की हार हुई और उसे गद्दी छोड़नी पड़ी इसलिए हर मुसलमान अंग्रेजों का शत्रु है और प्रत्येक मुसलमान का यह पवित्र कर्त्तव्य है कि वह अंग्रेजों का विरोध करे। इस ध्येय की पूर्ति के लिए गांधी जी और अली भाइयों ने गुप्त रूप से अमीर अफगानिस्तान को भारत पर हमला करने का निमन्त्रण दिया और उसे हर प्रकार की सहायता देने का वचन दिया। इस षड्यंत्र के पीछे बहुत बड़ा इतिहास है। अली भाई इस बात को स्वीकार करते थे कि उनका इस षड्यन्त्र में हाथ था। गांधी जी ने हिन्दू-मुस्लिम एकता प्राप्त करने के लिए अली भाइयों से वायदा किया कि उनको हर प्रकार की सहायता दी जाएगी। गांधी जी ने खुल्लमखुल्ला वायदा किया कि खिलाफत को पुनर्जीवित करने के लिए वे मुसलमानों की पूरी सहायता करेंगे। भारत पर अमीर अफगानिस्तान के अधिकारों की योजना में भी गांधी जी ने अली भाइयों को पूरा सहयोग दिया, इसके प्रमाण बिल्कुल पुष्ट हैं। स्वर्गीय श्रीयुत श्रीनिवास शास्त्री, श्री सी.वाई. चिन्तामणि ('लीडर' के सम्पादक) और गांधी जी के परम मित्र श्री सी. एफ. एण्ड्रूज ने स्पष्ट रूप से स्वीकार किया कि गांधी जी के भाषणों और लेखों से स्पष्ट प्रतीत होता है कि वे अमीर अफगानिस्तान के भारत पर आक्रमण के सम्बन्ध में अली भाइयों के साथ हैं। गांधी जी के एक लेख का अंश नीचे दिया जा रहा है जो उन्होंने उन दिनों लिखा था। इससे यह पता चलता है कि किस प्रकार गांधी जी अपनी मुस्लिम तुष्टीकरण नीति के ऊपर अपने देश तक को न्यौछावर कर देने पर तुल गए थे। वे अपनी मातृभूमि पर आक्रमण करने वाले एक विदेशी राजा को सहायता देने के लिए तैयार हो गए थे। गांधी जी के शब्द निम्नलिखित हैं–

"मैं नहीं समझ सकता कि जैसी खबर फैली हुई है, अली भाइयों को क्यों जेल में डाला जाएगा और मैं स्वतन्त्रता से रहूँगा? उन्होंने ऐसा कोई कार्य नहीं किया जो मैं न करूँ। यदि उन्होंने अमीर अफगानिस्तान को आक्रमण के लिए संदेश भेजा है, तो मैं भी उसके पास एक सन्देश भेज दूँगा कि जब वह भारत आएंगे तो जहाँ तक मेरा बस चलेगा एक भी भारतवासी उनको हिन्द से बाहर निकालने में सरकार की सहायता नहीं करेगा।"

ब्रिटिश गुप्तचरों ने उस षड्यन्त्र को फोड़ा। अली बन्धुओं का मनोरथ ढह गया। हिन्दू-मुस्लिम एकता पहले जितनी ही दूर रही।

(घ) आर्यसमाज पर आक्रमण

(*i*) गांधी जी ने 1924 में मुसलमानों के प्रति अपना प्रेम प्रदर्शित करने के लिए आर्यसमाज पर आक्रमण का घृणित कार्य भी किया और आर्यसमाज की जी-भर कर निन्दा की। यह बहुत ही पतित कार्य था जो उन्होंने किया, परन्तु गांधी जी की हार्दिक इच्छा यह थी कि मुसलमानों को खुश रखा जाए, चाहे कुछ भी करना पड़े। आर्यसमाज ने बहुत ही सभ्य ढंग से जब इस निन्दा का उत्तर दिया तब गांधी जी के राजनैतिक प्रभाव विस्तार के कारण आर्यसमाज कमजोर होता गया। वास्तविकता तो यह है कि स्वामी दयानन्द का कोई भी अनुयायी गांधी जी का शिष्य नहीं बन सकता, क्योंकि दोनों स्थितियाँ एक दूसरे से सर्वथा भिन्न हैं, परन्तु कुछ लोग नेता बनने की इच्छा से दोहरी चाल चलते रहे। एक ओर, वे आर्यसमाजी रहे और दूसरी ओर, गांधीवादी कांग्रेसी। इसका परिणाम यह हुआ कि जब सिन्ध में 'सत्यार्थप्रकाश' पर प्रतिबन्ध लगा था तो आर्यसमाज इस विषय में अधिक कुछ न कर सका। इसलिए आर्यसमाज का प्रभाव और भी कम हो गया। आर्यसमाज के सदस्य पक्के देशभक्त थे। लाला लाजपतराय और स्वामी श्रद्धानन्द, दोनों पक्के आर्यसमाजी थे, परन्तु अन्त तक कांग्रेस के नेता रहे। वे गांधी जी के अनुयायी नहीं थे, प्रत्युत उनकी मुसलमानों का पक्ष लेने की नीति के विरोधी थे, परन्तु वे महापुरुष अब शांत हो चुके थे। बहुत से आर्यसमाजी वैसे ही रहे जैसे कि वे थे, किन्तु प्रायः स्वार्थी लोग उनका मार्ग-दर्शन करते रहे और गांधी जी के कारण आर्यसमाज की वह शक्ति न रही जो किसी समय थी।

(*ii*) गांधी जी ने जो आर्यसमाज की निन्दा की उससे गांधी जी मुसलमानों में लोकप्रिय नहीं हुए। प्रत्युत उनके इस आचरण ने मुसलमानों को उकसा दिया और एक मुसलमान युवक ने आरोप लगाया कि यह संस्था बुरी भावना फैलाने वाली है। यह आरोप नितांत असत्य था। प्रत्येक व्यक्ति यह जानता है कि आर्यसमाज ने हिन्दू समाज में अनेक सुधार किए। आर्यसमाज ने विधवा विवाह प्रारम्भ किए। आर्यसमाज ने जात-पांत को समाप्त करने के क्रांतिकारी प्रयत्न किए और हिन्दुओं की ही नहीं, प्रत्युत उनकी एकता का प्रचार किया जो आर्यसमाज के सिद्धान्तों को मानते हों। आगे चलकर लोग इस बात को भूल गए कि गांधी

जी ने आर्यसमाज को कितनी हानि पहुँचाई थी। महर्षि दयानन्द, जो आर्यसमाज के निर्माता थे, हिंसा और अहिंसा के प्रपञ्च से निर्लिप्त थे। वे तो कहते थे कि जब आवश्यकता हो तब शक्ति का प्रयोग करना चाहिए। आर्यसमाजियों के लिए धर्म-संकट उपस्थित हुआ कि आर्यसमाज में रहें या कांग्रेस में। क्योंकि कांग्रेस में तो उनको अहिंसा के सिद्धान्त को स्वीकार करना पड़ता, परन्तु स्वामी जी की मृत्यु हो चुकी थी और गांधी जी का सितारा चमक रहा था, इसलिए लोग गांधी जी के अनुयायी हो गए।

(ङ) सिंध प्रान्त का विभक्तिकरण

1928 तक जिन्ना का प्रभाव बहुत बढ़ चुका था और गांधी जी ने देश और हिन्दुओं को नुकसान पहुँचा कर भी जिन्ना की बहुत-सी अनुचित माँगों को स्वीकार कर लिया था। गांधी जी ने सिंध को बम्बई से अलग करने की बात को भी मान लिया और इस प्रकार सिन्ध में हिन्दुओं को साम्प्रदायिक दानवों के हाथों सौंप दिया गया। बहुत से झगड़े कराची, सक्खर, शिकारपुर और सिंध के दूसरे स्थानों पर हुए और उनमें हिन्दुओं का ही व्यापक विनाश हुआ। हिन्दू-मुस्लिम एकता स्वप्न बनकर रह गया। महात्मा गांधी की हिन्दुओं के प्रति यह एक भयंकर भूल थी।

(च) मुस्लिम-लीग कांग्रेस से विदा

प्रत्येक पराजय के बाद गांधी जी हिन्दू-मुस्लिम एकता के लिए अधिक उत्साह और उग्रता से कार्य करने लगते थे। हारे हुए जुआरी की तरह वह अपने दाँव बढ़ाते गए कि किसी प्रकार जिन्ना को प्रसन्न किया जा सके और मुसलमान उनका नेतृत्व स्वीकार करें, परन्तु दिन-प्रतिदिन मुसलमान कांग्रेस से हटते गए, यहाँ तक कि 1928 के बाद लीग ने कांग्रेस से कोई सम्बन्ध रखने से ही इन्कार कर दिया। 1929 में जब कांग्रेस ने स्वतन्त्रता प्रस्ताव लाहौर में पास किया तब मुसलमान उसमें सम्मिलित नहीं हुए। इसके बाद हिन्दू-मुस्लिम एकता की आशा किसी को नहीं रही, परन्तु गांधी अपनी जिद्द पर अड़े रहे और मुसलमानों को हिन्दू-हितों की अधिक से अधिक बलि देते चले गए।

(छ) गोलमेज सम्मेलन तथा जातीयता

भारत और इंग्लैंड में जो अंग्रेज राजनीतिज्ञ थे उन्होंने यह अनुभव किया कि भारत में कुछ ऐसे सुधारों की आवश्यकता है जो भारत के विधान पर प्रभाव डाले। क्योंकि सिर्फ फूट डालने की नीति से भी अंग्रेजों का राज्य यहाँ पर सुरक्षित और स्थाई नहीं हो पा रहा था। 1929 के अन्त में उन्होंने गोलमेज सम्मेलन बुलाने का निश्चय किया और उसकी घोषणा कर दी। मैकडोनल्ड प्रधानमंत्री थे और लेबर पार्टी का मन्त्रिमण्डल था, परन्तु उन्हें यह सम्मेलन करने की बात देर से सूझी। सम्मेलन की घोषणा के अनन्तर लाहौर में स्वाधीनता का प्रस्ताव पास हो गया और कांग्रेस ने उस सम्मेलन का बहिष्कार कर दिया। कुछ मास पश्चात् नमक आंदोलन चला, जिससे बहुत जोश फैला और नमक का कानून तोड़ने पर लगभग 70 हजार लोग जेल में गए, परन्तु कांग्रेस ने शीघ्र ही उपरोक्त सम्मेलन का बहिष्कार करने पर पश्चात्ताप किया और 1931 में कराची में यह निर्णय हुआ कि केवल गांधी जी को कांग्रेस की ओर से सम्मेलन में भेजा जाए। **जो भी व्यक्ति सम्मेलन की कार्यवाही को पढ़ेगा वह भलीभांति समझ लेगा कि इस सम्मेलन की असफलता के एकमात्र कारण गांधी जी ही थे।** सम्मेलन में कोई निर्णय भारतीय जनता के पक्ष में नहीं किया, फिर भी गांधी जी ने मैकडोनल्ड को हिन्दू और मुसलमानों को अलग-अलग चुनाव अधिकार दे देने के लिए कहा जिससे कि देश में वह पारस्परिक फूट जो पिछले 24 साल से चल रही थी और उभर कर सामने आई। इस प्रकार गांधी जी भारतीय विधानमण्डलों के लिए हुए हिन्दू और मुसलमानों के पृथक्-पृथक् चुनावों के लिए उत्तरदायी हुए। गांधी ने इस प्रकार के पृथक्-पृथक् चुनावों के पीछे कोई विरोध नहीं किया। प्रत्युत सदस्यों को यह सलाह दी कि वे इस विषय में निष्पक्ष रहें। गांधी जी ने इस प्रकार उस हिंदू-मुस्लिम एकता पर कुल्हाड़ा चलाया जिसको वे पिछले 15 वर्षों से स्थापित करने की चेष्टा कर रहे थे। 1935 के एक्ट के अनुसार प्रांतों और केंद्र में हिन्दू और मुसलमानों के अलग-अलग अधिकारों को हमें मानना पड़ा। यह तो स्वाभाविक ही था कि जो लोग सांप्रदायिक रूप से चुने गए थे वह कट्टर विचारों के हों और सांप्रदायिक झगड़ों का अंत करने का कोई प्रयास न करें। ऐसे लोग राष्ट्रीयता का क्या निर्वाह करते? इस प्रकार हिन्दू और

मुसलमान अलग होते गए और एक-दूसरे के विरुद्ध कार्य करते रहे। प्रायः साम्प्रदायिक झगड़ों में हिन्दुओं को ही हानि पहुँची। लोग हिन्दू-मुस्लिम एकता से तंग आ गए, परन्तु गांधी जी अपने सिद्धांत पर अड़े रहे।

(ज) सत्ताग्रहण और सत्तात्याग

1935 के ऐक्ट के अनुसार 1 अप्रैल, 1937 से प्रान्तों को अलग अधिकार मिल गए। ऐक्ट में अंग्रेजों के अधिकार पूर्णतया सुरक्षित थे। जो अंग्रेज जिन पदों पर नियुक्त थे उनको वहीं लगे रहना था। इसलिए कांग्रेस ने पहले तो पदों को ग्रहण नहीं किया किन्तु जब देखा कि प्रान्तों में मन्त्रिमंडल बन रहे हैं, प्रान्तों में भली-भांति कार्य भी चल रहे हैं और छह प्रान्तों में मन्त्रिमण्डल अल्प-संख्या में होने पर भी अच्छी तरह कार्य कर रहे हैं तो कांग्रेस ने सोचा कि यदि उसने मन्त्रिमण्डलों में भाग नहीं लिया तो उसका महत्व जाता रहेगा, इसलिए उसने जुलाई, 1937 में पद ग्रहण करने का फैसला किया, परन्तु पद ग्रहण करते समय उसने मुस्लिम-लीग के मुसलमानों को मन्त्री नहीं बनाया, प्रत्युत वे मुसलमान लिए जो कांग्रेसी थे। यह कार्य उस दशा में तो ठीक था यदि चुनाव सारे देश में एक साथ और सामुदायिक आधार पर होते, किन्तु चुनाव तो पृथक्-पृथक् साम्प्रदायिक आधार पर हुए थे। लीग के चुने हुए प्रतिनिधियों का मन्त्रिमण्डल में न लेने से उन मुसलमानों का मन्त्रिमण्डल में कोई प्रतिनिधित्व नहीं रहा जिन्होंने लीगी प्रत्याशियों को चुन कर भेजा था। देश में मुसलमान अल्प-संख्या में थे, अतः यह ठीक नहीं था कि इतने मुसलमानों के चुने हुए लोग मन्त्रिमंडल में आ ही न सकें। कांग्रेस के मुसलमान वास्तव में मुसलमानों के प्रतिनिधि थे ही नहीं। इसलिए कांग्रेस-मन्त्रिमण्डल स्वतः हिंदू-मन्त्रिमण्डल हो गया। दूसरी ओर, मुसलमान कांग्रेस के अधीन रहने के लिए तैयार न थे। मुसलमानों को अपने अधिकारों की रक्षा की चिन्ता नहीं थी, क्योंकि गवर्नमेंट मुस्लिम-लीग की सहायता के लिए सदा तैयार थी। मन्त्रिमण्डल में जो लीग के सदस्य नहीं लिए गए उससे 1939 में, जब कांग्रेस ने त्याग पत्र दिया, जिन्ना ने बहुत लाभ उठाया। 1935 के ऐक्ट की धारा 93 के अनुसार सत्ता गवर्नरों के हाथ में आ गई और शेष प्रान्तों में सत्ता मुस्लिम-लीग के मन्त्रियों के हाथों में रही। गवर्नरों ने मुसलमानों

का पक्ष लेकर कार्य किया, क्योंकि मुसलमानों का पक्ष लेना तो अंग्रेजों की नीति का प्रमुख अंग था। हिन्दू-मुस्लिम एकता एक स्वप्न से अधिक कुछ नहीं थी, परन्तु गांधी जी ने इस बात की ओर फिर भी ध्यान नहीं दिया।

(झ) महायुद्ध की परिस्थिति का लोगों द्वारा उठाया हुआ लाभ

पाँच प्रांतों में तो मुस्लिम-मंत्रिमण्डल थे और 6 प्रांतों में मुसलमानों के पक्ष के गवर्नर थे। ऐसी दशा में मि. जिन्ना पूर्ण उग्रता से आगे बढ़े। कांग्रेस किसी न किसी रूप से युद्ध का विरोध करती थी, किन्तु लीग और जिन्ना की नीति स्पष्ट थी। वे निष्पक्ष रहे। अगले वर्ष लीग ने लाहौर में यह प्रस्ताव पास किया कि मुस्लिम-लीग केवल उसी हालत में युद्ध में सहयोग देगी जब कि भारत का विभाजन किया जाए और पाकिस्तान का प्रस्ताव स्वीकार किया जाए। लाहौर में लीग की बैठक के कुछ मास बाद वायसराय लार्ड लिनलिथगो द्वारा सरकार की नीति के विषय में घोषणा की गई कि सब दलों की सहमति के बिना भारत के विषय में कोई फैसला नहीं किया जाएगा। इस प्रकार वायसराय की घोषणा के अनुसार लीग और जिन्ना को भारत की राजनैतिक समस्याओं को सुलझाने में अन्तिम निर्णय का अधिकार मिल गया। इसके पश्चात् का कार्य और भी तीव्र हो गया। लीग ने मुसलमानों को सेनाओं में भर्ती होने से नहीं रोका था, इसलिए बहुत से मुसलमान भर्ती हो गए। पंजाब के मुसलमान तो यह चाहते ही नहीं थे कि उनकी संख्या सेना में किसी से कम हो। इस प्रकार मुसलमानों ने इस ध्येय से कि सेना में भर्ती हुए मुसलमान पाकिस्तान बनाने में मदद देंगे, सेना में भर्ती के विषय में कोई बाधा न डाली। (सर सिकन्दर हयात खाँ का भाषण पढ़ा गया) वह केवल एक ही बात चाहते थे कि उनकी स्वीकृति के बिना भारत के संविधान में कोई परिवर्तन न किया जाए और वर्ष 1940 में ही उनकी सबसे बड़ी इच्छा पाकिस्तान की स्थापना थी।

(ञ) क्रिप्स विभाजन-योजना को मान्यता

कांग्रेस को स्वयं यह पता न था कि वह युद्ध का विरोध करे या न करे? पक्ष में रहे या विपक्ष में? ऐसा आचरण कांग्रेस ने बार-बार किया। कभी भाषणों के रूप में, कभी लेखों के रूप में और कभी प्रस्तावों के रूप में। कांग्रेस के विषय

में सरकार जानती थी कि गवर्नमेंट की नीतियों पर टीका-टिप्पणी के अतिरिक्त वह और कुछ नहीं करना चाहती। 1942 तक युद्ध बड़ी सफलता से और बिना किसी बाधा के चलता रहा। लड़ाई के लिए सरकार को जितनी सामग्री, धन और मनुष्यों की आवश्यकता हुई, उसको मिलती रही। सरकार ने जो ऋण माँगे वे भी मिलते रहे। 1942 में क्रिप्स अपनी योजना लेकर आया जिसमें भारत-विभाजन का प्रस्ताव भी था। क्रिप्स की योजना असफल रही, किन्तु कांग्रेस कार्य-समिति ने बाद में विभाजन के सिद्धान्त को स्वीकार कर लिया। इसके पश्चात् ही इलाहाबाद में अखिल भारतीय कांग्रेस कार्यकारिणी की बैठक में बहुमत से विभाजन को ठुकरा दिया गया। जो लोग इसके पक्ष में थे, वे बहुत थोड़े थे, इनमें राजगोपालाचार्य और उनके साथी थे। मौलाना आजाद उस समय कांग्रेस के सभापति थे।

इलाहाबाद के प्रस्ताव के कुछ ही मास बाद उन्होंने घोषणा की कि कांग्रेस की कार्यसमिति ने पहले जो प्रस्ताव विभाजन के सिद्धांत को मानते हुए पास किया था उस पर इलाहाबाद के प्रस्ताव का कोई प्रभाव नहीं पड़ेगा। उस समय कांग्रेस की समझ में कुछ नहीं आता था कि क्या उचित है, क्या अनुचित है। सरकार मुस्लिम-मन्त्रीमण्डलों और मुसलमानों का पक्ष लेने वाले गवर्नरों द्वारा देश पर अच्छी प्रकार अपना अधिकार जमाए हुए थी। रियासतों के राजाओं ने युद्ध में सहायता की थी। पूँजीपति-वर्ग वैसे तो कांग्रेस के साथ सहानुभूति दिखाता था, परन्तु वास्तव में सरकार की जरूरत को पूरा करके सरकार का पक्ष ले रहा था। खद्दर का प्रचार करने वाले भी सरकार के हाथों कम्बल बेच रहे थे। कांग्रेस देख रही थी कि उसका प्रभाव समाप्त हो रहा है, क्योंकि कांग्रेस ने पदों से त्याग-पत्र दे दिया था और फिर भी सरकार अच्छी प्रकार चल रही थी।

(ट) कांग्रेस का 'भारत छोड़ो' और लीग का 'विभाजन करो' आंदोलन

जब गांधी जी निराश हो गए तब उन्होंने 'भारत छोड़ो' आंदोलन की योजना प्रस्तुत की जिसे कांग्रेस ने मान लिया। यह विदेशी राज्य के विरुद्ध सबसे बड़ा विद्रोह समझा गया। गांधी ने जनता को आज्ञा दी—'करो या मरो' (Do or Die)। कांग्रेस नेताओं को सरकार ने जेल में डाल दिया। कुछ सप्ताहों तक कांग्रेसियों

ने यत्र-तत्र कुछ गड़बड़ की और हिंसा की ओर बढ़े, परन्तु तीन सप्ताह में सरकार ने सम्पूर्ण आन्दोलन को कुचल दिया और आंदोलन का अन्त हो गया। कांग्रेस से सहानुभूति रखने वाले व्यक्ति और समाचार-पत्र नेताओं को छोड़ने की अपीलें करने लगे। गांधी जी ने छूटने के लिए व्रत रखा, परन्तु अंग्रेजों ने दो साल तक जब तक जर्मनी हार नहीं गया, भारतीय नेताओं को नहीं छोड़ा। जिन्ना ने 'भारत छोड़ो' आंदोलन का विरोध किया, क्योंकि वह मुसलमानों के लिए उसे हानिकारक समझता था। इसलिए उसने यह नारे लगवाने शुरू किये—'भारत का विभाजन करो और जाओ?' यह हुआ गांधी जी की हिन्दू-मुस्लिम एकता का अन्त।

(ठ) हिन्दी के विरुद्ध हिन्दुस्तानी

राष्ट्रभाषा के प्रश्न पर भी गांधी जी ने मुसलमानों का जिस प्रकार अनुचित पक्ष लिया उनका कोई और उदाहरण नहीं मिलता। किसी भी दृष्टि से देखा जाए, हिन्दी का अधिकार राष्ट्रभाषा बनने के लिए सबसे पहले है। जब गांधी जी ने भारत में सार्वजनिक कार्य प्रारम्भ किया तो उन्होंने भी हिन्दी को ही महत्व दिया था, परन्तु जब उन्होंने देखा कि मुसलमान हिन्दी को पसन्द नहीं करते तो उन्होंने अपनी नीति भी बदल दी और हिंदुस्तानी का प्रचार करने लगे। हिंदुस्तान का प्रत्येक व्यक्ति जानता है कि हिंदुस्तानी नाम की कोई भाषा कहीं नहीं है, न उस भाषा का कोई व्याकरण है और न शब्दावली। यह केवल हिन्दी और उर्दू की खिचड़ी है। पूरे प्रयत्न करके भी गांधी जी इस खिचड़ी को लोकप्रिय न बना सके। मुसलमानों को प्रसन्न करने के लिए उन्होंने इस बात पर बल दिया कि हिन्दुस्तानी को ही राष्ट्रभाषा बनाया जाए। अन्धे अनुयायी इसी भाषा का प्रचार करने लगे और यत्र-तत्र इस भाषा का प्रयोग भी किया जाने लगा। 'बादशाह राम' और 'बेगम सीता' जैसे शब्दों का प्रयोग होने लगा, परन्तु इस महात्मा में इतना साहस न था कि मिस्टर जिन्ना को महाशय जिन्ना कहकर पुकारे और मौलाना आजाद को महाशय आजाद कहे। उन्होंने जितने भी अनुभव प्राप्त किए वे हिन्दुओं की बलि देकर ही किए। वे हिन्दू-मुस्लिम एकता की खोज में बढ़ते जा रहे थे। मुसलमानों को प्रसन्न करने के लिए हिन्दी के सौंदर्य और मधुरता को नष्ट कर दिया गया, परन्तु बहुत से कांग्रेसी भी इस खिचड़ी को नहीं पचा सके। गांधी जी अपनी हिन्दुस्तानी की जिद

पर जमे रहे, परन्तु हिन्दू अपनी संस्कृति और मातृभाषा के ही भक्त रहे। वे गांधी जी के झांसे में न आए। उसका परिणाम यह हुआ कि हिन्दी-साहित्य-सम्मेलन में गांधी की एक न चली और उन्हें संस्था से त्याग-पत्र देना पड़ा। किन्तु गांधी का विषैला प्रभाव अब भी शेष है और आज भी भारत की सरकार यह निर्णय करते हुए झिझकती है कि देश की राष्ट्रभाषा हिन्दी को बनाया जाए या हिन्दुस्तानी को? साधारण बुद्धि वाले लोग भी स्पष्ट रूप से देख सकते हैं कि राष्ट्रभाषा वही हो सकती है जो 80 प्रतिशत जनता की भाषा हो, न कि वह जिसको 20 प्रतिशत भी न जानते हों। फिर भी गांधी जी मुसलमानों को सन्तुष्ट करने के लिए यह अनुचित कार्य करते थे। कितनी प्रसन्नता की बात है कि अब करोड़ों देशवासी हिन्दी और देवनागरी के पक्षपाती हैं। संयुक्त प्रांत (उत्तरप्रदेश) में हिन्दी को प्रांत की भाषा भी मान लिया गया है। भारत सरकार ने जो कमेटी बनाई है उसमें संविधान का शुद्ध हिन्दी में अनुवाद कर दिया है। अब यह देखना है कि कांग्रेस 'लेजिस्लेचर' में हिन्दी को स्वीकार करती है या गांधी के प्रति अपनी श्रद्धा प्रकट करने के लिए एक विदेशी भाषा को भारत जैसे विशाल देश पर थोपती है। वास्तव में हिन्दुस्तानी उर्दू ही है। केवल नाम का ही भेद है। गांधी जी में इतना साहस नहीं था कि हिन्दी की प्रतियोगिता में उर्दू का प्रचार कर सकें, इसलिए उन्होंने उर्दू को हिन्दुस्तानी के नाम से चलाने की घृणित चाल चली। उर्दू पर किसी भी देशभक्त ने प्रतिबन्ध नहीं लगाया, परन्तु उर्दू को हिन्दुस्तानी के नाम से लादना एक धोखा है और अपराध है। यह थी गांधी जी की करतूतें। हिन्दुस्तानी के रूप में एक ऐसी भाषा, जिसका कोई अस्तित्व नहीं, गांधी जी के कहने पर स्कूलों में पढ़ाई जाने लगी। इसलिए नहीं कि इससे कोई लाभ था, प्रत्युत इसलिए कि इससे मुसलमान खुश हो सकते थे। इससे अधिक साम्प्रदायिक अत्याचार और क्या होगा? यही है गांधी जी की सेवाएँ, हिन्दू-मुस्लिम एकता के लिए।

(ड) न गाओ 'वन्देमातरम्'

गांधी जी का सबसे बड़ा गुण यह था कि सम्पूर्ण हिन्दूराष्ट्र के सम्मान और भावनाओं को ठेस पहुँचाकर, न्याय और अन्याय का विचार न करके वे मुसलमानों के लिए सब कुछ कर देना चाहते थे। उनकी प्रबल इच्छा थी कि वे मुसलमानों के लीडर

बनें। यह कितनी लज्जाजनक बात है कि मुसलमान यह पसन्द नहीं करते थे कि 'वन्देमारतम्' का राष्ट्रीय गीत गाया जाए, इसलिए गांधी जी ने जहाँ वे कर सकते थे, उसे बन्द करा दिया। यह गीत पिछले सौ वर्षों से देश का लोकप्रिय गीत रहा है। बंगाली भारतीयों के लिए तो यह बहुत ही महत्वपूर्ण है। यह गीत लोगों को देश के लिए संगठित होने की प्रेरणा देता है। 1905 में जब बंगाल के विभाजन का विरोध हुआ तब से यह गीत बहुत लोकप्रिय है। बंगाली इसी गीत से मातृभूमि की सेवा के लिए शपथ लेते थे। प्रत्येक राष्ट्रीय समारोह का प्रारम्भ इसी पवित्र गीत से होता था। इसके सम्मान की रक्षा के लिए अनेक देशभक्तों ने अपार कष्ट सहे और अपने प्राणों का बलिदान दिया। अंग्रेज अधिकारी इस गीत के वास्तविक अर्थ को नहीं समझते थे। इसका अभिप्राय केवल मातृभूमि की वन्दना है। 40 वर्ष पूर्व सरकार ने कुछ समय तक इस पर प्रतिबन्ध लगा दिया था, परन्तु उस प्रतिबन्ध से यह गीत सम्पूर्ण भारत में लोकप्रिय हो गया। तभी से यह गीत कांग्रेस और अन्य राष्ट्रीय अधिवेशनों में गाया जाने लगा, किन्तु जब एक मुसलमान ने इस पर आपत्ति की तब गांधी जी ने सारे राष्ट्र की भावना को ठुकरा कर कांग्रेस पर दबाव डाला कि इस गीत के बिना ही काम चलाया जाए। इसलिए आज हम रवीन्द्रनाथ का 'जन गण मन' गीत गाते हैं और 'वंदेमातरम्' बन्द कर दिया गया है। क्या इससे भी पतित कोई काम हो सकता है कि ऐसे विश्व प्रसिद्ध कोरस को केवल इसलिए बन्द कर दिया जाए कि एक अज्ञानी हठधर्मी समुदाय उसे पसन्द नहीं करता। यदि इस विषय को उचित ढंग से लिया जाता तो अज्ञानियों का अज्ञान मिट जाता और उनको प्रकाश मिलता, परन्तु अपने 30 वर्षों के नेतृत्व में गांधी जी को ऐसा साहस कभी नहीं हुआ। उनकी हिन्दू-मुस्लिम एकता की नीति का एक ही अर्थ था कि मुसलमानों के आगे मस्तक झुकाते जाएँ और वे जो कुछ माँगें वह सब कुछ उन्हें दे दिया जाए, परन्तु इस प्रकार एकता न तो आई, न आ सकती थी।

(ढ़) शिवाबावनी पर प्रतिबन्ध

गांधी जी ने 'शिवाबावनी' जैसी साहित्यिक और ऐतिहासिक रचना पर भी प्रतिबन्ध लगावा दिया कि उसे लोगों के बीच न पढ़ा जाए। 'शिवाबावनी' 52 छंदों का एक

संग्रह है जिसमें छत्रपति शिवाजी महाराज की प्रशंसा गाई गई है और इस बात का वर्णन है कि किस प्रकार उन्होंने हिन्दू-धर्म और राष्ट्र की रक्षा की। 'शिवाबावनी' में एक छन्द है कि यदि शिवाजी न होते तो सारा देश मुसलमान हो जाता–

कुम्भकर्ण असुर अवतारी औरंगजेब,
काशी प्रयाग में दुहाई फेरी रब़ की।
तोड़ डाले देवी देश शहर मुहल्लों के,
लाखों मुसलमाँ किये माला तोड़ी सब की।
'भूषण' भणत भाग्यो काशीपति विश्वनाथ।
और कौन गिनती में भूली गति भव की।
काशी कर्बला होती मथुरा मदीना होती।
शिवाजी न होते तो सुन्नत होती सब की।

यह 'शिवाबावनी' लाखों के लिए आनन्द और स्फूर्ति का स्रोत है एवं साहित्य और इतिहास में अद्वितीय महत्व रखती है, परन्तु गांधी जी तो अपनी हिन्दू-मुस्लिम एकता की धुन में लगे हुए थे और इस ध्येय की पूर्ति के लिए हिन्दू संस्कृति, इतिहास और धर्म के दमन के अतिरिक्त उनके सामने कोई सरल मार्ग न था।

(ण) सुहावर्दी को संरक्षण : अन्याय की प्रकाष्ठा

मुस्लिम-लीग ने उस केन्द्रीय अस्थाई मन्त्रीमण्डल में सम्मिलित होने से इन्कार कर दिया, जिसको बनाने के लिए लार्ड वेवल ने नेहरू को आमन्त्रित किया था। इतना ही नहीं, मुस्लिम-लीग ने नेहरू सरकार के विरुद्ध 'सीधी कार्यवाही' करने के लिए कौन्सिल बनाई। नेहरू मन्त्रीमण्डल के निर्माण के दो सप्ताह पूर्व अर्थात् 15 अगस्त, 1946 को कलकत्ता में हिन्दुओं का व्यापक संहार किया गया जो बिना किसी रोकटोक के तीन दिन तक चलता रहा। इन दिनों की भयानक घटनाओं के रोमांचकारी चित्र प्रसिद्ध अंग्रेजी दैनिक 'स्टेट्समैन' ने प्रकाशित किए थे। उस समय यह सोचा जाने लगा कि जिस सरकार के काल में इतने अत्याचार हुए हों, उसको पद से अलग कर देना चाहिए। यह सरकार सुहरावर्दी की थी, परन्तु साम्यवादी गवर्नर ने भारत

सरकार की ऐक्ट धारा 93 के अनुसार गवर्नमेंट सम्भालने से इन्कार कर दिया। उस समय गांधी जी कलकत्ता गए और इन सब अत्याचारों की जड़ सुहरावर्दी से उन्होंने मित्रता स्थापित कर ली। वास्तव में गांधी जी वहाँ सुहरावर्दी और मुस्लिम-लीग का पक्ष लेकर ही गए थे। इन तीन दिनों में जब कि वहाँ पर हिन्दुओं का सर्वनाश हुआ, पुलिस ने लोगों की रक्षा करने के लिए कोई प्रयत्न नहीं किया और जिन लोगों का कर्त्तव्य जनता की रक्षा करना है, उन्हीं की आँखों के सामने कत्ल हुए, परन्तु गांधी जी ने इस पैशाचिक-कांड को साधारण घटना माना। उन्होंने सुहरावर्दी की बहुत अधिक प्रशंसा की और उसको 'शहीद' अर्थात् 'हुतात्मा' कहकर पुकारा। प्रायः दो ही मास पीछे नोआखाली और टिप्पेरा जिलों में काण्ड हुए। आर्यसमाज के प्रतिवृत्त के अनुसार 30,000 स्त्रियों को बलपूर्वक हिन्दू से मुसलमान बनाया गया। तीन लाख लोग मारे गए और करोड़ों रुपयों की सम्पत्ति लूट ली गई। यह सब हो जाने के पश्चात् गांधी जी ने नोआखाली का दौरा करने का निश्चय किया। यह सब जानते हैं कि सुहरावर्दी ने वहाँ गांधी की रक्षा की, परन्तु इस संरक्षण के होते हुए भी गांधी जी को इतना साहस न हुआ कि वे नोआखाली जिले की घटनाओं पर निर्भयतापूर्वक कुछ कह सकें। यह सब अत्याचार, सम्पत्ति की लूट, मनुष्यों का संहार आदि सुहरावर्दी प्रधानमंत्री होते वहाँ हुए थे, किन्तु इस महासंहार के आयोजक सुहरावर्दी को गांधी जी ने 'शहीद साहब' की पदवी दी।

(त) हिन्दू और मुस्लिम राजाओं में अन्तर

गांधी जी के अनुयायियों ने राजकोट और भावनगर के राजाओं के कथित अत्याचारों की पर्याप्त निन्दा की। गांधी जी के अनुयायियों ने ही कश्मीर में मुसलमानों को प्रोत्साहित किया कि वे हिन्दू राजा के विरुद्ध विद्रोह करें, परन्तु गांधी जी ने ऐसा कोई कार्य मुस्लिम रियासतों में नहीं किया। ग्वालियर में मुस्लिम-लीग ने एक षड्यन्त्र रचा जिसका परिणाम यह हुआ कि महाराज सिंधिया विवश हो गए कि विक्रम संवत्सर की दो सहस्रवीं वर्षगांठ न मनाएँ। यह घटना चार वर्ष पहले की है। यह विद्रोह साम्प्रदायिक उद्देश्य से किया गया था। वहाँ के महाराज बहुत उदार और दूरदर्शी थे, किन्तु कुछ समय पूर्व जब ग्वालियर में उपद्रव हुआ और मुसलमानों को थोड़ी-सी हानि पहुँची तब गांधी जी ने अनुचित रूप से महाराज की निंदा की।

(थ) गांधी जी का अनशन

1943 जेल में गांधी जी ने जब अनशन किया तो किसी व्यक्ति को भी राजनैतिक समस्याओं के विषय में उनसे मिलने नहीं दिया जाता था। केवल उनके निकट सम्बन्धी ही स्वास्थ्य के विषय में जानने के लिए मिलते थे। उन दिनों श्री राजगोपालाचार्य उनसे मिले और पाकिस्तान बनाने की योजना का उन्हें परामर्श दिया। गांधी जी ने उनको इस विषय में जिन्ना से बातचीत करने की आज्ञा दी। फिर 1944 में गांधी जी तीन सप्ताह तक जिन्ना से बातचीत करते रहे और उसने वर्तमान पाकिस्तान जैसी ही योजना उनके सामने रखी। गांधी जी प्रतिदिन जिन्ना के घर जाते थे और उसकी प्रशंसा करते थे, उससे गले मिलते थे, परन्तु जिन्ना अपनी पाकिस्तान की माँग से एक इंच न हटा। गांधी जी हिन्दू-मुस्लिम एकता चाहते थे, परन्तु सब कुछ इसके विपरीत हो रहा था।

(द) देसाई लियाकत संधि-पत्र

सन् 1945 में देसाई और लियाकत की कुख्यात संधि हुई। इसके पश्चात् तो कांग्रेस राष्ट्रीय संस्था रही ही नहीं। केन्द्रीय लेजिस्लेटिव असेंबली के कांग्रेस दल के नेता श्री भुलाभाई देसाई और मुस्लिम-लीगी दल के नेता मियाँ लियाकत अली ने अंग्रेजों से माँग की कि उन समस्याओं को सुलझाया जाए जो युद्ध समाप्ति के पश्चात् उग्र रूप धारण कर रही हैं। श्री देसाई ने यह काम किसी कांग्रेस नेता का परामर्श बिना लिए ही किया था क्योंकि कांग्रेस नेतागण तो 1942 के भारत छोड़ो प्रस्ताव के कारण बंदीगृह में पड़े थे। श्री देसाई ने बताया कि वे इस आधार पर वायसराय से मिले कि कांग्रेस और मुस्लिम-लीग को समान पद मिले। लार्ड वेवल के पास यह प्रार्थना-पत्र पहुँचा तो वे हवाई जहाज से लेबर गवर्नमेंट से इस सम्मेलन की आज्ञा लेने लन्दन गए और इस विषय में जो घोषणा हुई उसने तो सारे देश को ही मूर्ख बना दिया। वस्तुतः इससे कांग्रेस ने प्रजातन्त्र और राष्ट्रीयता के साथ बड़ा अनर्थ कर डाला। इससे भारत में प्रजातन्त्र का सदा के लिए अंत हो गया, और न्याय का नाम ही न रहा। कांग्रेस के अनुयायियों को यह योजना माननी पड़ी। कुछ समय पश्चात् यह पता चला कि इस संधि की आड़ में तो गांधी जी खेल रहे थे और उन्हीं के आशीर्वाद से यह सब कुछ हुआ था। संधि इस प्रकार थी :

(*i*) कांग्रेस और अन्य सब पार्टियाँ उस समय तक युद्ध में सहायता दें जब तक जापान पर विजय प्राप्त न हो।

(*ii*) एक मिली-जुली सरकार बनाई जाए जिसमें कांग्रेस और मुस्लिम-लीग के पाँच-पाँच सदस्य हों और अल्प-संख्यक जातियों, अर्थात्, सिखों और अछूतों के प्रतिनिधि अलग लिए जाएँ।

(*iii*) भारत छोड़ो आन्दोलन को बिना शर्त वापिस ले लिया जाए। जो नेता जेल में हैं उन सबको छोड़ दिया जाएगा।

(*iv*) जो कुछ भी सुझाव रखे जाएं वे 1935 के ऐक्ट की सीमा से बाहर न हों।

(*v*) वायसराय और गवर्नर जनरल की पदवी ज्यों की त्यों रहे। अर्थात् वे नई सरकार में भी सर्वोपरि सत्ताधीश हों।

(*vi*) युद्ध समाप्त होने पर आजादी की समस्या 'कौन्स्टीट्यूएण्ट असेम्बली' (Constitutent Assembly) द्वारा सुलझायी जाए।

(*vii*) यदि वर्तमान स्थिति में कोई परिवर्तन न किया गया तो वायसराय फिर से मन्त्रीमण्डल बना लेंगे। जिसके सब सदस्य भारतवासी ही होंगे।

जिन लोगों ने तीन वर्ष पहले पूर्ण स्वतन्त्रता के लिए 'भारत छोड़ो' आंदोलन खड़ा किया था और 'करो या मरो' के सिद्धांत पर चलकर विद्रोह किया था, उन्होंने चुपके से अंग्रेजों की सब शर्तें मानकर पद संभाल लिए। वास्तव में बात यह थी कि भारत छोड़ो आन्दोलन असफल हो चुका था और कांग्रेस के पास कोई प्रोग्राम न था। इसलिए जैसी स्थिति उस समय थी, कांग्रेस को वही स्वीकार करनी पड़ी। कांग्रेस का अस्तित्व एक प्रकार से मिट चुका था। इससे केवल जिन्ना को लाभ हुआ। द्विराष्ट्र सिद्धान्त और पाकिस्तान की माँग को प्रोत्साहन मिल गया। यद्यपि कांग्रेस असफल रही और गांधी को हिन्दू-मुस्लिम एकता कभी प्राप्त न हो सकी।

(ध) कैबिनेट मिशन प्लॉन

1946 के प्रारम्भ में 'कैबिनेट-मिशन' भारत आया। इसमें इंग्लैंड के भारत-मन्त्री श्री लारेंस, श्री ऑलेग्जेण्डर और श्री क्रिप्स थे। इसके भारत आने के विषय में

प्रधानमंत्री श्री एटली ने पार्लियामेंट में एक भाषण दिया और कहा कि अंग्रेजी गवर्नमेंट भारत की बागडोर भारतवासियों को ही सौंपना चाहती है, परन्तु इसके लिए यह आवश्यक है कि सब भारतवासी एक निर्णय पर पहुँच जाएँ। मिशन का घोषित कार्य सब दलों में संधि कराना था, परन्तु जो कुछ मिशन ने किया वह भारत के लिए बहुत हानिकारक रहा। कांग्रेस संगठित भारत चाहती थी, परन्तु कांग्रेस को अपने ध्येय और अपनी माँग पर आत्मविश्वास न था। दूसरी ओर, जिन्ना विभाजित भारत चाहता था और वह अपनी माँग पर अड़ा हुआ था। इन समस्याओं को सुलझाने में बहुत कठिनाई दिखाई देती थी, इसलिए मिशन ने सबसे बात की और फिर 15 मई, 1946 को अपने निर्णय की घोषणा कर दी। मिशन ने प्रकट रूप में संगठित भारत के प्रति शुभकामना प्रकट की, किन्तु प्रकारान्तर से अपनी योजना में पाकिस्तान के पूर्ण अंश भर दिए। उसने 6 धाराएँ ऐसी रखीं जिनको मानने पर भारत के दो टुकड़े हुए बिना नहीं रह सकते थे। चाहे यह विधान-परिषद चुने हुए व्यक्तियों से बना हो, फिर भी उसके द्वारा पूर्ण स्वतन्त्रता का विधान नहीं बनाया जा सकता था। कांग्रेस 'भारत छोड़ो' आन्दोलन की असफलता के बाद इतनी निराश हो चुकी थी कि वह कोई भी ऐसी योजना मानने को तत्पर थी जिसमें तनिक भी राष्ट्रीयता की झलक हो, इसलिए इस योजना को स्वीकार करके कांग्रेस ने प्रकारांतर से पाकिस्तान मान लिया, परन्तु योजना में पाकिस्तान शब्द का नाम न होने से वह सन्तुष्ट थी। कांग्रेस ने योजना को तो स्वीकार कर लिया, परन्तु केंद्रीय सरकार बनाने को तैयार न हुई। अन्त में कांग्रेस को सरकार बनानी पड़ी और बिना शर्त सारी योजना को स्वीकार करना पड़ा। जिन्ना ने अंग्रेजों को अन्यायी बताकर उनकी निन्दा प्रारम्भ कर दी। उधर मुस्लिम-लीग ने 'सीधी कार्यवाही' प्रारम्भ की। बंगाल, पंजाब, बम्बई और अन्य स्थानों पर मुसलमानों ने ऐसे रक्तपात, लूटपाट और अग्निकांड किए कि इतिहास में कहीं भी उनका उदाहरण देखने को नहीं मिलता। हानि केवल हिंदुओं की ही हुई। कांग्रेस ने उस समय अद्भुत नपुंसकता का परिचय दिया और वह किसी स्थान पर भी हिन्दुओं की रक्षा कर न सकी। गवर्नर जनरल को 1935 के ऐक्ट के अनुसार यह अधिकार था कि भारत के किसी भी भाग में शांति-भंग होने पर वह हस्तक्षेप कर सकता था, परन्तु वह भी निश्चित और निर्द्वन्द्व सब घटनाओं को देखता रहा। लाखों हिन्दू मारे गए, सहस्त्रों हिन्दू स्त्रियों और बच्चों को उठा

लिया गया। जिनमें से बहुत कम वापिस आए। करोड़ों रुपयों की सम्पत्ति लूट ली गई, जला दी गई या नष्ट कर दी गई, किन्तु गांधी जी की हिन्दू-मुस्लिम एकता का प्रेम तब भी उतना ही दूर रहा जितना पहले था।

(न) कांग्रेस जिन्ना की शरण में

अगले वर्ष ही कांग्रेस ने जिन्ना के सम्मुख आत्मसमर्पण कर दिया। पाकिस्तान मान लिया गया। जो कुछ उसके पश्चात् हुआ, वह सबको भली-भांति ज्ञात है। गांधी जी फिर मुसलमानों का पक्ष लेते रहे। जो लाखों हिन्दू लुटे-पिटे और नष्ट हुए, इस महात्मा ने उनके लिए एक शब्द भी न कहा। वह स्वयं को मानवता का सेवक कहता था, किन्तु उसके लिए मानवता के एकमात्र प्रतीक मुसलमान थे। हिन्दू उसकी मानवता के क्षेत्र में नहीं आते थे। इस विचित्र 'साधुवृत्ति' को देखकर मुझे आघात पहुँचा।

(प) पाकिस्तान पर द्वि-अर्थक वक्तव्य

अपने एक लेख में गांधी जी ने पाकिस्तान की कल्पना का कड़ा विरोध प्रकट किया, किन्तु वह दिखावा मात्र था। क्योंकि उसी लेख में वे स्पष्ट रूप में कहते हैं कि मुसलमान किसी भी मूल्य पर पाकिस्तान चाहते हों तो वह प्राप्त करने में उन्हें कौन रुकावट डाल सकेगा? इस कथन का अर्थ महात्मा ही जानें। क्या वह पाकिस्तान का पुरस्कार था? क्या वह पाकिस्तान की घोषणा थी? क्या वह पाकिस्तान की माँग का प्रतिरोध था?

(फ) कश्मीर के महाराज को कु-परामर्श

कश्मीर के विषय में गांधी जी सदा यह परामर्श देते रहे कि सत्ता शेख अब्दुल्ला को सौंप दी जाए। केवल इसलिए कि कश्मीर में मुसलमान अधिक संख्या में हैं। इसलिए गांधी जी का मत था कि महाराज हरीसिंह को संन्यास लेकर काशी चले जाना चाहिए, परन्तु हैदराबाद के विषय में गांधी की नीति भिन्न थी। यद्यपि वहाँ हिन्दुओं की संख्या अधिक थी, परन्तु गांधी जी ने कभी न कहा कि निजाम फकीरी लेकर मक्का चले जाएँ।

(ब) माउंटबेटन ने हिन्दुस्तान का विभाजन किया

15 अगस्त, 1946 के पश्चात् मुस्लिम-लीग के गुण्डों ने हिन्दुओं को लूटना प्रारम्भ कर दिया और जहाँ कहीं उनको अवसर मिला, वे नहीं चूके। यह दशा देखकर लार्ड वेवेल को औपचारिक दुःख तो हुआ, परंतु उसने इन अत्याचारों को रोकने के लिए कहीं भी अपने हस्तक्षेप-अधिकारों का प्रयोग नहीं किया, जो उसे 1935 के गवर्नमेंट-ऐक्ट के अनुसार प्राप्त थे। कराची से बंगाल तक हिन्दुओं का रक्त बहाया जाने लगा। केवल दक्षिण में मुसलमानों को किंचित उत्तर मिला। 2 सितम्बर, 1946 के पश्चात् कांग्रेस और मुस्लिम-लीग के सदस्यों की मिली-जुली सरकार चलती रही, परंतु दोनों दलों में सहयोग से काम नहीं होता था। मुसलमान सदस्यों ने यथासम्भव प्रयत्न किए कि किसी प्रकार सरकार काम न चला पाए। वे यह सिद्ध करना चाहते थे कि मिली-जुली हुकूमत काम नहीं कर सकती, परन्तु उन्होंने जितना असहयोग किया गांधी जी ने उनकी उतनी ही अधिक खुशामद की। लार्ड वेवेल दोनों पक्षों में समझौता नहीं करा सके। इसलिए उसे त्याग-पत्र देना पड़ा। उसकी आत्मा यह नहीं मानती थी कि भारत का विभाजन किया जाए। उसने स्पष्ट रूप से कहा भी कि विभाजन की कोई आवश्यकता नहीं है। उसके पश्चात् लार्ड माउंटबेटन आया। लार्ड माउंटबेटन दक्षिण पूर्व कमाण्ड का कमाण्डर था। वह एक सैनिकवृत्ति का व्यक्ति था। बहुत साहसी और धुन का पक्का था। वह भारत इस उद्देश्य से आया था कि कुछ न कुछ करना है और जो कुछ उसने किया, वह था भारत का विभाजन। उसे रक्तपात की कोई चिन्ता न थी। उसकी आँखों के सामने रक्त की नदियाँ बहीं। शायद उसका विचार था कि जितने हिन्दू मर रहे हैं, उतने शत्रु ही कम हो रहे हैं, क्योंकि हिन्दू ही उसकी योजना की पूर्ति में बाधा डाल रहे थे, इसलिए इस बात की ओर उसने लेशमात्र ध्यान नहीं दिया। जून, 1948 भारत को सत्ता सौंपने का समय बताया गया था। उससे पहले हिन्दुओं और मुसलमानों का खूब रक्त बह चुका था। कांग्रेस जो राष्ट्रीयता का जयघोष कर रही थी जिन्ना की तलवार के आगे झुक गई और गुप्त रूप से उसने पूर्ण पाकिस्तान स्वीकार कर लिया। सम्पूर्ण प्रजातंत्र रखा रह गया। भारत के टुकड़े कर दिए गए। 15 अगस्त, 1947 को भारत की तिहाई भूमि विदेशी बन गई। कांग्रेस क्षेत्र में लार्ड माउंटबेटन

को सभी वायसरायों में महान् वायसराय और गवर्नर जनरल बताया जाने लगा, क्योंकि उसने हिन्दुस्तान के तीन टुकड़े करके 30 जून, 1948 से 10 मास पहले ही कांग्रेस को सत्ता दे दी। यही वह उपलब्धि है जो गांधी जी के प्रयासों से 30 वर्षों में भारत को प्राप्त हुई। इसी को कांग्रेस स्वतंत्रता के नाम से पुकारती है। इतिहास में ऐसा कोई उदाहरण नहीं है कि इतना रक्तपात हुआ भी और फिर भी उसके परिणाम को शांतिपूर्वक सत्ता हस्तांतरण का नाम दिया जाए और उसे स्वतन्त्रता के नाम से पुकारा जाए। यदि 1946-47 और 48 की घटनाएँ भी शांति की द्योतक हैं तो पता नहीं अशांति किसे कहते हैं? हिन्दू-मुस्लिम एकता का बुलबुला अन्त में फूट गया और सांप्रदायिक आधार पर अलग देश बन गया। पं. नेहरू और उसके साथी इस स्वतन्त्रता का श्रेय अपने तथाकथित बलिदानों को देते हैं, परन्तु वास्तविक बलिदान तो जिनके हैं उन्हीं के रहेंगे।

(भ) गांधी जी और गोवध

गांधी जी गोरक्षा के लिए बड़ी तीव्र इच्छा प्रकट किया करते थे, परन्तु वास्तव में उन्होंने इस विषय में कुछ नहीं किया। प्रार्थना-सभा में वे जो भाषण देते थे उनमें एक भाषण में उन्होंने स्पष्ट रूप से यह मान लिया है कि वे गोरक्षा में असफल रहे हैं। उनके उस भाषण का अंश नीचे उद्धृत है—

''आज राजेन्द्र बाबू ने मुझे सूचना दी है कि उनके पास 50 हजार पोस्टकार्ड और पच्चीस-तीस हजार के लगभग तार आए हैं कि गोहत्या को कानून द्वारा बन्द कर दिया जाए। इस विषय में मैंने पहले भी एक बार कुछ कहा था। पता नहीं इतने पोस्टकार्ड और तार क्यों भेजे गए हैं? इनका कोई लाभ नहीं। भारत में गोहत्या रोकने के लिए कानून नहीं बनाया जा सकता। मैं अपनी इच्छा को उस मनुष्य पर कैसे लाद सकता हूँ जो अपनी इच्छा से गोहत्या नहीं छोड़ना चाहता? हिन्दुस्तान केवल हिन्दुओं का ही देश नहीं। यहाँ पर मुसलमान, ईसाई और पारसी, सब लोग रहते हैं। हिन्दुओं का यह सोचना कि हिन्दुस्तान केवल हिन्दुओं का ही देश है, बिल्कुल गलत है। यह देश उन सबका है, जो यहाँ रहते हैं। **मुझे एक कट्टर वैष्णव की बात याद है जो अपने पुत्र को गौ के मांस का रस दिया करते थे।**''

(म) तिरंगे झंडे का अपमान

कांग्रेस ने गांधी जी का सम्मान करने के लिए चरखे वाले झण्डे को राष्ट्रध्वज बनाया। सभी अवसरों पर इसी झण्डे को प्रणाम किया जाता था। प्रत्येक अधिवेशन में प्रचुर संख्या में तिरंगे लहराए जाते थे। इस ध्वज के बिना प्रभात-फेरी अधूरी मानी जाती थी। जब कांग्रेस की कोई विजय होती थी, चाहे वह वास्तविक हो या अवास्तविक, सब लोगों के भवन और दुकानें तिरंगे झंडों से सजाई जाती थीं। यदि कोई हिन्दू शिवाजी महाराज के भग्वे ध्वज को सम्मान देता था, जिस भग्वे ध्वज ने भारत को मुसलमानों के आधिपत्य से मुक्त कराया था, तो उस व्यक्ति को साम्प्रदायिक कहा जाता था। तिरंगे झण्डे ने न तो किसी हिन्दू स्त्री की लाज बचाई और न ही किसी हिन्दू मन्दिर को अपवित्र होने से बचाया, परन्तु फिर भी एक बार स्वर्गीय भाई परमानन्द द्वारा इस ध्वज को प्रणाम न किए जाने पर कांग्रेसी देशभक्तों ने उन्हें बुरा-भला कहा और सामूहिक रूप से उन पर आक्रमण भी किया गया। छात्रों ने तिरंगे ध्वज को विश्वविद्यालयों के भवनों पर लहरा कर इसका सम्मान किया था। बम्बई के एक मेजर को अपनी 'सर' की पदवी से केवल इसलिए हाथ धोना पड़ा कि उसकी स्त्री ने इस ध्वज को कार्पोरेशन बिल्डिंग पर लहरा दिया था। इस राष्ट्रध्वज के साथ कांग्रेस का इतना घनिष्ठ सम्बन्ध था कि जब नोआखाली और टिपेरा के 1946 के कांडों के पश्चात् गांधी जी नोआखाली का दोरा कर रहे थे तो वह ध्वज उनकी कुटिया पर भी लहरा रहा था, परन्तु जब एक मुसलमान को उस ध्वज के वहाँ लहराए जाने पर आपत्ति हुई तो गांधी जी ने तत्काल उसे उतरवा दिया। लाखों कांग्रेसियों एवं करोड़ों देशवासियों की इस ध्वज के प्रति श्रद्धा को उन्होंने इस प्रकार अपमानित किया। केवल इसलिए कि उस ध्वज को उतारने से एक कट्टर मुसलमान खुश होता था। फिर भी गांधी जी हिन्दू-मुसलमान एकता के ध्येय को प्राप्त नहीं कर सके।

भाग 3
गांधी जी और स्वराज्य

(71) बड़ी संख्या में लोग इस भ्रम में हैं कि भारतीय स्वतन्त्रता का आंदोलन 1914-15 में उस समय प्रारंभ हुआ जब गांधी जी जेल में गए और 15 अगस्त, 1947 को समाप्त हो गया जब 'राष्ट्रपिता' गांधी के नेतृत्व में स्वतंत्रता मिल गई। सहस्त्रों वर्षों के इतिहास में ऐसा कोई उदाहरण नहीं है जब इतने अधिक लोगों को धोखे में रखा गया हो और वे उस धोखे पर विश्वास करते गए हों। स्वतन्त्रता दिलाना तो दूर, गांधी जी ने भारत को ऐसी दशा में लाकर छोड़ दिया कि उसके

खण्ड-खण्ड हो गए और स्थान-स्थान पर रक्तपात होने लग गया। भारत में गांधी जी के पूर्व शताब्दियों में एक ऐसा स्वतंत्रता आंदोलन चल रहा था जो कुचला नहीं गया। 1818 में जब मराठा शक्ति क्षीण हो गई तो अंग्रेजों ने यह सोचा कि भारत में स्वतन्त्रता युद्ध समाप्त हो गया है, परन्तु उत्तरी भारत में सिखों की शक्ति उभर उठी। कालांतर में सिख परास्त हो गए तो 1857 के विद्रोह की तैयारियाँ होने लगीं। वह विद्रोह इतना अकस्मात् और इतनी तेजी से आया कि अंग्रेज काँप उठे। उन्होंने कई बार सोचा कि भारत को छोड़ दिया जाए। वीर सावरकर के '1857 का स्वतान्त्र्य समर' नामक ग्रन्थ के अनुसार भारतवासियों ने अंग्रेजों के आधिपत्य का अन्त करने के लिए प्रचंड पराक्रम किया और जब अंग्रेजों ने पुनः पैर जमाए तो कांग्रेस ने जन्म लिया और उसके मंच से देश ने अंग्रेजों को भारत पर राज्य करने के स्वप्न को चुनौती दी। 1885 से ही आहत राष्ट्र स्वतन्त्रता के लिए पुनः प्रयत्न करने लगा। पहले वैधानिक रूप से ये प्रयत्न किए गए और पीछे शस्त्रों द्वारा भी अंग्रेजों का प्रतिकार किया जाने लगा। खुदीराम बोस ने 1909 में बम फेंक कर देश की भावना को व्यक्त किया।

(72) गांधी जी भारत में 1914-15 में आए। इसके आठ वर्ष पूर्व ही भारत के अधिकांश भाग में क्रांतिकारी आंदोलन फैल चुका था। स्वतन्त्रता संग्राम का अभी अंत नहीं हुआ था। वह अब भी चिंगारियों की भांति सुलग रहा था। गांधी जी और उनके अहिंसा और सत्य के सिद्धान्तों से वह आंदोलन दुर्बल होने लगा, किंतु नेताजी सुभाषचन्द्र बोस और महाराष्ट्र, पंजाब तथा बंगाल के अन्य क्रांतिकारी नेताओं को धन्यवाद देना चाहिए कि लोकमान्य तिलक की मृत्यु के बाद गांधी जी का प्रभाव ज्यों-ज्यों बढ़ता गया, क्रांतिकारी आंदोलन भी साथ ही साथ प्रखर होता गया।

(73) इन लोगों ने जो कांग्रेस में थे और बीच की नीति पर वैधानिक रूप से चलते थे स्वतन्त्रता की ओर किंचित कुछ प्रगति की। 1892 में अंग्रेज विवश हो गए कि लैजिस्लेटिव कौंसिल बनावें। उसके पश्चात् 1909 में मिन्टोमोरले सुधारों द्वारा जनता के निर्वाचित प्रतिनिधियों को यह अधिकार मिले कि वे लैजिस्लेचर के काम में भाग लें। उसके बारह वर्ष पश्चात् प्रथम महायुद्ध के उपरान्त मोटेग्यू

चेम्सफोर्ड सुधार आए, जिससे प्रांतों को अधिकार मिले और निर्वाचित सदस्यों की संख्या बढ़ा दी गई और इस प्रकार स्थाई रूप से केंद्र और प्रांतों में उनको बहुमत मिल गया। 1935 में प्रांतों को पूर्ण अधिकार मिले। विदेशी विभाग, सेना और किसी सीमा तक अर्थ विभाजन को छोड़कर शेष सब विभागों में केंद्र में उत्तरदायित्वपूर्ण अधिकार मिल गए। गांधी जी को पार्लियामेंट के दलों में कोई रुचि न थी और उन्होंने सदा उनका 'बायकाट' किया, फिर भी संवैधानिक प्रगति 1935 तक थोड़ी ही सही, हुई। 1935 के ऐक्ट में वास्तव में बहुत त्रुटियाँ थीं। सबसे बड़ी त्रुटि तो यह थी कि अंग्रेजों के स्वार्थ को उस ऐक्ट ने पूर्ण रूप से सुरक्षित कर दिया और साम्प्रदायिक ताकतों को अधिक प्रोत्साहन दिया गया।

(74) इस ऐक्ट में दूसरा दोष यह था कि इसके अनुसार गवर्नरों एवं गवर्नर-जनरल को 'वीटो' अर्थात् निर्णय का अधिकार दे दिया गया था। फिर भी यह निश्चित है कि यदि गांधी जी उसका वायकाट न करते तो हमको यह स्वतन्त्रता जो अब तक एक तिहाई भारत को खोकर मिली, बहुत पहले अखण्ड रूप में मिल जाती।

(75) मैं उस क्रांतिकारी दल का पहले ही उल्लेख कर चुका हूँ जो कांग्रेस से अलग था। बहुत से प्रसिद्ध कांग्रेसी इससे सहानुभूति रखते थे। यह दल सदा ही देश को अंग्रेजों की दासता से दूर करने में लगा रहा। सन् 1918-19 में प्रथम युद्ध के काल में, कांग्रेस पार्टी वैधानिक ढंग से लड़ती रही और क्रांतिकारी दल अपना कार्य करता रहा। साथ ही साथ यूरोप और अमेरिका में गदर पार्टी जर्मनी आदि देशों की सहायता से भारत से अंग्रेजों को निकालने की योजना पर कार्य कर रही थी। 'कामागाटा मारु' की घटना को सब भलीभांति जानते हैं और यह भी सच है कि मद्रास के पास जो गोलाबारी हुई वह जर्मन कमांडर की सहायता से हुई, परन्तु 1920 से गांधी ने शस्त्र के प्रयोग की निरन्तर निन्दा की, और वे भूल गए कि कुछ वर्ष पहले उन्होंने ही अंग्रेजों की सेना में सैनिक प्रविष्ट कराने में कितना परिश्रम किया था। फिर भी रौलट रिपोर्ट में लिखा गया कि हिन्दुस्तान में क्रांतिकारियों की संख्या अधिक है। **1906 से 1918 तक क्रांतिकारियों ने अंग्रेजों और उनके पिट्ठुओं को गोली का निशाना बनाया और अंग्रेज भयभीत रहने**

लगे। वे यहाँ अपना जीवन सुरक्षित नहीं समझते थे। उसके बाद मौंटेग्यू भारत मंत्री होकर आया। उसने भारत को अधिकार देने का वायदा किया, किन्तु वह क्रांतिकारी जोश को ठंडा न कर सका। 1919 में सुधार आए, परन्तु इसके पश्चात् ही जलियाँवाले बाग की दुर्घटना हुई जिसमें निशस्त्र जनता की सभा पर डायर ने यह कहकर गोलियाँ चलवाईं कि सभा रोलट-ऐक्ट के विरोध में हो रही थी। सर मायकल ओडायर ने उन लोगों को कुचल दिया जिन्होंने रोलट-ऐक्ट के विरुद्ध कुछ भी किया, किंतु 20 वर्ष पश्चात् उसे अपनी करतूतों का फल चखना पड़ा, जब सरदार ऊधमसिंह ने लंदन में उसे गोली से उड़ा दिया। मदनलाल ढींगरा, भरतसिंह, बी.के. दत्त, चंद्रशेखर आजाद, राजगुरु और सुखदेव उन वीरों में से हैं जिन्होंने विदेशी राज्य को प्रकंपित किया। कुछ ने तो उस समय काम किया था जब महात्मा गांधी को कोई जानता तक न था। कुछ ने तब काम किया था जब गांधी जी कांग्रेस के वैधानिक आन्दोलन के नेता थे।

(76) मैं पहले ही कह चुका हूँ कि क्रांतिकारी आंदोलन बंगाल और महाराष्ट्र से चलकर पंजाब तक पहुँच चुका था। जो लोग इस आंदोलन में काम करते थे वे ऐसे-वैसे घरों के बालक न थे। वे पढ़े-लिखे थे और संभ्रांत समाज से संबंध रखते थे। मातृभूमि की स्वतंत्रता की वेदी पर अपने सुख-सुविधाओं में पले हुए जीवन की बलि देने वाले वे वीर सच्चे हुतात्मा थे। उन्हीं के रक्त से भारतीय स्वातंत्र्य मंदिर की नींव सींची गई है। लोकमान्य तिलक ने स्वतन्त्रता आंदोलन को संगठित किया। महात्मा ने तो बने बनाए का लाभ प्राप्त किया है। मुझे पूर्ण विश्वास है कि 1909 से 1935 तक विधान में जितने भी सुधार हुए, वे क्रांतिकारी आन्दोलन के कारण हुए।

(77) गांधी जी की शांति की नीति पर चलने वाले लोग क्रांतिकारी आंदोलन को निंदनीय समझते थे। गांधी जी ने अपने प्रत्येक भाषण और लेख में क्रांतिकारी आंदोलन की निन्दा की, इसके विपरीत भारत की जनता हृदय से क्रांतिकारियों की सराहना करती रही। क्रांतिकारियों की तो एक ही नीति थी कि राष्ट्र को विदेशी शासकों के विरुद्ध युद्ध करना चाहिए। इनके साथ कोई संधि नहीं हो सकती। विदेशी आधिपत्य उसके लिए चुनौती है। क्रांतिकारी की दृष्टि में विदेशी राजा को

यहाँ का नागरिक मानना या उससे संधि करना मूर्खता है। गांधी जी ने स्वतन्त्रता-प्राप्ति में शस्त्र प्रयोग की जितनी निंदा की उतना ही क्रांतिकारी आन्दोलन लोकप्रिय होता गया। यह बात मार्च, 1931 के कांग्रेस के कराची अधिवेशन से स्पष्ट है। गांधी जी के कठोर विरोध के बावजूद भगतसिंह के उस साहस की प्रशंसा करते हुए एक प्रस्ताव पास किया गया जो उन्होंने 1929 में लैजिस्लेटिव असैम्बली में बम फेंककर दिखाया था। गांधी जी इस पराजय को नहीं भूले और कुछ मास पश्चात् जब श्री गोगटे ने बम्बई के गवर्नर हॉटसन पर गोली चलाई तब उन्होंने अखिल भारतीय कांग्रेस कमेटी की बैठक में कहा कि हॉटसन पर गोली चलाने का मुख्य कारण वह प्रशंसा का प्रभाव है जो कराची में भगतसिंह के लिए पास किया गया था। गांधी जी के इस कथन का विरोध श्री सुभाषचन्द्र बोस ने उसी बैठक में किया। इसी से गांधी जी उनको अपना विरोधी समझने लगे और यह समझ लिया कि यह सच्चा देशभक्त उनके किसी काम का नहीं है। भारत की स्वतन्त्रता में क्रांतिकारी दल को सर्वाधिक श्रेय है। जो लोग यह कहते हैं कि गांधी जी के परिश्रम से स्वतन्त्रता मिली, वे केवल कृतघ्नता ही नहीं करते प्रत्युत एक झूठा इतिहास बनाना चाहते हैं। 1895 के बाद स्वतन्त्रता के युद्ध का सच्चा इतिहास उस समय तक नहीं लिखा जा सकेगा जब तक सत्ता गांधीवादियों के हाथ में है, तब तक देशभक्त नवयुवकों के महान् कार्य को अन्धकार में ही रखा जाएगा, परन्तु यह बिल्कुल सत्य है कि उन्होंने बहुत ही प्रशंसनीय कार्य किया था।

(78) गांधी जी केवल उन्हीं का विरोध नहीं करते थे जो स्वतन्त्रता प्राप्ति के लिए शस्त्र प्रयोग करना चाहते थे बल्कि उन लोगों का भी कड़ा विरोध करते थे जिनके विचार गांधी जी के विचारों से भिन्न थे। गांधी जी की अप्रसन्नता के एक पात्र सुभाषचन्द्र बोस भी थे। जहाँ तक मुझे पता है सुभाषचन्द्र छह वर्षों तक जब देश से बाहर रहे तो गांधी जी ने उन पर प्रतिबन्ध का कोई विरोध नहीं किया। सुभाषचन्द्र बोस अध्यक्ष पद पर रहते हुए गांधी जी की नीति पर नहीं चले। फिर भी सुभाषचन्द्र बोस इतने लोकप्रिय हुए कि गांधी जी की इच्छा के विपरीत डॉ. पट्टाभि सीतारमैया के विरोध में प्रबल बहुमत से चुने गए और डॉ. पट्टाभि सीतारमैया के आंध्र से भी सुभाष बोस को ही अधिक मत मिले। गांधी जी को क्षोभ हुआ,

उन्होंने कहा कि ''सुभाष की जीत गाँधी की हार है।'' गाँधी जी के मन में विष भर आया और द्वेषाग्नि में जलते हुए वे त्रिपुरा कांग्रेस अधिवेशन में नहीं गए और बहानेबाजी से राजकोट में धूर्ततापूर्वक अनशन और सत्याग्रह छेड़ कर बैठ गए। जिस समय तक सुभाष बोस को कांग्रेस अध्यक्ष की गद्दी से नहीं उतार दिया गया तब तक उनका क्रोध शांत नहीं हुआ।

(79) सुभाष बोस के दूसरी बार कांग्रेस अध्यक्ष चुने जाने और यहाँ से बाहर जाने की घटनाएँ यह प्रकट करती हैं कि गांधी जी किस प्रकार धूर्ततापूर्वक कांग्रेस से अपना काम निकाल लेते थे। 1934 के बाद गांधी जी बार-बार यही कहते रहे कि वे तो कांग्रेस के चार आने के सदस्य भी नहीं हैं और उनका कांग्रेस से कोई सम्बन्ध नहीं है, किन्तु सुभाष जब दूसरी बार कांग्रेस अध्यक्ष चुने गए तब गांधी जी के क्रोध से यह पता चला कि वे ही कांग्रेस हैं और हर कार्य में खूब हस्तक्षेप करते थे जब कि वे कहते यह थे कि उनका कांग्रेस से कोई सम्बन्ध नहीं है और वह उसके सदस्य तक नहीं हैं। झूठ बोलने का इससे सुन्दर उदाहरण और कहाँ मिलेगा?

(80) जब 8 अगस्त, 1942 को गांधी जी ने कांग्रेस से भारत छोड़ो आंदोलन चलवाया तो अनेक नेताओं को सरकार ने तत्काल जेल भेज दिया और वे कुछ भी न कर पाए। आंदोलन वहीं कुचल दिया गया। कांग्रेस में कुछ लोग ऐसे थे जो गुप्त रूप से काम करने लगे। ये लोग गांधी के सिद्धान्तों पर चलकर जेल नहीं जाना चाहते थे, बल्कि बाहर रहकर यह चाहते थे कि लूट-पाट और तोड़फोड़ से सरकार को जितनी हानि पहुँचाई जा सके पहुँचाई जाए। ये लोग शस्त्र प्रयोग करने को भी तैयार थे और अंग्रेजों का संहार भी उनके कार्यक्रम के बाहर नहीं था। क्योंकि गांधी ने कहा था–'करो या मरो' जिसका अर्थ इस दल ने लगाया कि जितनी बाधाएँ सरकार के मार्ग में डाली जा सकें, डाली जाएँ। वास्तव में उन्होंने वह सब कुछ किया जिससे युद्ध की तैयारी में बाधा पड़े। पुलिस थानों को जला दिया। डाकखानों को बेकार कर दिया। उत्तरी बिहार और अन्य स्थानों पर 900 स्टेशनों को या तो फूँक दिया या बेकार कर दिया गया और राज्य प्रबन्ध का कुछ समय के लिए तो अन्त ही हो गया।

(81) यह बल प्रयोग अहिंसा और सत्याग्रह के सिद्धान्तों के विरुद्ध था, लेकिन तब गांधी इस विषय में मौन रहे। यदि वे इसका विरोध करते तो जनता में अलोकप्रिय होते। क्योंकि जनता अहिंसा आदि का विचार नहीं कर रही थी और यदि वे इसको प्रोत्साहन देते तो अहिंसा का सिद्धान्त टूटता था। वास्तव में भारत छोड़ो आंदोलन का महत्व ही यह है कि उस समय लूट-मार विनाश-कार्य हुए। यह आंदोलन प्रारम्भ होने के कुछ सप्ताहों में ही गांधी जी की अहिंसा का अन्त हो गया। अगस्त, 1942 के बाद कुछ सप्ताहों में जो भी हुआ वह गांधी जी की विचारधारा के प्रतिकूल था। गांधी जी की यह विचित्र अहिंसा थी कि वे करने या मरने के लिए कह रहे थे। गांधी जी को इस हिंसा की उस समय निंदा करनी पड़ी जब सन् 1943 में लार्ड लिनलिथगो ने अपने पत्र-व्यवहार में गांधी जी से स्पष्ट रूप से पूछा कि वे 1942 की हिंसा को उचित समझते हैं या नहीं। जो हानि या तोड़फोड़ हुई और युद्ध की तैयारी में बाधा आई वह हिंसा चाहने वाले कांग्रेसियों द्वारा आई, न कि अहिंसा के पुजारी गांधीवादियों द्वारा। उनकी अहिंसा असफल हो गई थी, किन्तु हिंसा किसी सीमा तक सफल हुई। जेल से गांधी जी को हिंसा की निंदा करनी पड़ी। आजादी के लिए क्रांतिकारी संघर्ष को गांधी जी ने निर्बल कर दिया। गांधी जी का अन्त तो अगस्त, 1942 के पश्चात् ही हो चुका था।

(82) उस समय तक सुभाष जो जनवरी, 1941 में गुप्त रूप से भारत से चले गए थे अफगानिस्तान के मार्ग से बर्लिन होते हुए जापान पहुँचे। सुभाष बोस को काबुल जाने में और फिर बर्लिन जाने में जो कठिनाइयाँ हुईं वे उत्तमचंद मल्होत्रा ने अपनी पुस्तक 'नेताजी जियाउद्दीन के रूप में' बहुत स्पष्ट रूप में लिखी हैं। बोस ने बर्लिन पहुँचने में बड़ी कठिनाइयों का सामना किया। रोमांचकारी साहस दिखाया। 1942 में जब क्रिप्स भारत आया तो सुभाष जापान पहुँच चुके थे और भारत पर हमले की तैयारी कर रहे थे। जब सुभाष बर्लिन गए तो हिटलर ने भारत के सर्वोच्च शासक की उपाधि उन्हें प्रदान की और जापान पहुँचे तो उन्होंने जापानियों को अंग्रेजों के विरुद्ध भारत पर हमले में सहायता के लिए तैयार पाया। जापान पहले ही अमरीका के पर्ल हारबर पर आक्रमण करके जर्मनी की ओर से युद्ध में

सम्मिलित हो चुका था। जर्मनी ने रूस के विरुद्ध लड़ाई की घोषणा कर दी। जापान, मलाया की रियासतों और पूर्व के अन्य भागों में जो भारतवासी रहते थे उन्होंने सुभाष का हृदय खोलकर स्वागत किया। उनकी पूरी सहायता की।

(83) जापान ने बर्मा, डचों के पूर्वी टापू, मलाया और अंडमान टापुओं पर अपना अधिकार जमा लिया था। सुभाष ने भारत से सम्बन्धित स्थानों पर स्थाई सरकार चलाई और 1944 में वे इस योग्य हो गए कि जापानियों की सहायता से भारत पर आक्रमण कर दें। सुभाष के नेतृत्व में भारतीय सेना देश के द्वार पर गरज रही थी और मणिपुर और आसाम के कुछ हिस्सों में घुस चुकी थी। आजाद हिन्द में वे लोग थे जो या तो जापान की कैद से आकर सेना में प्रविष्ट हो गए थे या वहाँ पर पहले से रहते थे। माना कि आजाद हिंद सेना हार गई, परन्तु सुभाष का कोई दोष न था। बड़ी वीरता से लड़े, किन्तु सुभाष की सेना के पास आधुनिक लड़ाई की सामग्री न थी। बहुत आदमी भूख और रोगों से मर गए। क्योंकि औषधियों का भी उचित प्रबन्ध न था, परन्तु जो भावनाएँ सुभाष ने उन लोगों में भर दीं थीं, आश्चर्यजनक थीं। लोग उनको प्यार से 'नेताजी' कहते थे और सारे देश ने उनका उद्घोष 'जयहिंद' मंत्र के समान ग्रहण कर लिया था।

(84) गांधी जी इस बात के विरोधी थे कि सुभाष बोस अंग्रेजों को भगाने के लिए भारत पर आक्रमण करें। मक्कार नेहरू को भी यह बात पसंद न थी कि भारत पर जापान की सहायता से आक्रमण किया जाए। चाहे भारतीय कांग्रेस और सुभाष के बीच कितने ही मतभेद रहे हों, जनता के हृदय में जितना स्नेह सुभाष के प्रति था उतना किसी दूसरे के प्रति नहीं था। यदि 1945 में सुभाष भारत आ जाते तो सारा देश उनके चरणों में आँखें बिछा देता और सबको छोड़कर उनके पीछे हो लेता, परन्तु गांधी का भाग्य फिर चमका। 1920 में लोकमान्य तिलक की मृत्यु हुई और गांधी जी सारे देश के नेता बन गए। सुभाष की विजय गांधी को कुचल देने वाली पराजय सिद्ध होती, किन्तु यहाँ भी गांधी के भाग्य ने साथ दिया। सुभाष की मृत्यु भारत से बाहर हो गई। तब कांग्रेस के लिए यह सरल हो गया कि सुभाष और उसके साथियों की प्रशंसा करें और आजाद हिंद सेना के जिन तीन अफसरों पर लालकिले में मुकदमा चलाया जा रहा था

उनको बचाने का यत्न करके सुभाष-प्रेमी बनकर प्रशंसा प्राप्त करें। अब तो नेहरू ने भी सुभाषचन्द्र के उद्घोष 'जयहिंद' को अपना लिया। सुभाष और आजाद हिंद सेना के नाम पर अपने स्वार्थ सिद्ध किए और इन्हीं नामों के बल पर 1946 के चुनाव जीते। इसके अलावा उन्होंने आश्वासन दिया कि हम पाकिस्तान का विरोध करेंगे। इन दो अभिवचनों के लिए I.N.A. ने सुभाष सेना को निश्चित ही आदर दिलवाया लेकिन अन्त में गांधी और नेहरू पाकिस्तान के सामने झुके और वचन भंग किया।

(84) मुस्लिम-लीग देश की शान्ति को भंग कर रही थी और हिंदुओं पर अत्याचार कर रही थी। ऐसा मालूम होता था कि लार्ड वेवेल का इन बातों से कुछ संबंध नहीं है। कांग्रेस इन अत्याचारों को रोकने के लिए कुछ करना नहीं चाहती थी, क्योंकि वह मुसलमानों को प्रसन्न रखना चाहती थी। गांधी जी जिस बात को अपने को अनुकूल नहीं पाते थे, उसे दबा देते थे। इसीलिए मुझे यह सुनकर आश्चर्य होता है कि आजादी गांधी ने प्राप्त की। मेरा विचार है मुसलमानों के आगे झुकना आजादी के लिए युद्ध करना नहीं था। इससे तो अपना ही सत्यानाश हुआ और देश का एक तिहाई भाग हाथ से जाता रहा। स्वराज्य प्राप्त करने में गांधी जी का कोई हाथ नहीं है। वह देशभक्त थे, परन्तु उनके प्रचार का प्रभाव विपरीत हुआ। उनके नेतृत्व ने देश को उल्लू बनाया। मेरे विचार में देशभक्त सुभाष थे, जिन्होंने देशभक्ति की सच्ची ज्वाला प्रज्ज्वलित की और जब आवश्यकता समझी तो शक्ति का भी प्रयोग किया। गांधी और उनके साथी सुभाष को नष्ट करना चाहते थे। वह इसलिए कि महात्मा गांधी भारतीय स्वतन्त्रता के शिल्पी कहलाए।

(86) अंग्रेजों के भारत छोड़ने के तीन कारण हैं और उनमें गांधी जी की कोई भूमिका नहीं है। इन तीन कारणों का विवरण इस प्रकार है—

(क) 1857 से 1932 तक का क्रांतिकारी आंदोलन और उसके पश्चात् गांधी जी के सिद्धांतों के विरुद्ध 1942 का विद्रोह और तदुपरांत सुभाष बोस के महानतम कार्य जिनसे भारतीय सेनाओं में विद्रोह की भावना जागृत हुई और अंग्रेजी राज्य की जड़ें हिलाई जा सकीं। गांधी जी प्रारम्भ से अंत तक सबके विरुद्ध रहे।

(ख) स्वतंत्रता का दूसरा श्रेय उनको है जो असेम्बली में संवैधानिक रूप से अधिकारों के लिए लड़े। इस वर्ग का यह सिद्धान्त था कि जो कुछ मिले उसे ले लिया जाए और अधिक के लिए माँग की जाए। इसमें लोकमान्य तिलक, एन. सी. केलकर, श्री सी.आर. दास, विट्ठलभाई पटेल, पं. मदनमोहन मालवीय और भाई परमानन्द जो गत दस वर्षों से हिन्दू-महासभा के नेता रहे, लेकिन इस वर्ग का गांधी ने सदा मजाक उड़ाया। वे कहते रहे कि यह लोग नौकरियों के पीछे फिरते हैं, परन्तु अंत में गांधी ने भी वही सब कुछ किया जो ये लोग कहते और करते रहे थे।

(ग) तीसरा महत्वपूर्ण कारण है इंग्लैंड में लेबर पार्टी के हाथ में सत्ता का आना। चर्चिल के हाथ से सत्ता चली गई थी और युद्ध के खर्चे के भार से इग्लैंड की आर्थिक स्थिति दयनीय हो गई। यह प्रबलतम कारण था जिनसे अंग्रेजों को भारत छोड़ना पड़ा।

(87) जब तक देश गांधी की नीति पर चलता रहा, वह उलझनों में ही पड़ा रहा। गांधी ने क्रांतिकारी आंदोलन का, व्यक्तियों का और दलों का विरोध किया और चरखा, अहिंसा और सत्याग्रह जैसी निरर्थक वस्तुओं को महत्व दिया। 24 वर्ष तक गांधी जी चरखे की रट लगाते रहे, लेकिन उसका केवल यही एक परिणाम हुआ कि सर्व-साधारण द्वारा मशीन से बना हुआ कपड़ा तीन गुनी मात्रा में बरता जाने लगा। चर्खे के कपड़े से अब भी एक प्रतिशत आदमियों का काम नहीं चल सकता। जहाँ तक अहिंसा का सम्बन्ध है, यह सोचना तो बड़ी मूर्खता है कि 40 करोड़ आदमी इतने उच्च्व विचारों के हो जाएँ कि वे अहिंसा के अनुसार आचरण करने लगें। इस अहिंसा की दुर्दशा 1942 में हुई। जहाँ तक सत्य का सम्बन्ध है एक साधारण व्यक्ति भी उतना सत्यावादी है जितना अन्य कोई कांग्रेसी। कई बार तो जो कुछ कांग्रेसी कहते हैं, वास्तव में असत्य होता है, यद्यपि ऊपर से वह सत्य दिखाई देता है।

भाग 4
आदर्शवाद की विफलता
(Failure of Idealism)

(88) गांधी जी के 'हिन्दू-मुस्लिम एकता' सिद्धान्त का महत्व तो उसी समय नष्ट हो गया जिस समय पाकिस्तान बना। प्रारम्भ से मुस्लिम-लीग का मत था कि भारतवर्ष एक देश नहीं है। हिन्दू-मुस्लिम एकता से गांधी जी का अभिप्राय यह था कि दोनों मिलकर आजादी की लड़ाई में काम करें। हिन्दू तो उनके परामर्श पर चलते रहे, किन्तु मुसलमानों ने गांधी की ओर ध्यान नहीं दिया और अपने व्यवहार से वे सदा हिन्दुओं का अपमान और अहित करते रहे और अन्त में देश दो टुकड़ों में बंट गया।

(89) गांधी और जिन्ना के परस्पर संबंध भी ध्यान देने योग्य हैं। जब 1920 में जिन्ना राष्ट्रीय विचारों को छोड़कर कांग्रेस से अलग हो गया और अलग मुस्लिम लीग बना ली तो स्पष्ट शब्दों में घोषणा की कि मुसलमानों को कांग्रेस का विश्वास नहीं करना चाहिए। जिन्ना ने स्वयं को मुसलमानों का हितैषी घोषित करते हुए यह प्रचार प्रारम्भ किया कि मुसलमानों को कांग्रेस के साथ स्वतन्त्रता युद्ध में हिन्दुओं की सहायता नहीं करनी चाहिए। उसने यह सब खुल्लमखुल्ला कहा और पाकिस्तान की मांग सामने रखी। वह स्पष्ट शब्दों में कहता था कि देश के टुकड़े करो।

(90) गांधी जी जिन्ना से बहुत बार मिलने गए। वह सदा उसको भाई जिन्ना या 'कायदेआजम' कहकर पुकारते रहे, परन्तु ऐसा अवसर कभी नहीं आया जब जिन्ना ने उनसे सहयोग की इच्छा प्रकट की हो, जबकि गांधी ने उसे सारे भारत की बागडौर सौंप देने तक का प्रस्ताव रख दिया।

(91) गांधी जी की आध्यात्मिक शक्ति और उनकी अहिंसा, उनकी महिमा में बहुत कुछ कहा जाता है, जिन्ना की दृढ़ता के आगे वह आध्यात्मिक शक्ति शक्तिहीन सिद्ध हुई।

(92) जब गांधी जी यह देख चुके थे कि वे अपनी आध्यात्मिक शक्ति से जिन्ना को प्रभावित नहीं कर सकते तो उन्हें चाहिए था कि या तो अपनी नीति बदल लेते या हार मान लेते और दूसरों को अवसर देते कि वे जिन्ना और मुस्लिम-लीग से निपटे। गांधी जी इतने प्रामाणिक नहीं थे कि वे राष्ट्र की भलाई के लिए अपनी महत्वाकांक्षा को छोड़ देते। इसलिए कोई गुंजाइश ही नहीं रही कि कुछ किया जा सके, क्योंकि गांधी जी के शब्दों में ही 'हिमालय पर्वत जितनी बड़ी गलतियाँ' वे कर चुके थे।

(93) नोआखाली काण्ड के एक वर्ष पश्चात् तक देश में रक्तपात होता रहा। मुसलमानों ने निर्दयता से हिंदुओं का संहार किया। कई स्थानों पर हिन्दुओं ने भी उत्तर दिया। बिहार, दिल्ली और पंजाब में हिन्दुओं ने जो कुछ किया वह केवल प्रतिक्रियात्मक कार्यवाही थी। गांधी जी यह भलीभांति जानते थे कि यह सब कुछ मुसलमानों के हिंदुओं पर अत्याचारों के परिणामस्वरूप हो रहा है, लेकिन वे इस विषय में सदा-सर्वदा हिंदुओं की ही निन्दा करते रहे और कांग्रेस सरकार ने तो बिहार के हिन्दुओं पर गोलियाँ भी बरसाईं। यह बात भुला दी गई कि यह सब नोआखाली और अन्य स्थानों के काण्डों के परिणामस्वरूप हो रहा है। गांधी ने अपनी प्रार्थनासभा के भाषणों में यह प्रचार किया कि भारत में हिन्दुओं को चाहिए कि वे मुसलमानों के साथ बहुत आदर और उदारता का व्यवहार करें और सुहरावर्दी को जो भले ही वह गुण्डों का सरदार हो दिल्ली में स्वतन्त्रतापूर्वक सैर करने दी जाए और उसे कुछ न कहा जाए। गांधी के निम्नलिखित भाषणों से यह भलीभांति ज्ञात होता है—

(क) ''हमें शान्तिपूर्वक यह विचारना चाहिए कि हम कहाँ बहे जा रहे हैं? हिन्दुओं को मुसलमानों के विरुद्ध क्रोध नहीं करना चाहिए, चाहे मुसलमान उन्हें मिटाने का विचार ही क्यों न रखते हों। अगर मुसलमान सभी को मार डालें तो भी हम 'बहादुरी' से मर जाएं। इस दुनिया में भले उन्हीं का राज हो जाए, हम नई दुनिया के बसने वाले हो जाएंगे। कम से कम मरने से हमें बिल्कुल नहीं डरना चाहिए। जन्म और मरण तो हमारे नसीब में लिखा हुआ है, फिर उसमें हर्ष-शोक क्यों करें। अगर हम हँसते-हँसते मरेंगे तो सचमुच एक नए जीवन में प्रवेश करेंगे, एक नए हिन्दुस्तान का निर्माण करेंगे। (दिनांक 6 अप्रैल, 1947)

(ख) मेरे पास रावलपिंडी से जो भाई आज मिलने आए थे वे तो तगड़े थे, बहादुर थे और व्यापार में दक्ष थे। मैंने तो उस भाई से कहा आप शांत रहें और आखिर में तो ईश्वर बड़ा है। ऐसी कोई जगह नहीं जहाँ ईश्वर न हो। उसका भजन करो और उसका नाम लो, सब अच्छा हो जाएगा। उन्होंने पूछा, वहाँ पाकिस्तान में जो पड़े हैं, उनका क्या करें? मैंने उनको कहा, आप यहाँ आए क्यों, वहाँ मर क्यों नहीं गए? मैं तो इसी चीज पर कायम हूँ कि हम पर जुल्म हो तो भी हम जहाँ पड़े हैं वहीं पड़े रहें, मर जाएँ। लोग मार डालें तो मर जाएं, यह न कहें कि हम अब क्या कर सकते हैं : मकान नहीं, कुछ नहीं। मकान तो पड़ा है, धरती माता हमारा मकान है, ऊपर आकाश है। जो मुसलमान डर से भाग गए, उनके मकान पड़े हैं, जमीन पड़ी हैं। तो क्या मैं कहूँ कि आप मुसलमानों के घरों में चले जाएँ? मेरी जुबान से ऐसा नहीं निकल सकता। मुसलमानों के घर जो कल तक थे, वे आज भी उनके हैं। उसमें जो हिन्दू शरणार्थी हैं वे अपने आप चले जाएँ, मैं आपको यह परामर्श दूँगा कि आप सिख और हिन्दू शरणार्थियों को कहें कि वे पुलिस और सेना की सहायता के बिना वापस पाकिस्तान में अपने स्थान पर जाएं। (23 सितम्बर, 1947)

(ग) ''जो लोग पंजाब (पाकिस्तान वाले) में मर चुके हैं उनमें से एक भी वापिस नहीं आ सकता। हमें भी अंत में मरना है। यह सच है कि वे कत्ल कर दिए गए, लेकिन कोई बात नहीं है। बहुत से हैजे और दूसरे कारणों से मर जाते हैं। यदि वे कत्ल हुए तो 'वीरता' से मरे, उन्होंने कुछ खोया नहीं, पाया है। लेकिन

प्रश्न यह है कि उनका क्या होगा जिन्होंने संहार किया? यह समझ लो कि मनुष्य बड़ी भूलें करता है। पंजाब में अंग्रेजी सेना ने हमारी रक्षा की, परन्तु यह कोई रक्षा नहीं है। लोगों को चाहिए खुद अपनी रक्षा करें और मौत से न डरें। मारने वाले तो हमारे मुस्लिम भाई हैं। हमारे भाई अपना धर्म बदल दें तो क्या वे अपने भाई न रहेंगे? क्या हम भी उन जैसा व्यवहार नहीं करते? हमने स्त्रियों के साथ बिहार में क्या कुछ नहीं किया?''

(94) गांधी जी को सोचना चाहिए था कि हिन्दुओं में जो प्रतिशोधाग्नि भड़क रही है वह स्वाभाविक है। मुस्लिम-प्रान्तों में हजारों हिंदुओं को केवल हिंदू होने के कारण मार दिया गया और सरकार इन भाग्यहीन लोगों की मदद और रक्षा के लिए कुछ न कर सकी, तब क्या यह संभव है कि हिन्दू-प्रान्तों में जोश न आए और पीड़ा न हो? इस प्रकार का जोश तो प्रत्येक व्यक्ति को आना चाहिए। केवल इसी ध्येय से हिन्दुओं ने मुसलमानों के साथ कठोर व्यवहार किया कि ऐसा करने से पाकिस्तान में हिन्दुओं की रक्षा हो सकती थी। जब हिन्दुओं ने देखा कि भारत सरकार पाकिस्तान के हिन्दुओं की रक्षा करने में अयोग्य है तब उन्होंने स्वयं यह कार्य करने का निश्चय किया। पाकिस्तान में जो अत्याचार हुए उनसे प्रतिशोध की भावना फैलना उतना ही स्वाभाविक था जितना स्वाभाविक अन्य अवसरों पर दया होती है।

(95) बहुत से आंदोलन केवल इसी प्रकार की भावनाओं से सफल हुए हैं। प्रतिशोध की भावना लोगों में न आए तो समाज से अत्याचारियों का अंत हो नहीं सकता। भारत के प्राचीन इतिहास, रामायण और महाभारत की घटनाओं और आधुनिक इंग्लैंड, अमेरिका, जर्मनी के सम्बन्धों में यही एक भावना पाई जाती है। चाहे यह अच्छी हो या बुरी। यह मनुष्यता के लिए अनिवार्य है।

(96) मैं पहले बता चुका हूँ कि भारत की राजनीति में गांधी जी ने स्वतन्त्रता प्राप्त करने के मार्ग में किस प्रकार बाधाएँ डाली हैं। वे अपनी नीति पर दृढ़ नहीं रहा करते थे। उनका व्यवहार युद्ध में तो ऐसा था, जैसे उन्होंने सब कुछ बिना सोचे समझे किया हो। वास्तविकता भी यही थी।

(97) पहले तो उन्होंने कहा कि इंग्लैंड और जर्मनी के युद्ध में अंग्रेजों की मदद न की जाए क्योंकि लड़ाई में हिंसा होती है। हिंसा के कार्य में सहायता कैसे दी जा सकती है? परन्तु गांधी जी के धनी-मित्रों ने सरकार से ठेके लिए और उसे युद्ध का सामान देकर खूब धन कमाया। यहाँ उन धनिकों के नाम लेने की आवश्यकता नहीं है। क्योंकि बिड़ला, डालमिया, बालचंद हीराचंद और नानजीभाई कालीदास को सभी जानते हैं।

गांधी जी और उनके साथियों की इन लोगों ने बड़ी आर्थिक सहायता की, परन्तु गांधी जी ने इनसे धन कभी अस्वीकार नहीं किया, यद्यपि यह धन युद्ध द्वारा कमाया गया था। गांधी जी ने इन लोगों को सरकार से ठेके लेने और माल देने से रोका नहीं (और यही रुकते भी नहीं)। यही नहीं गांधी जी ने कांग्रेसी खादी भंडार को सेना के लिए कम्बल देने की स्वयं अनुमति दी थी।

(98) गांधी जी सन् 1944 में जेल से छूटे तो अन्य लीडर भी छोड़ दिए गए, लेकिन सबको इस शर्त पर छोड़ा गया कि कांग्रेस अंग्रेजों को जापान के विरुद्ध लड़ाई में सहायता देगी। कहाँ सुभाष जापान के सहयोग से अंग्रेजों को भारत से भगाने की आर-पार की लड़ाई लड़ रहे थे वहीं गांधी जी ने इस शर्त का विरोध करना तो दूर सरकारी शर्त को अक्षरशः स्वीकार कर लिया।

(99) गांधी की नीति में स्थिरता का तो नाम भी नहीं था। सत्य की परिभाषा तो उन्हीं पर निर्भर थी ही। उनकी राजनीति—आत्मिशक्ति, व्रत, प्रार्थना और हृदय की शुद्धता जैसे अंध-विश्वासों के आधार पर चलती थी।

(100) गांधी जी ने एक बार कहा था—"अहिंसा से 1000 वर्ष पीछे प्राप्त की हुई स्वतंत्रता उस स्वतंत्रता से अच्छी है जो हिंसा से इस समय ली जाए, "किन्तु यह तो ऊपर के उदाहरण से स्पष्ट है कि वे कहते कुछ थे और करते कुछ और थे।

(101) उनके अहिंसा के सिद्धांत की अस्थिरता का पता एक घटना से चलता है। पाकिस्तान के बाद कश्मीर का प्रश्न आया। पाकिस्तान ने कश्मीर को हड़पने के लिए कश्मीर पर हमला किया। महाराजा ने नेहरू सरकार से मदद माँगी और इस शर्त पर सहायता देना निश्चित हुआ कि सत्ता शेख अब्दुल्ला

के हाथों में दे दी जाए और नेहरू ने कश्मीर को बचाने के लिए गांधी जी से पूछकर सेनाएँ भेज दीं।

(102) हमारे नेता यह जानते हैं कि कश्मीर पर हुए हमले में पाकिस्तान की पूरी मदद थी, इसलिए सेना भेजने का तात्पर्य स्पष्टतया पाकिस्तान से लड़ना था। गांधी जी लड़ाई के विरुद्ध थे, परन्तु कश्मीर में सेना भेजने की उन्होंने अनुमति दे दी। महात्मा के अहिंसक नेतृत्व में जो आजादी मिली उसमें प्रथम हिंसक घटना यह हुई कि काश्मीर में भीषण रक्तपात हुआ और गांधी ने उसमें कोई आपत्ति नहीं की।

(103) यदि गांधी जी को अपने अहिंसा के सिद्धान्त पर दृढ़ विश्वास होता तो वे कश्मीर में सेना के स्थान पर सत्याग्रही, राईफलों के स्थान पर तकलियाँ और बन्दूकों के स्थान पर चरखे भिजवाने का आदेश निकलवा देते। यह गांधी जी के लिए सत्याग्रह की शक्ति दिखाने का और स्वतन्त्रता मिलते ही अनुभव करने का सुन्दर अवसर था।

(104) परन्तु गांधी ने वह अवसर गँवा दिया। उन्होंने स्वतंत्र भारत का जन्म होते ही एक हिंसात्मक संघर्ष को अपनी सहमति प्रदान की। इस विसंगति का क्या अर्थ था? मेरे विचार में गांधी जी के समक्ष कश्मीर की नहीं शेख अब्दुल्ला के अधिकारों की रक्षा का प्रश्न था और इसलिए उन्होंने इस युद्ध को अपनी स्वीकृति दी। कश्मीर के हिन्दू महाराजा से सत्ता छीनकर शेख और उसके बहाने मुसलमानों को कश्मीर का दान, यह गांधीवादी सरकार का उद्देश्य था। इसलिए गांधी जी ने अनुमति दे दी कि कश्मीर से सेना द्वारा आक्रमणकारियों को निकाला जाए। गांधी जी कश्मीर के युद्ध की भयानक कहानी प्रतिदिन पढ़ रहे थे, लेकिन फिर भी इसलिए व्रत रखे हुए थे कि उनकी दृष्टि में दिल्ली में थोड़े से मुसलमान असुरक्षित थे। उन्होंने कश्मीर पर आक्रमण करने वालों के सामने व्रत नहीं किया, न वहाँ सत्याग्रह ही किया। उनके सब व्रत हिन्दुओं को कुचलने के लिए थे।

(105) मैंने इस तथ्य को बहुत दुर्भाग्यपूर्ण समझा था कि एक बहुरूपिए को सारे भारत का नेता मान लिया जाए। जिस महात्मा के मन पर उन अत्याचारों

का कोई प्रभाव नहीं पड़ा जो हैदराबाद में हिन्दुओं पर हुए। जिस महात्मा ने निजाम हैदराबाद को अत्याचार छोड़ने के लिए कभी नहीं कहा। यदि भारत गांधी जी के कहने पर चलता रहा तो विभाजित भारत की स्वतन्त्रता भी संकट में पड़ जाएगी, इस प्रकार के विचार मेरे मन में आ रहे थे। इन्हीं दिनों गांधी जी ने हिंदू-मुस्लिम एकता के लिए 13 जनवरी, 1947 को उपवास की घोषणा कर दी, यह मैं सहन न कर सका।

(106) गत चार वर्षों से मैं एक दैनिक समाचार-पत्र का सम्पादक था और उससे पहले भी सार्वजनिक कार्यकर्ता था, इसलिए मुझे राजनैतिक घटनाओं के सम्बन्ध में पूरी जानकारी रहती थी।

(107) मुझे तीन राजनैतिक दलों के परस्पर सम्बन्ध का भली-भाँति ज्ञान था। लीग कांग्रेस को हिन्दू दल कहती थी, लेकिन कांग्रेसियों को हिन्दू कह देना तो मानो उनको गाली देना है।

(108) यदि कोई दल किसी विशेष जाति के हित का ध्यान रखे और राष्ट्रीयता को हानि न पहुँचाए तो उसे साम्प्रदायिक कहकर बुरा समझना ठीक नहीं है, लेकिन यदि कोई ऐसी पार्टी राष्ट्रीयता को भी हानि पहुँचाती है तो उसकी निन्दा की जानी चाहिए। कांग्रेस लीग की हर माँग के सामने झुकती गई, किन्तु महासभा के नेताओं की राष्ट्रीयता तथा नीति की निन्दा करती रही।

(109) जब कांग्रेस ने मुस्लिम-लीग को मुस्लिम दल मान लिया तो उसे चाहिए था कि महासभा को हिन्दुओं का प्रतिनिधि मानती या घोषणा करती कि हिन्दुओं के हितों की रक्षा महासभा करेगी या स्वयं कांग्रेस करेगी, किन्तु कांग्रेस ने ऐसी कोई घोषणा नहीं की। जिसका परिणाम यह हुआ कि एक ओर तो शक्तिशाली मुस्लिम-लीग मुसलमानों के हितों की रक्षा करती रही; दूसरी ओर, कांग्रेस के मुसलमान भी मुसलमानों के अधिकारों की रक्षा करते रहे। हिन्दुओं की रक्षा करने वाला कोई न था। कांग्रेस जो महासभा को साम्प्रदायिक दल कहकर बुरा बताती थी, लार्ड वेवेल द्वारा बुलाई गई शिमला कांग्रेस में यह मान लिया कि 50 प्रतिशत अधिकार मुस्लिम लीग को दे दिए जाएँ। महात्मा के कहने पर कांग्रेसी लीडर इस बात पर

भी तैयार हो गए थे कि उनको हिन्दुओं का प्रतिनिधि मान लिया जाए। स्पष्ट है कि कांग्रेस की नीति साम्प्रदायिक थी और केवल गांधी की वजह से मुसलमानों को सन्तुष्ट करना ही उसका एकमात्र लक्ष्य था।

(110) हमारे त्यागी और दूरदर्शी नेताओं ने सम्पूर्ण देश की स्वाधीनता के लिए स्वतन्त्रता संग्राम में भाग लिया था। पंजाब, बंगाल, सीमा प्रान्त और सिंध ने भी सम्पूर्ण देश में प्रजातन्त्र की स्थापना के लिए बलिदान किए थे, किन्तु देश के टुकड़े करने से यह संयुक्त राष्ट्रीय प्रयत्न विफल हो गया। जिन देशभक्त क्रांतिकारियों ने प्रसन्नतापूर्वक फाँसी के फन्दे को गले लगाया था, जिन्होंने देश की स्वाधीनता के लिए आजीवन कारावास और देश निर्वासन की यातनाएँ भोगी थीं, क्या वे लोग इसी विभाजित देश की स्वतन्त्रता के लिए लड़े थे? उनके बलिदानों का क्या यही परिणाम उचित था कि देश खंडित हो जाए और उसके एक हिस्से पर एक विदेशी सम्प्रदाय राज्य करे?

(111) गांधी के नेतृत्व में कांग्रेस ने लीग की सब माँगें स्वीकार कर लीं। जिन्ना की 14 माँगों से पाकिस्तान बनने की माँग तक सभी माँगें पूर्ण कर दीं। क्या यह दुःख का विषय नहीं है कि कांग्रेस राज्य मिलने पर खुशियाँ मनाए जब कि पूर्व पश्चिम में पाकिस्तान के रूप में देश के टुकड़े हो गए थे और बीच में हैदराबाद का काँटा चुभ रहा था? गांधी के नेतृत्व में कांग्रेस का यह पतन देखकर मुझे भर्तृहरि का एक श्लोक स्मरण हो रहा है—

शिवः शार्वं स्वर्गात् पशुपति शिरस्तः क्षितिधरम्।
महीध्रादुन्तुङ्गादवनिमवनेश्चापि जलधिम्॥
अधोऽधो गंगेय पदमुपगता स्तोकमधुना।
विवेक भ्रष्टानां भवति विनिपातः शतमुखः॥

जिसका अर्थ है कि गंगा स्वर्ग से शिव के मस्तक पर आईं। वहाँ से हिमालय पर्वत पर, वहाँ से भूमि पर और वहाँ से समुद्र में जाकर विलीन हो गईं। यह सत्य है कि अव्यवस्थित मनुष्य के पतन के अनेक मार्ग हैं।

भाग 5
मैं और राष्ट्रविरोधी तुष्टीकरण की चरम सीमा

(112) अतः मैंने गांधी को राजनैतिक क्षेत्र से सदा के लिए हटाने का निश्चय किया। मैं जानता था वैयक्तिक स्तर पर मेरा सब कुछ नष्ट हो जाएगा। मैं धनी नहीं हूँ। मध्य वर्ग का हूँ। मैं अपने प्रांत में सार्वजनिक कार्य करता था। मैंने जो सेवा की उसके कारण मुझे अपने प्रांत में आदर और सम्मान मिला। सभ्यता और संस्कृति के संस्कारों से मैं पूरा परिचित था। मैं जो योजनाएँ बनाता गया उसे पूरा करने की शक्ति मुझमें थी। मेरा शरीर सबल है। न कोई अंग विकार है, न मुझे व्यसन है। यद्यपि मैं विद्वान नहीं हूँ, परन्तु विद्वानों के लिए मेरे हृदय में आदर है।

(113) सन् 1929-30 में कांग्रेस ने जब असहयोग आन्दोलन शुरू किया तब मैंने सार्वजनिक जीवन में प्रवेश किया। मैं तब विद्यार्थी था। इस आन्दोलन

से सम्बन्धित भाषण जो पत्रों में छपे थे, मैंने पढ़े और मैं प्रभावित हुआ। मैंने आन्दोलन में भाग लेने का विचार किया। कुछ समय बाद आन्दोलन असफल हो गया तो मुसलमानों से सम्बन्धित समस्याएँ बहुत जोर पकड़ गईं। तब हिन्दू-महासभा के नेता डॉ. मुंजे, भाई परमानन्द और मालवीय जी आदि हिन्दू समाज के नेता हिन्दुओं के संगठन में लग गए।

(114) सन् 1928 के लगभग स्वर्गीय डॉ. हेडगवार ने राष्ट्रीय स्वयंसेवक संघ की नींव डाली। उनके भाषणों का मुझ पर प्रभाव पड़ा। मैं स्वयंसेवक बना। मैं महाराष्ट्र के उन युवकों में था जिन्होंने संघ में उसके प्रारंभ से भाग लिया। कुछ वर्षों तक मैंने संघ में काम किया। कुछ दिन पश्चात् मैंने सोचा कि वैधानिक रूप से हिन्दुओं के अधिकारों की रक्षा के लिए राजनीति में भाग लेना चाहिए। इस कारण मैं संघ को छोड़कर हिन्दू-महासभा में आ गया।

(115) सन् 1935 में महासभा ने हैदराबाद में आन्दोलन किया तो मैं पहला जत्था लेकर गया। मुझे एक वर्ष का कारावास मिला। मुझे हैदराबाद निजाम की बर्बरता और दानवता का व्यक्तिगत अनुभव है। वन्देमातरम् गाने पर वहाँ मुझे कई बार बेंतें लगाई गई थीं।

(116) सन् 1943 में बिहार सरकार ने आदेश दिया कि भागलपुर में हिन्दू-महासभा का अधिवेशन न हो। हिन्दू-महासभा ने उसका उल्लंघन करने का निश्चय किया, क्योंकि सरकार की यह आज्ञा अनुचित थी। सरकार के सब प्रतिरोधों के बावजूद अधिवेशन हुआ। अधिवेशन की तैयारी करने के लिए मैं लगभग एक मास भूमिगत होकर काम करता रहा। मैंने समाचारपत्रों में अपने कार्य की प्रशंसा पढ़ी और देखा कि जनता ने उस समय मेरे सार्वजनिक कार्य को सराहा। मेरी प्रकृति में हिंसा नहीं थी। बडगे ने जो कहा है कि मैंने श्री भोपटकर को मारने के लिए चाकू निकाला था, झूठ है। श्री भोपटकर हमारे पक्ष के वकील हैं। यदि मैं उन पर चाकू निकालता तो क्या वे हमारी सहायता कर सकते थे? यदि वह घटना सही होती तो मैं श्री भोपटकर की सहायता लेता भी नहीं।

(117) जो मेरे व्यक्तित्व से परिचित हैं वे मेरी शान्त प्रकृति को जानते हैं, किन्तु जब उच्च नेताओं ने गांधी जी सहमति से मातृभूमि के टुकड़े कर डाले तब

मेरा हृदय क्षोभ से भर गया। मैं स्पष्ट करना चाहता हूँ कि मैं कांग्रेस का शत्रु नहीं। मैं इस संस्था को सबसे अधिक महत्व देता रहा, क्योंकि उसने देश की आजादी के लिए काम किया था। मेरा नेताओं से मतभेद था तथा अब तक है। यह मेरे 28 फरवरी, 1935 के सावरकर के नाम पत्र से भली-भांति विदित होता है। आज भी मेरे वही विचार हैं।

(118) गांधी जी से मेरी शत्रुता नहीं थी। लोग कहते हैं कि पाकिस्तान योजना में उनका मन शुद्ध था। मैं यह बताना चाहता हूँ कि मेरे मन में देशप्रेम के अतिरिक्त कुछ न था। मुझे इस कारण हाथ उठाना पड़ा कि पाकिस्तान बनने पर जो भयंकर घटनाएँ हुईं उनके उत्तरदायी केवल गांधी जी थे। मुझे यह पता था कि हत्या के बाद लोगों के विचार मेरे विषय में बदल जाएँगे। समाज में जितना मेरा आदर है, वह नष्ट हो जाएगा। मैं जानता था कि समाचार-पत्र बुरी तरह मेरी निन्दा करेंगे, किन्तु मैं नहीं जानता था कि अखबार इतने पतित हो जाएँगे कि सत्य का गला घोंट देंगे।

(119) समाचार-पत्रों ने कभी निष्पक्षता से नहीं लिखा। यदि वे देश के हित का अधिक ध्यान रखते और एक मनुष्य की व्यक्तिगत इच्छाओं को कम ध्यान देते तो देश के नेता पाकिस्तान स्वीकार न करते। **समाचार-पत्रों की यह नीति थी कि लीडरों की गलतियों को प्रकट न होने दिया जाए। देश का विभाजन इससे सरल हो गया। ऐसे भ्रष्ट समाचार-पत्रों के डर से मैंने अपने निश्चय की दृढ़ता को विचलित नहीं होने दिया।**

(120) कुछ लोग कहते हैं कि यदि पाकिस्तान न बनता तो आजादी न मिलती। मैं इस विचार को ठीक नहीं मानता। कांग्रेस नेताओं ने अपने पाप को छिपाने के लिए यह बहाना बनाया है। गांधीवादी कहते हैं कि उन्होंने अपनी शक्ति से स्वराज्य पाया। यदि उन्होंने अपनी शक्ति से स्वराज्य लिया है तो उन्होंने हारे हुए अंग्रेजों को पाकिस्तान की शर्त क्यों रखने दी और शक्ति से क्यों न रोका? मेरे विचार से महात्मा और उनके अनुयायियों की एक ही 'पालिसी' रही। और वह यह की पहले यवनों की माँगों पर विरोध दर्शाना, फिर हिचक दिखाना और अंत में आत्म-समर्पण कर देना। इसी प्रकार पाकिस्तान की रूपरेखा स्वीकार कर ली गई।

(121) 15 अगस्त, 1947 को छलपूर्वक पाकिस्तान स्वीकार कर लिया गया। पंजाब, बंगाल, सीमाप्रांत और सिंध के हिन्दुओं का कोई विचार नहीं किया गया। देश के टुकड़े करके एक मजहबी धर्म-निष्ठित मुस्लिम राज्य बना दिया गया। मुसलमानों को अपने अन्तर्राष्ट्रीय कार्यों का फल पाकिस्तान के रूप में मिल गया। गांधीवादी नेताओं ने उन लोगों को देशद्रोही, साम्प्रदायिक कहकर पुकारा जिन्होंने पाकिस्तान का विरोध किया था और पाकिस्तान स्वयं स्वीकार करके जिन्ना की सब बात मान लीं। इस दुर्घटना से मेरे मन की शांति भंग हो गई। पाकिस्तान बनाने के बाद कांग्रेस सरकार पाकिस्तान के हिन्दुओं की रक्षा करती तो मेरा क्रोध शांत हो जाता। मैं नहीं देख सकता था कि जनता को धोखा दिया जाए। करोड़ों हिन्दुओं को मुसलमानों की दया पर छोड़ कर गांधीवादी कहते रहे कि हिन्दुओं को पाकिस्तान से नहीं आना चाहिए और वहीं रहना चाहिए। इस प्रकार हिन्दू-मुसलमानों के चुंगल में फंस गए और विकट विपत्तियों के शिकार हुए। जब मुझे इन घटनाओं की याद आती है तो मैं काँप उठता हूँ।

(122) प्रतिदिन सहस्रों हिन्दुओं का संहार होता था। पन्द्रह हजार सिखों को गोलियों से भून दिया गया। हिन्दू स्त्रियों को नग्न करके जलूस निकाले गए। उनको पशुओं की भाँति बेचा गया। लाखों हिन्दुओं को धर्म बचाकर भागना पड़ा। चालीस मील लम्बा हिन्दू-निराश्रितों का जत्था हिन्दुस्तान की ओर आ रहा था। **हिन्दुस्तान शासन इस भयानक कृत्य का कैसा भयानक निवारण करता था? उन निराश्रितों को वायुयान से रोटियाँ फेंककर!**

(123) भारत सरकार पाकिस्तान से अत्याचार रोकने के लिए अनुरोध करती या धमकी देती कि यदि पाकिस्तान में अत्याचार बन्द नहीं हुआ तो भारत में भी मुसलमानों की बुरी दशा होगी तो इतने अत्याचार न होते। भारत सरकार गांधी जी के इशारों पर चलती थी और उसकी नीति कुछ और ही थी। यदि पाकिस्तान के हिन्दुओं की रक्षा के लिए समाचार-पत्र कुछ लिख देते थे तो यह अर्थ लिया जाता था कि हिन्दू-मुसलमानों में मतभेद फैलाने का प्रयत्न किया जा रहा है। ऐसे कार्यों को अपराध माना जाने लगा और प्रेस इमरजैन्सी ऐक्ट की धाराएँ लागू करके एक के बाद दूसरी जमानत मांगी जाने लगीं। मुझे भी अनेक नोटिस मिले और 16,000 रुपये की सुरक्षित निधि तक माँगी गई। श्री मोरारजी देसाई के न्यायालय-बयान

के अनुसार ऐसी 900 घटनाएँ हुईं। इतना ही नहीं, जब प्रेस-प्रतिनिधि मंडल मोरार जी से मिलने गया, तो उन्होंने उनकी एक न सुनी। इस प्रकार मुझे आशा न रही कि गांधीवादी कांग्रेस सरकार पर शांतिमय ढंग से दबाव डाला जा सकता है।

(124) जब इस प्रकार की घटनाएँ हो रही थीं तब पाकिस्तान या मुसलमानों के विरुद्ध गांधी जी ने एक भी शब्द नहीं कहा। हिन्दू जाति और संस्कृति को मिटाने के लिए मुसलमानों ने जो अत्याचार किए उनका मूल कारण गांधी है। यदि भारत की राजनीति को भलीभांति सम्भाला जाता तो ऐसा हिन्दू-संहार कभी न होता जैसा अब हुआ और जिसका उदाहरण इतिहास में कहीं नहीं मिलता।

(125) सबसे महत्वपूर्ण बात यह है कि मुसलमानों से संबंध रखने वाली समस्याओं में गांधी जी ने कभी जनता के विचारों की ओर ध्यान नहीं दिया। गांधी जी की अहिंसा की आड़ में इतना रक्तपात हो चुका था कि जनता पाकिस्तान के पक्ष के किसी भी विचार का स्वागत करने के लिए तैयार न थी। स्पष्ट था कि जब तक पाकिस्तान में धर्मांध मुस्लिम राज्य है तब तक भारत में शांति नहीं हो सकती। फिर भी गांधी जी इस प्रकार का प्रचार कर रहे थे और इस तरह के विचार पाकिस्तान के पक्ष में फैला रहे थे, जैसा कर सकने में कोई कट्टरलीगी नेता भी सफल न हो पाता।

(126) इन्हीं दिनों उन्होंने आमरण अनशन की घोषणा करते हुए जो शर्तें रखीं वे सब केवल हिन्दुओं के विरुद्ध और मुसलमानों के पक्ष में थीं।

(127) गांधी जी के अनशन की जो शर्तें थीं उनमें पहली यह थी कि दिल्ली की मस्जिदों में रह रहे हिन्दू शरणार्थियों को बाहर निकाला जाए और मस्जिदें मुसलमानों को सौंप दी जाएँ। गांधी जी ने अपनी शर्त सरकार और अन्य नेताओं को अनशन की धमकी देकर स्वीकार कराई। जिस दिन यह घटना हुई, उस दिन मैं दिल्ली में था। मैंने देखा कि किस प्रकार गांधी जी की जिद्द को पूरा किया गया। वे शीत के दिन थे। गांधी जी ने अनशन खोला उस दिन वर्षा हो रही थी। ऐसी असाधारण सर्दी और वर्षा में अच्छे स्थानों पर रहने वाले लोग भी काँप रहे थे। उस समय निराश्रित शरणार्थियों के कुटुम्ब के कुटुम्ब मस्जिदों से सर्दी के मारे काँपते हुए निकाले गए। उनकी रक्षा का कोई प्रबन्ध नहीं किया

गया। कुछ शरणार्थी जो कुटुम्ब और स्त्रियों सहित बिरला हाऊस गए और उन्होंने नारे लगाए–"गांधी जी हमें स्थान दो।" उस भव्य-भवन में रहने वाले गांधी तक उन निराश्रितों की आवाज नहीं पहुँच सकी। मैंने यह दृश्य अपनी आँखों से देखा, जिसे देखकर कठोर से कठोर व्यक्ति का हृदय भी पिघल जाता। मेरे मस्तिष्क में इससे अनेक विचार आने लगे। मैंने सोचा कि क्या शरणार्थियों ने प्रसन्नता से इन मस्जिदों में डेरे डाले थे? नहीं-नहीं! गांधी को भी उन स्थितियों का पूरा पता था, जिनसे बाध्य होकर उन्हें अपने घर छोड़कर इन मस्जिदों की शरण लेनी पड़ी। पाकिस्तान में एक भी मंदिर या गुरुद्वारा सुरक्षित नहीं रहा। शरणार्थियों ने अपनी आँखों से देखा था कि किस प्रकार मुसलमानों ने, केवल हिन्दू मंदिरों और गुरुद्वारों को अपवित्र किया। जो हिन्दू शरणार्थी दिल्ली शरण लेने के लिए आए थे, उन्हें यहाँ कोई स्थान नहीं मिला। इसमें आश्चर्य की क्या बात है यदि वह लोग पेड़ों के नीचे और गली-कूचों में न पड़े रहे। पंजाब में बीती हुई दुर्घटनाओं को स्मरण करके दिल्ली की खाली पड़ी मस्जिदों में शरण ली। मेरे विचार में इस प्रकार मस्जिदें मानवता की भलाई के लिए काम आ रही थीं। गांधी जी ने यह निश्चय क्या सोचकर किया कि मस्जिदों को खाली कराया जाए, वहीं उनके रहने का दूसरा प्रबन्ध क्यों नहीं कराया? उन्होंने पाकिस्तान के मंदिर हिन्दुओं को सौंपने की माँग क्यों नहीं की? जिससे पता चलता कि गांधी वस्तुतः अहिंसा के पुजारी हैं, हिन्दू-मुस्लिम एकता के इच्छुक हैं और उनमें निष्पक्ष आत्मशक्ति है। गांधी ने पूरी चालाकी की और अपने अनशन को खोलने के लिए पाकिस्तान के लिए एक भी शर्त न रखी। यदि वे रखते तो संसार देखता कि गांधी जी अनशन करते हुए स्वर्ग सिधार जाते और पाकिस्तान के एक भी मुसलमान को लेशमात्र दुःख न होता। उन्होंने अपने अनुभव से देख लिया था कि उनके व्रत का जिन्ना पर कोई प्रभाव नहीं पड़ता और लीग उनकी आत्मशक्ति की परवाह नहीं करती।

(128) अन्त में यह कहना अनुचित न होगा कि गांधी के फूल (अस्थि) भारत और विदेशों की बहुत-सी नदियों में बहाए गए, परन्तु यह अस्थि पाकिस्तान की सिंधु नदी में नहीं बहाई जा सकी। इस संबंध में पाकिस्तान में भारत के राजदूत श्रीयुत श्री प्रकाश जी का प्रयत्न निष्फल रहा।

(129) अब 55 करोड़ रुपयों की बात लीजिए। उप-प्रधानमंत्री का निवेदन देखिए। गांधी जी ने स्वयं कहा है कि किसी गवर्नमेंट से उनका निर्णय बदलवाना कठिन हो जाता है। लेकिन भारत सरकार ने गांधी जी के अनशन के कारण पाकिस्तान को 55 करोड़ रुपये न देने का अपना निर्णय बदल दिया। (गांधी जी का 21 जनवरी, 1948 का प्रार्थना-प्रवचन देखिए)। सरकार ने 55 करोड़ न देने का निर्णय जनता के प्रतिनिधि होने के नाते किया था, लेकिन गांधी जी के अनशन ने इस निर्णय को बदल दिया, तब मुझे यह ज्ञात हुआ कि गांधी जी की पाकिस्तान परस्ती के आगे जनता के मत का कोई महत्व नहीं है।

अपने अपील के पहले खंड के पृष्ठ 143 पर न्या. कपूर ने उस समय समाचार-पत्रों में छपी प्रक्रिया का एक उदाहरण दिया है। अनुच्छेद 12/ए-45 इस प्रकार है–

''बंबई के साप्ताहिक नेशनल गार्डियन ने अपने 17 जनवरी, 1948 के अंक में 'नेहरू शासन से हिन्दुस्तान की घोर वंचना की। पाकिस्तान धौंस से जो पा न सका वह गांधी जी के हट्टाग्रह से पा सका।'' शीर्षक के नीचे दिया था–''अपने राष्ट्रीय जनों का जिससे नरसंहार होगा वह पैसे देने का कृत्य हम नहीं करेंगे।'' ऐसी गर्जना चल रही थी और सरदार वल्लभभाई के 'धौंस को और दबाव में भीख नहीं डालेंगे।' ऐसे वीरत्व के शब्द सुनने में आते थे। इतने में ही गांधी ने अनशन करके पाकिस्तान को करोड़ों रुपये देने को नेहरू-शासन को बाध्य किया। 55 करोड़ प्रदान की स्वीकृति से लोग कैसे क्षुब्ध थे, इसका यह उदाहरण है।

(130) मुसलमानों ने स्वतन्त्रता आन्दोलन का विरोध किया, इसलिए पाकिस्तान बना। जिन्होंने पाकिस्तान का पक्ष लिया उनको पाँचवें स्तंभी (Fifth Columnists) कहा गया है। उनकी निन्दा की गई है, परन्तु मेरी दृष्टि में गांधी जी ने पाकिस्तान का पक्ष सबसे अधिक लिया और कोई शक्ति उनको रोक नहीं सकी।

(131) इस स्थिति में हिन्दुओं को मुसलमानों के अत्याचारों से बचाने का एक ही उपाय था कि गांधी का अंत कर दिया जाए।

(132) गांधी जी राष्ट्रपिता के नाम से पुकारे जाते हैं। जो अत्यन्त सम्मान का पद है। पर वे 'पिता' का कर्त्तव्य पालन करने में असफल रहे। उन्होंने तो बड़ी निर्दयता से राष्ट्र के दो टुकड़े कर दिए। यदि वे सच्ची आत्मा से पाकिस्तान का विरोध करते तो लीग कभी भी इतनी सुदृढ़ता से यह माँग न रख पाती और अंग्रेज पूर्ण प्रयत्न करके भी इसे न बना पाते। देश की जनता पाकिस्तान बनाने की घोर विरोधी थी, पर गांधी जी ने जनता को धोखा दिया और मुसलमानों को पाकिस्तान का पिता सिद्ध किया है। इसलिए मैंने भारतमाता का एक पुत्र होने के नाते अपना कर्त्तव्य समझा कि ऐसे व्यक्ति का अंत कर दिया जाए जिसको कहा तो जा रहा है राष्ट्रपिता, किन्तु जिसने मातृभूमि का विभाजन करने में सर्वाधिक हाथ बँटाया है।

(133) हैदराबाद की समस्या का भी यही इतिहास है। निजाम के मंत्रियों एवं रजाकारों ने जो अत्याचार हिन्दुओं पर किए उनका वर्णन करने की आवश्यकता नहीं है। वहाँ के प्रधानमंत्री लायक अली जनवरी, 1948 के अंतिम सप्ताह में गांधी से मिले थे। शीघ्र ही पता लग गया कि गांधी जी का व्यवहार इस विषय में भी विचित्र है। जिस प्रकार उन्होंने सुहरावर्दी को अपनाया था, उसी प्रकार कासिम रिजवी को भी दत्तक पुत्र समझकर व्यवहार करेंगे, यह बिल्कुल स्पष्ट था। जब तक गांधी जी जीवित थे, तब तक सरकार हैदराबाद के विरुद्ध कुछ न कर सकी, यद्यपि वह पूर्ण अधिकार और शक्ति सम्पन्न थी। यदि गांधी जी के जीवन में ही भारत सरकार हैदराबाद में सेना या पुलिस की कोई कार्यवाही करने का निश्चय करती तो गांधी जी हिन्दू-मुस्लिम एकता के नाम पर सरकार को अपने निश्चय बदलने पर बाध्य कर देते, जिस प्रकार 55 करोड़ रुपया पाकिस्तान को न देने का निर्णय वापिस लेना पड़ा था। जब गांधी जी अनशन ठान लेते तो उनको बचाने के लिए सरकार को उनकी इच्छानुसार चलना पड़ता।

(134) गांधी जी के अहिंसा सिद्धान्त के अनुसार हमें अत्याचार सहन करते जाना चाहिए और शस्त्र या शारीरिक शक्ति से प्रतिकार नहीं करना चाहिए। गांधी जी की अहिंसा उस सिंह की अहिंसा है जो उस समय अहिंसा का पुजारी हो जाता है जब वह सहस्रों गायों को खा पीकर थक जाता है। कानपुर में गणेशशंकर विद्यार्थी

को मुसलमानों ने निर्दयता से मार दिया था। गांधी जी उनका उदाहरण देकर कहते थे कि इस प्रकार अहिंसा पर चलकर अपना बलिदान कर देना चाहिए। मेरा विश्वास है यह अहिंसा (नपुंसकत्व) देश को नष्ट कर देगी और पाकिस्तान भारत पर आधिपत्य जमा लेगा।

(135) मुझे स्पष्ट दिखाई देता था कि यदि मैं गांधी जी का वध करूँगा तो मैं जड़ मूल से नष्ट कर दिया जाऊँगा। लोग मुझ से घृणा करेंगे, मेरा सम्मान जो मुझे प्राणों से अधिक प्रिय है, नष्ट हो जाएगा, किन्तु साथ में मैं यह भी जानता था कि गांधी जी सदा के लिए विदा हो जाएँगे तो देश की राजनीति में शस्त्र-प्रयोग और प्रतिकारात्मक कार्यवाही को स्थान मिलेगा। देश शक्तिशाली होगा। मैं अवश्य मरूँगा, किन्तु देश अत्याचारों से मुक्त होगा। सब मुझे मूर्ख कहेंगे, पर देश ऐसे मार्ग पर चलेगा जो उचित होगा। यही सोचकर मैंने गांधी जी का अन्त करने की ठानी। मैंने अपना निर्णय किसी को नहीं बताया। 30 जनवरी 1948 के दिन मैंने गांधी जी का वध किया।

(136) **मेरे पास कहने को और कुछ नहीं है। यदि देशभक्ति पाप है तो मैं मानता हूँ, मैंने पाप किया है। यदि प्रशंसनीय है तो मैं अपने आपको उस प्रशंसा का अधिकारी समझता हूँ। मुझे विश्वास है यदि मनुष्यों द्वारा स्थापित न्यायालय से ऊपर कोई और न्यायालय होगा तो उसमें मेरे कार्य को अपराध नहीं समझा जाएगा। मैंने देश और जाति की भलाई के लिए यह काम किया। मैंने उस व्यक्ति पर गोली चलाई जिसकी नीति से हिन्दुओं पर घोर संकट आए और हिन्दू नष्ट हुए।**

(137) वास्तव में मेरे जीवन का उसी समय अन्त हो गया था जब गांधी जी पर गोली चलाई थी। उसके पश्चात् मैं अनासक्त जीवन बिता रहा हूँ। मेरे लिए यह संतोष का विषय है कि मुझे कोई पश्चात्ताप नहीं है।

(138) हैदराबाद की समस्या में अकारण देर हो रही थी। सरकार ने गांधी जी की मृत्यु के बाद सैनिक कार्यवाई से इस समस्या को ठीक रूप से सुलझा दिया है। भारत की आधुनिक राजनीति और सरकार अभी तक तो ठीक प्रकार से चलती

हुई जान पड़ रही है। गृहमंत्री ने कहा है कि देश के पास प्रचुर युद्ध सामग्री होनी चाहिए। ऐसा विचार प्रकट करते हुए उन्होंने यह नहीं कहा कि वे गांधी जी के सिद्धान्तों पर चल कर यह सब कुछ करेंगे। यदि वे ऐसा कहें तो केवल अपने मन के संतोष के लिए कहेंगे। यह याद रखना चाहिए कि यदि आधुनिक शस्त्रों का प्रयोग करके यह कहा जाए कि गांधी जी के अहिंसा सिद्धान्त पर चला जा रहा है तो हिटलर, मुसोलिनी, चर्चिल या रूजवेल्ट के देश-रक्षा के ढंग और गांधी जी के अहिंसा सिद्धान्त में कोई भेद नहीं रह जाएगा।

(139) मैं यह मानने को तैयार हूँ कि गांधी जी ने जनता में जागृति पैदा की। उन्होंने स्वार्थवश कुछ नहीं किया, परन्तु दुःख यह है कि वे इतने ईमानदार नहीं थे कि अहिंसा की हार को स्वीकार कर लेते। मैंने दूसरे भारतीय देशभक्तों और नेताओं के भी चरित्र पढ़े हैं, जिन्होंने गांधी जी से अधिक बलिदान किए हैं। कुछ भी हो, गांधी जी ने देश की जो सेवा की है उसके लिए मैं उनका आदर करता हूँ। उन पर गोली चलाने के पूर्व मैं उनके सम्मान में इसीलिए नत-मस्तष्क हुआ था, किन्तु जनता को धोखा देकर पूज्य मातृभूमि के विभाजन का अधिकार किसी बड़े से बड़े महात्मा को नहीं है। गांधी जी ने देश को छल कर देश के टुकड़े किए। क्योंकि ऐसा न्यायालय या कानून नहीं था जिसके आधार पर ऐसे अपराधी को दण्ड दिया जा सकता, इसलिए मैंने गांधी को गोली मारी। उनको दण्ड देने का केवल यही एक तरीका रह गया था।

(140) यदि मैं यह न करता तो मेरे लिए अच्छा ही होता, परन्तु स्थिति बहुत खराब हो गई थी और मेरे हृदय में इतना अधिक क्षोभ था कि मैंने सोचा कि गांधी जी को स्वाभाविक मृत्यु से नहीं मरने देना चाहिए। संसार को पता लग जाए कि इस व्यक्ति ने अन्यायपूर्वक राष्ट्र के साथ छल करके, भयानक रूप से देश के एक सम्प्रदाय का जो पक्ष लिया है उसका दण्ड भोगना पड़ा। मैंने इस समस्या का अन्त इसी प्रकार करना चाहा, क्योंकि इसी से लाखों निर्दोष हिन्दुओं का जीवन बच सकता था। गांधी जी की जो अहंमयी प्रवृत्ति इस पवित्र भूमि के पुत्रों के लिए घातक सिद्ध हुई, उसके लिए भगवान् उन्हें क्षमा करें।

(141) मेरी न किसी से कोई शत्रुता है और न किसी के प्रति कोई दुर्भावना। यह मैं अवश्य कहता हूँ कि इस सरकार के लिए मेरे हृदय में कोई आदर न था क्योंकि यह अनुचित रूप से देश के शत्रुओं के हाथ मजबूत कर रही थी। मैं देख रहा था कि यह नीति गांधी के कारण थी। अब ऐसे व्यक्ति का अन्त हो जाने के बाद वह राष्ट्र-निर्माण की योजनाओं पर कार्य करने के लिए स्वतन्त्र है, किन्तु मुझे यह कहते दुःख होता है कि **प्रधानमंत्री नेहरू के भाषणों और कार्यों में बड़ा अंतर है।** वे धर्म-निरपेक्षता के आधार पर राष्ट्र-निर्माण की बातें करते हैं जब कि उन्होंने स्वयं पाकिस्तान को धार्मिक आधार पर स्वीकार किया है। उन्हें सोचना चाहिए था कि साम्प्रदायिक आधार पर बनाया हुआ पाकिस्तान भारत के लिए लाभदायक न होगा। फिर भी, सब कुछ सोचने के पश्चात् मेरे हृदय ने कहा कि गांधी जी के विरुद्ध काम करना चाहिए। किसी ने मुझ पर इस सम्बन्ध में कोई दबाव नहीं डाला और न ही कोई डाल सकता था।

(142) आप मेरी इस भावना को जिस प्रकार देखना चाहें देखें और इस भावना के परिणामस्वरूप मेरे किए हुए इस कार्य को देखकर जो दण्ड उचित समझें दें, इस विषय में कुछ कहने की मेरी इच्छा नहीं है। मैं किसी प्रकार की दया नहीं चाहता। मैं यह भी नहीं चाहता कि मेरी ओर से कोई दया की याचना करे।

(143) इस अभियोग में बहुत से मनुष्यों को मेरे साथ इस अपराध में ले लिया है। उन पर अपराध है कि उन्होंने षड्यंत्र रचा। इस विषय में मैं पहले ही कह चुका हूँ कि इस कार्य में मेरा कोई साथी नहीं था। स्वयं मैं और केवल मैं ही इसका उत्तरदायी हूँ। यदि दूसरे लोग इसी दोष के लिए नहीं खड़े किए जाते तो मैं अपने लिए बचाव भी न करता। न्यायालय को मालूम है कि 30 जनवरी, 1948 के कृत्य से संबंधित साक्षीदारों की परिपरीक्षा (Cross Examination) न ली जाए, ऐसी मेरी इच्छा थी और मेरे विधिविज्ञों को भी मेरा जैसा आग्रह रहा था। इससे मैं अपने लिए बचाव नहीं कर रहा, यह स्पष्ट होगा।

(144) मैं इस बात को पहले ही बता चुका हूँ कि 20 जनवरी को मैं शांतिमय प्रदर्शन के पक्ष में नहीं था। अपने सिद्धान्तों का प्रचार करने के लिए यह उपाय मुझे व्यर्थ प्रतीत होता था। फिर भी मैंने प्रार्थना-सभा में होने वाले उस प्रदर्शन

में सम्मिलित होना स्वीकार कर लिया। यद्यपि इसमें सम्मिलित होने की मेरी आंतरिक इच्छा न थी। दैवयोग से मैं उसमें सम्मिलित न हो सका और किसी कारण से जब यह प्रयत्न सफल भी नहीं हुआ तब मुझे बड़ी निराशा हुई। आपटे और अन्य लोगों ने पूना, बम्बई, ग्वालियर में स्वयंसेवकों के लिए जो परिश्रम किया था उसका कुछ भी फल नहीं निकला, तब गांधी जी के वध के अतिरिक्त मेरे लिए कोई दूसरा मार्ग नहीं रह गया था।

(145) इन्हीं विचारों में खोया हुआ जब मैं दिल्ली के शरणार्थी कैम्प में घूम रहा था तो मुझे एक फोटोग्राफर मिला जिसकी कमर में कैमरा लटक रहा था। उसने मुझे फोटो उतरवाने के लिए कहा। वह शरणार्थी ही प्रतीत होता था। मैंने फोटो खिंचवा लिया। जिस समय मैं स्टेशन पर आया, मैंने आपटे को दो पत्र लिखे, जिसमें अपनी मानसिक दशा का वर्णन किया और अपने फोटो भी भेज दिए। नानाराव आपटे से प्रेस और पत्र के क्षेत्र में मुझसे घनिष्ठ सम्बन्ध थे। उन्हें मैंने एक पत्र व्यक्तिगत पते पर भेजा, दूसरा 'हिन्दू-राष्ट्र' कार्यालय के पते पर।

(146) अंत में मैं यह कहना चाहता हूँ कि जो वक्तव्य मैंने दिया है वह सत्य और शुद्ध है। प्रत्येक बात संदर्भ ग्रंथों को देखकर तैयार की गई है। मैंने सरकारी समाचार-पत्र, 'इण्डियन इयर बुक', 'कांग्रेस का इतिहास', 'गांधी जी की आत्मकथा', समय समय पर प्रकाशित कांग्रेस के बुलेटिन, 'यंग इण्डिया' और 'हरिजन' की फाइलें और गांधी जी की प्रार्थना-सभा के भाषणों से यह वक्तव्य तैयार करने में सहायता ली है। मैंने यह लम्बा वक्तव्य इसलिए नहीं दिया है कि लोग मेरे कार्य को सराहें, बल्कि इसलिए दिया है कि लोग मेरे विचारों को भली-भांति जान जाएँ और किसी के मस्तिष्क में मेरे विषय में कोई भ्रांत धारणा न रहे।

(147) भगवान् करे हमारा देश फिर अखण्ड हो और जनता उन विचारों का त्याग करे जो अत्याचारी के आगे झुकने की प्रेरणा देते हैं। भगवान् से यही मेरी अंतिम प्रार्थना है।

(148) मेरा वक्तव्य अब समाप्त हो चुका है। आपने इसे ध्यान से सुना और सुविधाएँ दीं उसके लिए मैं कृतज्ञ हूँ। जिन्होंने इस बड़े अभियोग में मुझे कानूनी सहायता दी और जो पुलिस-ऑफीसर इस अभियोग से संबंधित हैं उनके प्रति मेरे हृदय में कोई दुर्भावना नहीं है। मैं उनके सद्व्यवहार के लिए उनका भी कृतज्ञ हूँ। जेल-अधिकारियों को भी धन्यवाद, उन्होंने मेरे साथ बहुत अच्छा व्यवहार किया है।

(149) यह सत्य है कि मैंने तीन-चार-सौ लोगों के बीच दिन के समय गांधी पर गोलियाँ चलाईं। मैंने भागने का कोई प्रयत्न नहीं किया। वास्तव में भागने का विचार मेरे मस्तिष्क में आया ही नहीं। मैंने अपने ऊपर गोली चलाने का प्रयत्न भी नहीं किया। आत्मघात करने का मेरा कभी विचार न था, क्योंकि मैं अपने विचारों को खुले न्यायालय में प्रकट करना चाहता था।

(150) आलोचनाओं के बावजूद भी मैंने जो कृत्य किया उसके नैतिक पक्ष पर मेरी आत्मा कभी विचलित नहीं हुई। मुझे यह किंचित भी संदेह नहीं कि भविष्य में सच्चाई और ईमानदारी से इतिहास के इस अध्याय को इतिहासकार लिखेंगे तो वे मेरे कार्यों और उसके परिणाम का सही मूल्यांकन करेंगे।

अखंड भारत अमर रहे!

वन्देमातरम्!

दिल्ली — **—नथूराम विनायक गोडसे**

8 नवम्बर, 1948 — (अभियुक्त क्रमांक 1)

8

अपील का परिशिष्ट

उपभाग 1

पाकिस्तान को शेष राशि देने के विषय में उप–प्रधानमंत्री का वक्तव्य

माननीय सरदार वल्लभभाई पटेल, उप-प्रधानमंत्री ने नई दिल्ली में पत्रकार परिषद् में 12 जनवरी, 1948 को एक वक्तव्य दिया

"मित्रगण! पाकिस्तान के वित्तमंत्री श्री गुलाम अहमद ने पाकिस्तान को शेष राशि देने के संबंध में जो वक्तव्य दिया है वह आपने पढ़ा ही होगा। प्रस्तुत वित्तमंत्री ने एक सिविल सर्वेंट के नाते विधि क्षेत्रों में उच्च-स्थान पर काम किया है। वे हैदराबाद-संस्थान के भी वित्तमंत्री रहे। बड़े व्यापारों में उनकी गणना थी। ऐसे अधिकारी व्यक्ति के विधानों में कहीं असत्य आ जाए अथवा सत्य का विप्रयास करने वाली बातें आ जाएँ तो साधारण रूप से उन पर भरोसा किया जाता है, किन्तु उनका वक्तव्य ऐसे उद्धरणों से ओत-प्रोत है। इतना ही नहीं वरन् कश्मीर के प्रश्न से उन्हीं के शासन ने पैसों का प्रश्न अवरुद्ध किया है। इसलिए उस प्रश्न को सुलझाना

न्याय द्वारा असम्भव है, यह उन्होंने जाना है। अतः उन्होंने अपनी विवेकबुद्धि और सारासार विचार-बुद्धि त्याग दी है। धौंस देकर उद्दंडपन से पैसे छीनने वाले गुंडों के स्तर पर वे उतरे हैं।

सच्ची घटनाओं को स्थान ही नहीं

मैंने ऐसे शब्द प्रयोग जानबूझ कर किए हैं क्योंकि जो व्यक्ति समझ बुद्धि से उनका वक्तव्य पढ़ेगा वह इस बात को जान जाएगा कि रिजर्व बैंक पर धमकियों की वर्षा कर और उस पर बेतूके आरोप लगाकर, उसको डरा कर झुकाने का गुलाम अहमद का यत्न चल रहा है। हिन्दुस्तान शासन का हेतु शुद्ध और प्रामाणिक नहीं है, जैसा आरोप उन्होंने लगाया है। उन्हें आशा दीखती है कि ऐसे आरोपों से उनके रुके हुए पैसे उन्हें मिल सकेंगे। विश्व के अन्य राष्ट्रों का समर्थन उन्हें प्राप्त हो, यह उनकी चेष्टा है। अपनी दी हुई धमकी अकेली न पड़ जाए और वे राष्ट्र हिन्दुस्तान शासन को अपनी नीति बदलने को कहें, इसलिए यह चाल चली गई है। मैं समझ सकता हूँ कि जिस उलझनपूर्ण अवस्था में वे (पाकिस्तान) खड़े हैं, उससे छुटकारा पाने के लिए उनके हाथ-पैर छटपटा रहे हैं। इस प्रश्न पर उन्हें उद्दंडता की चाल चलने की अपेक्षा संतुलित होकर विचार करना चाहिए। इतनी अपेक्षा रखने का मेरा भी अधिकार है। उनकी चीख-पुकार और धमकियों को अपयश ही मिलेगा, यह बात सूर्य के प्रकाश जितनी स्पष्ट है। अपना साहस प्राप्त करने के लिए उन्होंने असभ्यता दिखाई और उद्दंड बर्ताव किया, उस नशे में उन्होंने सत्यस्थिति को देखा तक नहीं है। फिर उनका मूल्यांकन करने की बात तो दूर ही रही। यह देखिए–

कश्मीर का प्रश्न बातचीत में खींचा जाएगा, इसका तनिक भी ध्यान पाकिस्तान को नहीं था। इस बात की छानबीन हम पहले करेंगे। साथ ही साथ, उन्होंने हिन्दुस्तान शासन पर अप्रमाणिकता का आरोप लगाया है और दूसरे भी आरोप लगाए हैं, उसका भी हम विचार करेंगे। इस बातचीत के अनुक्रम का ब्यौरा मैं आपको थोड़े में देता हूँ। "पिछले नवम्बर के अन्तिम सप्ताह में पाकिस्तान और हिन्दुस्तान शासन के प्रतिनिधियों के बीच कई बार बातचीत हुई। मकसद यह था आपस के झगड़े निपट जाएँ जिसमें कश्मीर प्रश्न का भी समावेश था। जो बातें हुईं वे विभाजन से ही जनित प्रश्नों तक सीमित नहीं थीं। कश्मीर के प्रश्न पर भी चर्चा हुई। वैसे ही

निर्वासितों का प्रश्न और उनके पुनर्वास के महत्व की घटना को भी चर्चा में स्थान मिला। दिनांक 26 को कश्मीर प्रश्न पर जो चर्चा हुई, वह आशा, सद्भावना और सौजन्य के वायुमण्डल में हुई। वह चर्चा आगे चलती रही और दूसरे दिन आर्थिक तथा अन्य प्रश्न भी चर्चा के विषय बने। 27 नवम्बर को शेष राशि के वितरण और जिस पर चर्चा नहीं हुई थी, उस ऋण के सम्बन्ध का एक तात्कालिक संधि-पत्र (करार) तैयार हुआ। उस संधि-पत्र को तुरन्त मान्यता मिले, ऐसी पाकिस्तान की इच्छा थी। हमारी अनुमति प्राप्त करने का उन्होंने जी तोड़ प्रयास किया। हमने उसका विरोध किया। 27 नवम्बर की शाम मैंने समाचार-पत्रों को एक वक्तव्य दिया। मैंने उन्हें बताया कि हमारी गोष्ठी पर समाचार-पत्र तर्क न करें और हमारी बातचीत समाप्त होने के बाद हम अधिकृत वृत्त उन्हें जब तक न दें, तब तक वे धीरज रखें। मेरे शब्द इस प्रकार हैं, "सब स्थगित प्रश्नों पर उपाय ढूँढने के हमारे प्रयास शक्ति के साथ चल रहे हैं, किन्तु हमारी चर्चा पर तर्क-वितर्क प्रकट किए गए तो उससे लाभ की अपेक्षा हानि ही होने की आशंका है। इस समय मैं इतना ही कहता हूँ कि हमारी बातचीत मित्रता और सौजन्य के वातावरण में चल रही है और पाकिस्तान के प्रधानमंत्री और वित्तमंत्री शनिवार तक यहाँ रहने वाले हैं।

जब बातचीत पूरी होगी, विस्तृत विवरण दिया जाएगा। जब तक यदि किसी अखबार द्वारा छपा भी या किसी एकाध प्रश्न पर अनुबंध हुआ है, ऐसा प्रकाशित हुआ तो उसे शासकीय संपुष्टि नहीं है और वह प्रकटीकरण अवधिपूर्व है, प्रीमैच्युअर है, ऐसा माना जाएगा।"

दूसरे दिन प्रातः मैंने (पटेल) अपने वक्तव्य में एक स्पष्टीकरण दिया। शासकीय भवन (गवर्नमेंट हाउस) में पढ़ा गया। पाकिस्तान के प्रधानमन्त्री और वित्तमन्त्री वहाँ उपस्थित थे। सब स्थगित प्रश्नों का हल नहीं निकलता, तब तक यह अनुबंध अन्तिम नहीं माना जाएगा, यह मेरा स्पष्टीकरण था। मैंने यह भी स्पष्ट शब्दों में कहा था कि जब तक कश्मीर का प्रश्न निर्णित नहीं होता, तब तक हम कोई भी धनराशि देने के लिए अनुमति नहीं देंगे। मेरी उस बात को ध्यान में रखकर ही उभयान्वय-पत्र को प्रकट नहीं किया गया था। इसके बीच पाकिस्तान के प्रतिनिधियों ने अपना जाना स्थगित किया। कश्मीर और दूसरे प्रश्नों पर बातें होती

रहीं। भिन्न-भिन्न प्रश्नों पर एकमत नहीं हुए। फिर भी कुछ सुधरे हुए वातावरण में चर्चा होते-होते विभाजन से उत्पन्न और कुछ समस्याओं पर हमारा अनुबंध हुआ। 1 दिसम्बर, 1947 को विभाजन-मंडल के समक्ष वह अनुबंध रखा गया, किन्तु वह अनुबंध बाद में लिपिबद्ध करना था। 2 दिसम्बर को वह हुआ। उस समय यह भी स्पष्ट हुआ कि कश्मीर और दूसरे प्रश्नों के सुझाव मिलने के पश्चात् ही इस अनुबंध का प्रकटीकरण होगा। उस समय आशा थी कि सब प्रश्न समाधानपूर्ण पद्धति से हल हो जाएंगे।

वक्तव्य प्रकट करने की यह नीति दोनों पक्षों ने मध्यस्थ आयोग (Arbitral Tribunal) के सामने अपने-अपने निवेदन देते समय मान ली थी। जो प्रश्न चर्चा में आते थे उन पर सुझाव प्राप्त होने की अनुकूलता प्रतीत होती थी। 8 और 9 दिसम्बर को लाहौर में बैठक बुलाई गई। उस बैठक में स्थिति अधिक स्पष्ट होने वाली थी। बैठक आरम्भ हुई। देखने में यह आया कि 55 करोड़ राशि झट से खींच लेने के प्रयास में पाकिस्तान बीच की अवधि में व्यग्र रहा। मैंने इस चाल का विरोध किया। आर्थिक लेन-देन का प्रश्न अलग गिना जाए और हमारे हाथ बँधे इसलिए पाकिस्तान के उच्च आयुक्त (हाई कमिश्नर) ने 7 दिसम्बर को बताया कि आर्थिक प्रश्नों पर हमारा अनुबंध हो गया, किन्तु हम अपनी पुरानी बातों पर अटल रहे। लाहौर की चर्चा में भी हमने अपना आग्रह स्थिर रखा और पाकिस्तान से कुछ मर्यादा तक सहमति प्रकट कर हमने निश्चित किया कि दिल्ली में होने वाले संसद अधिवेशन में 9 दिसम्बर को एक वक्तव्य दिया जाए। पाकिस्तान के अर्थमंत्री ने समाचार-पत्रों में प्रकाशन की इतनी फुर्ती की कि 7 दिसम्बर को प्रकाशित हो गया। पाकिस्तान की कपट-नीति उसी समय स्पष्ट हुई।

आर्थिक प्रश्नों पर जो अनुबंध हुआ उसका पाकिस्तान ने अस्त्र के रूप में प्रकटीकरण और प्रयोग किया। उसी का उन्होंने उपयोग कर कश्मीर विषयक नीति में फिर से अनाड़ी परिवर्तन किया और कुछ दिन पूर्व ही दिल्ली की बातचीत में जो आशा उमड़ी थी, वह चकनाचूर हो गई। 9 दिसम्बर के संसद के मेरे वक्तव्य में मुझे इसकी भूमिका स्पष्ट करना अनिवार्य प्रतीत हुआ। वह यह थी कि आर्थिक अनुसंधान का कार्यान्वयन जहाँ तक बन सके तभी किया जाएगा जब कश्मीर प्रश्न सुलझ जाए। इस मेरे प्रस्ताव पर पाकिस्तान ने उस समय कोई आपत्ति नहीं उठाई। 12 दिसम्बर को पाकिस्तान के उच्च-आयुक्त की उपस्थिति में मैंने एक विस्तृत

वक्तव्य दिया। उसमें मैंने यह कहा था कि उस अनुबंध का यशस्वी क्रियान्वयन दूसरे महत्व के प्रश्नों पर निर्भर रहेगा। कश्मीर का प्रश्न उन्हीं प्रश्नों में एक था, यह बात स्पष्ट थी। पाकिस्तान ने उस समय भी कोई आपत्ति नहीं उठाई। पचपन करोड़ रुपए छीनने के पाकिस्तान के प्रत्येक यत्न का हमने विरोध किया था। फिर 26 दिसम्बर को कश्मीर विषय पर अन्तिम चर्चा प्रारम्भ हुई, तब पाकिस्तान के महामन्त्री ने प्रथम बार कश्मीर प्रश्न और आर्थिक प्रश्न अन्योन्याश्रित हैं, इस हमारे कथन का विरोध किया और 55 करोड़ रुपये त्वरित देने के लिए माँग की। हमने उस समय भी उन्हें जताया और बाद में 30 दिसम्बर को हमने जो तार भेजा उसमें भी स्पष्ट किया कि अनुबंध की धाराओं का पालन करने के लिए हम वचनबद्ध अवश्य हैं, किन्तु कश्मीर के प्रश्न में पाकिस्तान ने जो शत्रुता का रवैया अपनाया है उसके लिए धन देना स्थगित करना पड़ेगा। सम्पूर्ण चर्चा में हमारी यही भूमिका रही है।

इस प्रकार हमारा पाकिस्तान से बर्ताव तनिक भी अनुचित नहीं रहा है। हमने कहीं भी वचनभंग नहीं किया है। इसके विपरीत पाकिस्तान के प्रतिनिधियों ने स्वांग रचा कि वे पाकिस्तान की समस्या का सुझाव शीघ्रता से चाहते हैं और दूसरी ओर, उन्होंने आर्थिक तथा अन्य प्रश्नों पर अधिकाधिक सुविधाएँ झपटने का यत्न किया। आर्थिक प्रश्न अन्य प्रश्नों से भिन्न हैं, उनकी चाल थी। पाकिस्तान के उच्चायुक्त और अर्थमंत्री ने हमारे हाथ जकड़ लेने का भारी प्रयास किया, परन्तु हमने सदा ही उसका सफल विरोध किया। हम कभी अप्रामाणिक नहीं रहे। वरन् सब प्रश्नों के सुझाव का यह एक अंशमात्र है, यह मन से और सत्यता से मानते थे। इन दोनों पड़ोसी राष्ट्रों में मित्रता और शान्ति रहे, इसलिए हमारा यह निर्णय था।

हमारा कहना यह भी है कि इस आर्थिक समन्वय को मान्यता देने के पीछे हमारे मन में पाकिस्तान के प्रति उदार भावना थी। विभाजन-मंडल के सामने मैंने यह भी कहा था कि पाकिस्तान एक वैभव और प्रतिष्ठाशाली पड़ोसी के नाते खड़ा रहे, यही हमारी इच्छा है। हमें आशा थी कि अन्य प्रश्नों के विवादों में पाकिस्तान भी हमारे प्रति वैसी ही भावना रखेगा। उसके व्यवहार से हम निराश हुए। पाकिस्तान के उच्च-आयुक्त और सर आर्चिबाल्ड रोलॅडस् के प्रचारित वक्तव्य से यह स्पष्ट

दीखता है कि यह आर्थिक समन्वय पाकिस्तान को बड़ा ही आकर्षक लगा और पाकिस्तान को इससे बड़ा सहारा मिलने वाला था। इसलिए अपनी आर्थिक नींव संतुलित रखने के लिए पाकिस्तान ने यह वचन प्राप्त किया। उसके साथ हिन्दुस्तान की भावनाओं का प्रतिवाद करना उन्होंने टाला।

मैं यह भी ध्यान में लाना चाहता हूँ कि हमारा दृष्टिकोण न केवल न्याय और शांति का समन्वय करने का था प्रत्युत उससे भी विशाल था। हम सदा जानते थे कि जो झगड़े हैं उनको सामंजस्य, सहानुभूति, सहनशीलता और कल्याणकारी दृष्टि से सुलझाया जाए तो ही हमारे और पाकिस्तान के बीच पड़ोसी जैसे सौहार्द्र सम्बन्ध रहना सम्भव होगा, किन्तु पाकिस्तान ने हमारे उदार दृष्टिकोण का अनुचित लाभ उठाया। हमारी उदार भावनाओं का उसने अपने संकुचित और स्वार्थ के लिए प्रयोग किया। स्पष्ट है कि आवश्यकता थी और है सर्वव्यापक उदार भावना की। हिन्दुस्तान ने अविभक्त अर्थात् विभाजन पूर्व हिन्दुस्तान के ऋण का बोझ अपने सिर पर लिया और पाकिस्तान के विश्वास और सद्भावना पर हमने भरोसा रखा। हमने निर्णय किया कि पाकिस्तान दीर्घ कालावधि के सुलभ अंशों में हिन्दुस्तान का ऋण चुकाए। इसलिए हमसे यह नहीं बनेगा कि हमारी सुरक्षितता और प्रतिष्ठता पर प्रहार करने वाले प्रश्न पैसों के लेन-देन में डूबे रहें। हमें पूर्ण दक्षता रखनी चाहिए ताकि जो सम्बन्ध खींचातानी के हैं, वे अधिक बिगड़ न पाएँ। मैंने 12 दिसम्बर को दिए गए वक्तव्य में कहा ही है कि हमारी सद्भावना की नींव पर खड़ा कार्य अब धोखे में आया है अर्थात् हमारी सद्भावना को ही अब धोखा है।

कश्मीर पर जो आक्रमण हुआ है उसको प्रतिरोधात्मक उपाय की दृष्टि से हमने इस आर्थिक समन्वय का कार्यान्वयन स्थगित किया। हमने उसमें न्यायोचित व्यवहार ही किया है। हम उस संधि-पत्र में बँधे हुए हैं, यह बात हमने पाकिस्तान को एक बार नहीं, कई बार बताई है। पैसे चुकाने के लिए नियत समय का बंधन, हम पर उस संधि पत्र में नहीं है। इस समय पाकिस्तान ने अपनी सेना सहित हमसे सशस्त्र संघर्ष खड़ा किया। ऐसा लगता है कि उसकी व्याप्ति अधिक भयानक होगी। उससे आर्थिक समन्वय की नींव ही उखड़ जाने का डर है। संधि-पत्र में

लिपिबद्ध ऋण का उत्तरदायित्व स्वीकारना, सामग्री का बँटवारा करना आदि कार्यों पर भी उसका प्रतिकूल परिणाम होगा। ऐसी अवस्था में बचे पैसे हम दें, इस प्रकार की माँग पाकिस्तान किसी भी न्याय से हमसे नहीं कर सकता।

आरोपों का आधार नहीं है

पाठक वृंद! पाकिस्तान के अर्थमंत्री के हिन्दुस्तान शासन पर लगाए आरोप कितने निराधार और खोखले हैं, यह दिखाने के लिए मैंने पर्याप्त विवरण दिया है, वह मेरी धारणा है। मैंने यह भी दिखाया है कि आर्थिक प्रश्न दूसरे प्रश्नों से अलग नहीं किए जा सकते और संधि-पत्र का कार्यान्वयन एक ही साथ हो सकता है, यह हम आरंभ से ही कहते आए हैं। जो समझौता हुआ है, उससे पीछे हटने का प्रश्न ही नहीं उठता। इच्छा इतनी ही है कि समझौते का कार्यान्वयन करने के लिए अनुकूल योग्य वातावरण निर्माण हो। यदि पाकिस्तान पहले ही राशि माँगने का आग्रह करे तो एक बात स्पष्ट है कि जो संधि हुई है उसकी पृष्ठभूमि में जो सौजन्य है, सद्‌भाव है, वह उसको नष्ट करना चाहता है। अतः भारत राशि चुकाने का विरोध कर रहा है। यदि पाकिस्तान अपनी गुंडा-नीति में सफल हुआ तो संधि-पत्र की नींव ही ध्वस्त हो जाएगी। युद्ध की पाकिस्तानी मनोकामना में यह आर्थिक राशि सहायता सिद्ध होगी। साथ ही संधि-पत्र के अन्य प्रश्नों पर उसका विपरीत प्रभाव पड़ेगा, यह सुस्पष्ट है।

उपभाग 2
संधि के संबंध में वित्तमंत्री के प्रतिवृत्त का अंश

बाद में जो घटनाएँ हुईं उससे हमारी उदारता कुपात्र में परोसी गई, यह स्पष्ट होगा। श्री गुलाम मुहम्मद ने हम पर राजनीतिक डकैती का आरोप लगाया है। पाकिस्तान की ओर सहानुभूति अर्जित करने का शायद यह एक तुच्छ मार्ग होगा। उन्होंने हमें चिढ़ाने वाला व्यवहार किया है, किन्तु उसके बाद भी हमारी भूमिका स्पष्ट है। इन दो देशों में जो संधि हुई है उसकी धाराओं से पीछे हटने का प्रश्न ही नहीं उठता। हमने पहले से ही यह कहा है कि ये सब धाराएँ सर्वव्यापक संधि का

एक भाग मात्र हैं और उनकी धाराओं का कार्यन्वयन सब प्रश्नों के सुझाव के साथ ही होगा। इस बीच हमारे पड़ोसी राष्ट्र के उत्तरदायी मंत्री द्वारा किए गए उद्दण्ड बर्ताव, गुंडानीति के प्रचार, हमारी टाँग खींचने की चेष्टा से भी हम अपनी योग्य नीति से विचलित नहीं होंगे।

उपभाग 3
हिन्दुस्तान की सद्‌भावना का प्रत्यय
हिन्दुस्तान-पाकिस्तान आर्थिक समन्वय का त्वरित कार्यन्वयन

गृह-मंत्रालय ने 15 जनवरी, 1947 को वित्तमंत्री के लिए एक पत्र भेजा। उसमें कहा है कि हिन्दुस्तान शासन ने हिन्दुस्तान और पाकिस्तान के बीच हुए आर्थिक विषयक समझौते के बारे में अपनी भूमिका पहले ही स्पष्ट कर दी है। हमने यह भी कहा है कि हिन्दुस्तान और पाकिस्तान के बीच जो सभी विवादात्मक प्रश्न हैं उन सबके सुझाव के साथ ही आर्थिक समन्वय का क्रियायन किया जाए। साथ ही साथ हमने यह भी बताया कि संधि की धाराओं का हम पालन करते हैं।

पाकिस्तान के वित्तमंत्री ने जो अर्थहीन वाद-विवाद प्रारंभ किया है और शोर मचाया है, उसका हमें दुःख है। हम यह कभी भी नहीं मानेंगे। हिन्दुस्तान के उप-प्रधानमंत्री और वित्तमंत्री ने जो प्रस्ताव रखे हैं उनमें वस्तुस्थिति और सत्य घटनाओं का विस्तृत वर्णन है। उसमें प्रस्तुत किए निर्णय तथा तर्कों में भारतीय मंत्रीमंडल की सहमति है। पाकिस्तान के वित्तमंत्री ने फिर से आह्वान किया है, इसका हमें खेद है। हमारे द्वारा प्रस्तावित शर्तें विरोध के परे हैं। हिन्दुस्तान शासन ने न्याय संगत भूमिका से जो नीति अपनाई है, उसी का यह आधार है।

गांधी का अनशन

गांधी जी के अनशन से न केवल भारत सरकार चिंतित हुई, बल्कि विश्व भर में चिंता फैल गई। भारत और पाकिस्तान के बीच जो ईर्ष्या, द्वेष, वैमनस्य भाव उत्पन्न हुआ है, उसके समाधान का उपाय ढूँढा जाने लगा।

भारत-सरकार भी यही चाहती है, किन्तु राष्ट्र-हित की बलि देकर नहीं। और हिन्दुस्तान शासन ने देशहित, समाजहित और गांधीहित में यह निर्णय स्वीकार कर लिया।

इस निर्णय से भारत और पाकिस्तान में सद्भाव बढ़ेगा। राष्ट्रपिता गांधी जी जो अपना उत्सर्ग करने पर तुले हैं, उन्हें शांति मिलेगी। वे अनशन समाप्त करेंगे। वे जीवन में देश की और सेवा कर पाएँगे। इसलिए पाकिस्तान को यह राशि देने का निश्चय किया।

वस्तुतः यह निर्णय इस देश की देदीप्यमान परंपरा के अनुसार शांति और सदिच्छा स्थिर रखने के लिए गांधी जी के अहिंसक और उदात्त प्रयत्न को हिन्दुस्तान शासन की ओर से मनःपूर्वक भेंट थी।

हिन्दुस्तान के प्रधानमंत्री के निवेदन का उद्धरण

पाकिस्तान को राशि देने का निर्णय भारत सरकार ने पूर्ण विचार-विमर्श तथा गांधी जी से परामर्श करके लिया है। मेरे मंत्री-मंडली सदस्यों ने समय-समय पर जो निवेदन दिए हैं, उनमें हिन्दुस्तान शासन की भूमिका स्पष्ट कर दी है। वह शासन की एकमत की भूमिका है। उसके पीछे खड़ी शक्ति और उसकी बोधता उससे हमारे ही सद्भावना के प्रयासों में कोई अंतर पड़ा है, ऐसा अर्थ न निकाला जाए। पाकिस्तान के वित्तमंत्री ने जो अंतिम पत्रक प्रचारित किया है, उसमें उन्होंने खड़े किए विवाद हम मानते नहीं हैं, यह भी हम स्पष्ट शब्दों में कहते हैं।

उपभाग 4
हिन्दू महासभा का लोकतंत्र विषयक प्रस्ताव

अखिल भारतीय हिन्दू महा-सभा का बिलासपुर में दिसम्बर, 1944 में 26वाँ अधिवेशन संपन्न हुआ। अधिवेशन में पारित प्रस्तावों के उद्धरण नीचे दिए हैं–

(1) सार्वभौम सत्ता के घटक हिन्दुस्तान के लोग हैं। विश्व के अन्य देश के लोगों के समान ही हिन्दुस्तान के लोगों को भी स्वतंत्र होने का पूरा अधिकार है। इसलिए हिन्दुस्तान एक स्वतंत्र राष्ट्र रहेगा और उसके संविधान का नाम रहेगा। 'स्वतंत्र हिन्दुस्तान राष्ट्र का संविधान।'

(2) ऐतिहासिक परंपरा की दृष्टि से और आंशिक आधार पर वैसे ही सांस्कृतिक भूमिका से भी हिन्दुस्तान एक है, संपूर्ण है, अविभाज्य है, और यह भूभाग वैसा ही रहना चाहिए।

(3) हिन्दुस्तान के स्वतंत्र राष्ट्र के शासन का स्वरूप लोकतंत्र प्रधान और गणतंत्र पद्धति का रहेगा।

(4) गणतंत्र की विधिमंडल पद्धति दोहरे प्रकार की रहेगी।

(5) विधिमंडल के चुनाव चाहे केंद्रीय हों अथवा प्रांतीय, सज्ञान मतदाता संघ से और एक व्यक्ति को एक मत, इस आधार पर होंगे। मतदाता संयुक्त रहेंगे, अल्पसंख्यकों का उनकी संख्या के अनुसार सुरक्षित प्रतिनिधित्व रहेगा।

मूलभूत अधिकार

(1) सब नागरिकों को विधिविषयक समानता रहेगी। नागरी अथवा दंडविषयक, मूलभूत अथवा कार्यवहनात्मक कोई भी विधि भेदभाव करने वाली नहीं रहेगी।

(2) सार्वजनिक स्वरूप की सेवावृत्ति अधिकार पद, मान-सम्मान के स्थान अथवा व्यवसाय करने का अधिकार सबको समान रहेगा जिसमें वर्ण, जाति अथवा पंथ इसकी रुकावट नहीं रहेगी।

(3) सार्वजनिक सुव्यवस्था और नीतिमत्ता, इनमें बाधा न लाते हुए सब नागरिकों को विचार स्वातंत्र्य के समान आचरण स्वातंत्र्य रहेगा। अपने-अपने धर्म का पालन, अपनी-अपनी संस्कृति का संरक्षण करने का प्रत्येक को स्वातंत्र्य रहेगा और धर्म द्वेष पर आधारित अथवा धर्म के नाम प्रतिबंध लाने वाला कोई भी कानून प्रत्यक्ष अथवा अप्रत्यक्ष रूप में नहीं बनाया जाएगा। उसी प्रकार धर्म विषयक अथवा धार्मिक श्रेणी के कारण किसी को भी विशेष अधिकार प्राप्त नहीं होंगे या किसी के अधिकार छीने नहीं जाएँगे।

9

बंदीकाल में नथूराम का पत्र-व्यवहार

नथूराम और गांधीजी के पुत्र रामदास गांधी के बीच पत्र-व्यहार

मई-जून, 1949 में शिमला के उच्च-न्यायालय में अभियोग के पुनर्विचार के आवेदन की सुनवाई चल रही थी। नथूराम को अम्बाला बन्दीगृह से वहाँ लाया गया था। एक दिन जेलर ने उन्हें एक पत्र दिया। पत्र खोलने का कष्ट अधिकारी ही उठाते थे। उससे जिज्ञासा पूर्ति में विलम्ब नहीं होता था।

वह श्री रामदास गांधी का नागपुर से प्रेषित दिनांक 17-5-1949 का पत्र था। 'प्रिय नथूराम गोडसे' इस सम्बोधन के साथ श्री रामदास ने सर्वप्रथम अपना परिचय ही दिया है 'जिनकी हत्या करने पर आपको विलक्षण अभिमान अनुभव होता होगा, प्रस्तुत पत्र का लेखक उन्हीं का पुत्र है।' (The writer of this letter is the son of one you seem to take great pride in having assassinated).

पत्र भावपूर्ण है। आत्मीयता से परिपूर्ण। किंचित् विषयान्तर करके भी वह पत्र यहाँ देना चाहता हूँ। पत्र का भावानुवाद इस प्रकार है 'मेरे पिताजी की नाशवान देह का ही आपने अंत किया है, और कुछ नहीं। इसका ज्ञान आपको एक दिन होगा, ऐसा मेरा विश्वास है। क्योंकि एक मुझ पर ही नहीं प्रत्युत सम्पूर्ण संसार के लाखों लोगों के हृदयों पर मेरे पिताजी के तत्वों का प्रभाव अभी तक विद्यमान है। सम्पूर्ण संसार के लोगों ने राष्ट्रों ने, मेरे पिताजी को जो श्रद्धांजलियाँ समर्पित की हैं, उनसे यह सिद्ध हो चुका है।

'संसार का प्रत्येक व्यक्ति शांति के लिए अत्यंत आतुर है, यह आप जानते हैं। आण्विक शक्ति नहीं, प्रत्युत परस्पर की समझ (Mutual understanding) और एक दूसरे के प्रति आदर की भावना ही संसार में शांति ला सकती है। जो ऐसा कहते हैं और जिनकी यह मान्यता है उनमें वर्तमान युग के बड़े-बड़े युद्ध-नेता (War lords) भी हैं। यह देखकर आपको विस्मय हुआ होगा। इस देश के लाखों लोग 'सत्य और अहिंसा', इन सरल और सार्थक शब्दों में उस भावना का अनुभव करते हैं।

आपके मन को और दृष्टि को जिस कुहरे ने और भ्रांत धारणा ने ढंक दिया है, उस कोहरे और भ्रांत धारणा के निराकरण में उपर्युक्त वस्तुस्थिति आपकी सहायता करेगी, ऐसी मुझे आशा है। इस भ्रांत धारणा का निराकरण होते ही आप पछताएंगे और आपने जो कृत्य किया वह सर्वथा अकरणीय और त्याज्य है, इस सत्य का साक्षात्कार आपको हो जाएगा। इसमें मुझे रंच भी संदेह नहीं है। चाहे वह कृत्य किसी धर्म सिद्धि के लिए हो अथवा राजनैतिक उद्देश्य की पूर्ति के लिए हो अथवा किसी और कारण से प्रेरित। आप शास्त्र संम्मत और तर्कसिद्ध विचार-पद्धति के समर्थक हैं। (You are a man of reason and logic)। समाचार-पत्रों के अनुसार ऐसी अपने सम्बन्ध में आपकी मान्यता है। इसलिए आप मेरे हृदय के भावों की कल्पना कीजिए, ऐसा मेरा आपसे आग्रह है। यदि आप ऐसा करेंगे तो आपने यह कृत्य करके अपना भी कोई बहुत प्रिय कार्य नहीं किया है, यह आपको प्रत्यक्ष जान पड़ेगा।

आपका सत्यैषी,
आर.एम. गांधी।

'पुनश्च–दिनांक 1-5-1949 को मैंने हिन्दुस्तान के महाशासक (Governor General) को पत्र भेजा है, यह आपको सूचित कर रहा हूँ। आपके विरुद्ध अभियोग चलाने वाले विशेष न्यायालय ने आपको जो दण्ड दिया है वह आपको क्यों नहीं भोगने देना चाहिए, इसका कारण मैंने इस पत्र में दिया है। –**आर.एम. गांधी**

इस पत्र के मिलने पर दूसरे ही दिन अर्थात् ३ जून, 1949 को नथूराम ने उत्तर लिखा और नियमानुसार शिमला के डिप्टी कमिश्नर की मार्फत भिजवा दिया।

'प्रियबन्धु' के विशेषण से श्री रामदास गांधी को सम्बोधित करके उन्होंने इस पत्र में अपनी मनोव्यथा व्यक्त की है। वे लिखते हैं–'मेरे हाथों से आपके परम पूजनीय पिता का दुःखद अन्त हुआ उससे आपको और आपके सम्बन्धियों को जो मानसिक आघात पहुँचा है उसके विषय में एक मानव के नाते अपनी भावनाएँ व्यक्त करने के लिए मेरे पास शब्द नहीं हैं।' पत्र के अन्त में नथूराम पुनः लिखते हैं–'आपके पिता का मेरे हाथों से हुए निधन से आपको जो पीड़ा हुई है उसके लिए मैं पुनः गहरा खेद व्यक्त करता हूँ।'

अपने कार्य से गांधी-परिवार पर क्या बीतेगी, इसकी कल्पना नथूराम ने पहले ही की थी, इसलिए अवसर मिलने पर गांधी जी के आत्मीयों के प्रति अपनी सहानुभूति व्यक्त करने में उन्होंने संकोच नहीं किया, किन्तु मन के किसी कोने में वे इतने निश्चल और निरुद्विग्न थे, मानो उनकी अन्तर्रात्मा उन्हें कहती थी–'कर्तुं नेच्छसि यन्मोहात् करिष्यस्यवशोऽपितत्', स्थितप्रज्ञता की इस आधारपीठिका का आरूढ़ होने के कारण ही श्री रामदास गांधी के पत्र में ध्वनित क्षमा-दान जन्य प्राण-रक्षा की संभावना की सीढ़ी द्वारा फाँसी के तख्ते से उतर आने का प्रलोभन भी उन्हें विचलित नहीं कर सका। वे विचार विनिमय अवश्य चाहते थे, किन्तु वह भी गांधी जी के ऐसे शिष्यों के साथ जो राजनीति अथवा सत्ता से निर्लिप्त हों, क्योंकि ऐसे व्यक्तियों से विचार-विनिमय में क्षमादान की अपेक्षा तनिक भी नहीं हो सकती थी। उनके द्वारा श्री रामदास गांधी को भेजे गये पत्र के कुछ अंश इस प्रकार हैं–

शिमला, दिनांक 3 जून, 1949

प्रिय बंधु श्री रामदास गांधी,

आपका 17 मई, 1949 का दयापूर्ण पत्र कल मिला। मेरे हाथों से आपके परमपूजनीय पिताजी का दुःख अंत हुआ, उससे आपको एवं आपके सम्बन्धियों को जो मानसिक आघात पहुँचा है, उसके लिए एक मानव के नाते अपनी भावना व्यक्त करने योग्य शब्द मेरे पास नहीं हैं, किन्तु इसके साथ एक दूसरा पक्ष भी ध्यान देने योग्य है, ऐसा मेरा मत है। अपने समस्त विचार कागज पर उतारने की स्थिति में नहीं हूँ, न ही आपसे प्रत्यक्ष भेंट करने की स्थिति में ही मैं स्वयं

को पाता हूँ, किन्तु मेरी फाँसी के पूर्व मुझ से बंदीगृह में मिलने में आप अवश्य समर्थ हैं।

मैं एक तार्किक और शास्त्रसम्मत विचारों वाला मनुष्य हूँ, यह आपने सुना है, ऐसा आप लिखते हैं, किन्तु मैं प्रखर संवेदनशील भी हूँ यह जानकर आपको विस्मय होगा। मेरी उन प्रखर संवेदनाओं में मातृभूमि की भक्ति मेरी संवेदना है।

आप कहते हैं कि मेरे मन से मेरे भ्रांत विचार दूर होते ही एक दिन मुझे अपने कृत्य पर अवश्य ही पश्चाताप होगा और अपना अपराध मेरी समझ में आएगा।

बन्धु! मेरा मस्तिष्क विचार ग्रहण के लिए खुला है, (I am an open minded man) और अपनी धारणा की भ्रांति सुधारने के लिए सदैव तत्पर हूँ, परन्तु यदि मेरी कोई मान्यता त्रुटिल है तो उसे दूर करके मुझमें पश्चाताप जागृत करने का मार्ग कौन-सा है? निश्चित ही फाँसी का मंच नहीं, दया प्रदर्शन भी नहीं और मेरे दण्ड में परिवर्तन (Commulation) भी नहीं। इसका एकमात्र मार्ग है मुझसे मिलना और मेरी भ्रांति का मुझे ज्ञान करा देना। इस समय तक तो मुझे ऐसा कोई दिखाई नहीं दिया जो मुझे पश्चाताप करने पर सहमत कर दे।

कुछ प्रमुख क्रिश्चियन धर्म-प्रचारकों ने मुझे बहुत से पत्र भेजे हैं। उनकी श्रद्धा के अनुसार और 'पवित्र' बाइबल की शिक्षाओं के अनुसार उन्होंने मुझे कुछ उपदेश देने का प्रयत्न किया है। उनकी यह भूमिका अर्थपूर्वक समझने योग्य है, किन्तु आपका ही पत्र पहला पत्र है जो आपके आदरणीय पिताजी की सुविदित अथवा सर्वविदित सिद्धांतों से कुछ सीमा तक मिलता-जुलता है। सचमुच यह विस्मयजनक है। मेरे पास गाली-गलोच से भरे हुए अनेक पत्र आते हैं। वे आपके पिताजी के किन्हीं शिष्यों ने लिखे होंगे, ऐसा मैं नहीं समझता। कुछ भी हो, मुझे आपसे अनुरोध करना है कि आप मुझसे मिलें। यथासंभव अपने पिताजी के किन्हीं प्रमुख शिष्यों के साथ मिलें। विशेषकर ऐसा शिष्य राजसत्ता से निर्लिप्त होना चाहिए। उस भेंट में आप मुझे मेरी भ्रांति दिखा दीजिए, अन्यथा दया का यह प्रदर्शन और कुछ न होकर धूल झोंकना (Eyewash) मात्र है, ऐसा मुझे सदा लगेगा।

यदि आप मुझसे प्रत्यक्ष मिलें और मेरे साथ आपका विचार-विनिमय हो, चाहे वह भावनात्मक स्तर पर हो अथवा शास्त्रसम्मत विवाद के स्तर पर, तो कौन कह सकता है कि आप मेरे विचारों में परिवर्तन करा लेंगे और मुझ में पश्चात्ताप की भावना जागृत कर सकेंगे अथवा मैं ही आपका मत-परिवर्तन करा सकूँ और अपनी भूमिका का औचित्य आपसे मनवा सकूँ।

आपको केवल सफलतापूर्वक बोलना होगा, केवल यही एक शर्त हमारे सम्भाषण के लिए होनी चाहिए।

आपके पिता के मेरे हाथों से हुए निधन से आपको जो पीड़ा हुई है, उसके लिए एक मानव के नाते में पुनः आन्तरिक खेद व्यक्त करता हूँ।

आपका सद्‌भावी

नथूराम विनायक गोडसे

पुनश्च

यदि आपको उचित प्रतीत हो तो आप इस पत्र की प्रति भारत के राज्यपाल को भेज दें।

श्री रामदास गांधी का पत्र

खलासी लाइंस, नागपुर

दिनांक 13 जून, 1949

प्रिय श्री नथूराम गोडसे,

आपका दिनांक 3 जून, 1949 का पत्र प्राप्त हुआ।

आप सदैव विचार ग्रहण के लिए उद्यत हैं, यह जानकर प्रसन्नता हुई। आपने जो मार्ग अपनाया हुआ है, जिसके माध्यम से आप मातृभूमि की एकता बनाए रखने तथा अन्य धर्मों में भेदभाव में विश्वास न रखने वाले चिरंतन हिन्दू-धर्म की

रक्षा के लिए इन पद्धतियों के भविष्य में सफलता की सम्भावनाओं के विषय में मुझसे अथवा मेरे पिताजी के सहयोगियों से मुक्त हृदय से विचार-विनिमय करने की आपकी आकांक्षा उत्साहवर्द्धक है।

तदनुसार भारतीय प्रशासन की ओर से तथा मेरे एवं मेरे साथ जो भी आवेंगे उनकी ओर से, आपसे बातचीत करने के विषय पर किसी भी प्रकार का आश्वासन न देते हुए मैंने आज पण्डित जवाहरलाल नेहरू से श्री विनोबा भावे, श्री किशोरीलाल मश्रूवाला और मेरे स्वयं आपके साथ उपरिनिर्दिष्ट विषय पर चर्चा करने की अनुमति देने के लिए प्रार्थना की है। क्योंकि वह आपकी हार्दिक इच्छा थी, अतः मैंने ऐसा करना उपयुक्त समझा है।

यह चर्चा यदि ईश्वर ने चाही तो 25 जून, 1949 के बाद ही सम्भव हो सकेगी, क्योंकि नागपुर से दिल्ली तक उससे आगे जहाँ आपको रखा गया है वहाँ तक पहुँचना हमारे लिए 25 जून से पूर्व संभव नहीं होगा। इस बात को आप ध्यान में रखिएगा।

मैं समझता हूँ कि 'हम लोगों को सत्य ही बोलना चाहिए।' इस प्रकार की आपकी ओर से जो माँग है, वह वांछनीय नहीं। क्योंकि वह न तो मेरे सम्बन्ध में आवश्यक थी और न ही मेरे पिताजी के निकट सहयोगियों के ही सम्बन्ध में आवश्यक थी।

मेरा सुझाव है कि इस बीच का पूर्ण समय आप आत्म-संशोधन में व्यतीत कीजिए। और वह भी परमेश्वर पर पूर्ण श्रद्धा के साथ। 'वही' आप पर कृपापूर्ण सुदृष्टि रखें, ऐसी प्रार्थना कीजिए। क्योंकि वैसी कला ही आपको आपका अपराध स्वीकार कराने में सहायक होगी, ऐसी मेरी धारणा है। अनादार और आक्रमण से अपनी मातृभूमि और विशेषतया हिन्दू-धर्म की रक्षा किस प्रकार की जा सकती है, इस बात को अन्त में गांधी जी भली-भाँति जान गए थे; इस सत्य का साक्षात्कार भी आपको होगा। यदि आपने ऐसा किया तो मैं समझता हूँ कि आपकी और हमारी जो प्रस्तावित भेंट है उसके अन्त में सौंदर्य और अर्थ से परिपूर्ण भगवद्गीता के

28वें अध्याय के 73वें श्लोक को आप हमारे साथ प्रसन्नता से उच्चारण कर सकेंगे, ऐसा मेरा विश्वास है–

नष्टो मोहः स्मृतिर्लब्धा त्वत्प्रसादान्मयाच्युत।
स्थितोऽस्मि गत सन्देहः करिष्ये वचनं तव।।

सद्भावनाओं सहित

आर. एम. गांधी

नथूराम का उत्तर

मध्यवर्ती बन्दीगृह, अम्बाला

दिनांक 24-6-1949

प्रिय श्री रामदास गांधी,

इसी मास के दिनांक तेरह का आपका पत्र मुझे 23 जून को प्राप्त हुआ और मैं आपके आशय से अवगत हुआ।

आपने मेरी विनती को स्वीकार कर लिया है, यह जान कर मुझे आनन्द हुआ। आपकी जब भी सुविधा हो आ जाइएगा। मेरी फाँसी से एक दिन पूर्व भी आप मुझसे मिल सकते हैं। उस भेंट के लिए मैं अत्यधिक उतावला नहीं हूँ। मुझसे मिलने का आपका विचार है, यह जान कर ही मुझे पर्याप्त सन्तोष हुआ है। यदि किसी अड़चन के कारण आप मुझे न भी मिल सके तो भी मुझे किसी प्रकार का खेद नहीं होगा, क्योंकि मुझसे मिलने की सहमति आपने व्यक्त की है, इससे ही आपकी आस्था का आभास प्राप्त हो रहा है, मेरे लिए यही पर्याप्त है। तथापि मेरी आपसे केवल यही विनती है कि मुझे मिलने की चेष्टा कीजिए।

'जो सत्य है वही बोला जाए।' यह अपेक्षा मुझे नहीं लिखनी चाहिए थी, आपके इस प्रकार के विचार से मैं सहमत हूँ। विश्वास कीजिए, वैसा लिखते समय

आपके हृदय को ठेस पहुँचाने की मेरी मनोभावना किंचित् भी नहीं थी, परन्तु ऐसा लिखने के लिए मेरे पास दो कारण थे। इस युग में 'सत्य' के अनेक तथाकथित पुजारी मुझे मिले हैं, किन्तु उनके प्रत्यक्ष व्यवहार में मैंने इस प्रकार की कोई बात नहीं पाई। मैंने न्यायालय के कठघरे में शपथपूर्वक तोड़-मरोड़ कर सत्य बोलते हुए अनेक लोगों को खड़े देखा है। और दूसरा कारण था कि हमारे वार्तालाप के समय मुझे कड़ुआ सत्य बोलना पड़ेगा, वह चाहे जो हो, कम से कम मेरी धारणा के आधार पर वह कटुसत्य ही होगा।

कुछ भी हो, 'निडरता से बोलने का भय मुझे नहीं रहना चाहिए, 'आपके पत्र से मुझे ऐसा आश्वासन प्राप्त हुआ है।

'नष्टो मोहः स्मृतिर्लब्धा' भगवद्गीता का यह श्लोक आपने मुझे स्मरण कराया, इसके लिए आपको धन्यवाद। मुझसे यदि आप पूछें तो गोता का न केवल यही श्लोक अपितु सम्पूर्ण गीता ही अर्थ और सौन्दर्य से परिपूर्ण है।

'करिष्ये वचनम् तव' अर्जुन से ऐसा कहने के बाद श्रीकृष्ण ने उसको यह भी कहा था–'मामनुसार युद्ध च।' और अर्जुन ने इसे प्रत्यक्ष करके दिखाया।

श्री विनोबा भावे जन्म से ही महाराष्ट्रीय हैं, उनके माध्यम से अथवा किसी अन्य व्यक्ति के माध्यम से मेरे साधारण चरित्र के बारे में अथवा व्यवहार के बारे में जितनी अधिक जानकारी आप प्राप्त कर सकें, यदि करें तो उत्तम होगा। जिस व्यक्ति ने ऐसा क्रूर एवं अवैध कर्म किया है उसका पूर्व चरित्र समझ लेना कदाचित आपके लिए उपयुक्त होगा।

सम्प्रति अधिक कुछ नहीं।

सद्भावनाओं सहित, आपका

नथूराम वि. गोडसे

21-6-1949

नथूराम का माडखोलकर को पत्र

श्री ग० त्र्यं. माडखोलकर की (नागपुर के मराठी दैनिक 'तरुण भारत' के संपादक) लिखी 'एक निर्वासित की कहानी' (एका निर्वासिताची कहाणी) उसने पढ़ी थी। नथूराम की तीव्र इच्छा थी कि माडखोलकर जी को पुस्तक पर अपने विचार बताएँ।

नया कागज लेना, पत्ररूप में अभिप्राय लिखना, इसके लिए भी नथूराम के पास समय नहीं था। उस 'निर्वासित की कहानी' पुस्तक पर ही, जो कोरे भाग और अधकोरे पन्ने थे उन्हीं पर उसने अपने विचार लिखे।

14 नवम्बर, 1949 को अर्थात् फाँसी के पहले दिन उसने वह पत्र लिखा। फाँसी लगने के पश्चात् नथूराम की निजी वस्तुओं और पुस्तकों की अधिकारी-वर्ग ने छानबीन की। फिर वह सामग्री संबंधियों को लौटा दी गई।

श्री दत्तात्रेय ने वह पुस्तक और उस अभिप्राय की एक प्रतिलिपि श्री माडखोलकर जी के पास आठ दिनों पश्चात् पहुँचा दी।

पूना के 'सोबत' मराठी साप्ताहिक के संपादक श्री ग. वा. बेहेरे ने उपर्युक्त पत्र दीपावली, 1970 के अंक में प्रकाशित किया है। पत्र का जो साहित्यिक अथवा वाङ्मयी अंग है, उसके लिखित निवेदन के भावनात्मक अंग के प्रकाश में रसग्रहण किया जाए, इस हेतु यह पत्र यहाँ प्रकाशित किया जा रहा है।

अंबाला

14 नवम्बर, 1949

प्रिय लेखक महाशय,

निर्वासित की कथा पढ़ी। विचारपूर्वक पढ़ी। आपकी लेखनी मूलतः ही महाराष्ट्र में लोकप्रिय है। और इस कहानी का कथानक तो सत्य घटना है और इसलिए इस कहानी में प्रेम, अनुकम्पा, आदर, संताप, तिरस्कार, दुःख आदि नानाविध भाव अति प्रखरता से प्रकट हुए हैं। आपकी मनोव्यथाएँ और आपके विविध विचार-तरंग वास्तविकता की पृष्ठभूमि पर आपने शब्दांकित किए हैं और इसलिए आपके आजकल के कई 'डाक बंगलों' की अपेक्षा ('डाक बंगला' श्री माडखोलकर जी का एक उपन्यास है)

आपका 'भग्नघर' (यह भी उनका एक उपन्यास है) साहित्य सृष्टि में अधिक समय टिका रहेगा।

श्रीमान् लेखक महाशय! आपके किसी आंदोलन का और आपके सर्वसामान्य सौजन्य का मैं एक प्रेमी हूँ और रसज्ञ भी। कुछ समय आपके सुखद सहवास का आस्वाद भी मैंने लिया है। मुझे जिस परिणाम में आपके बारे में पहले प्रेम रहा है, उसी मात्रा में आज भी, आपकी पुस्तक पढ़ने के पश्चात् भी स्थिर है। और मैं यह भी जानता हूं कि मेरे बारे में आपके अंतःकरण में बिना आत्यंतिक तिरस्कार के और कोई भावना नहीं रही होगी।

और इस पर भी मैं यह लिख रहा हूँ। मूझे विश्वास है कि आप इसे पढ़ेंगे और इस पर विचार करेंगे। मैं भी आज ये शब्द स्वर्गारोहण को सिद्धता की स्थिति में लिख रहा हूँ। मेरी चित्तवृत्ति शांत है। मन उल्लसित है। मुझे लगता है, आपकी कथा के पीछे जैसे एक वास्तविकता की भूमिका है, उसी प्रकार मेरे इस पत्र के पीछे भी एक अननुभूत और क्वचित ही दृष्टिगोचर होने वाली पार्श्वभूमि चित्रित है। मैं पत्रकार था, किन्तु मैं साहित्यिक नहीं हूँ। तथापि साहित्य मेरी रुचि का विषय था और साहित्य का थोड़ा बहुत आस्वाद चखने जितनी रसज्ञता मुझ में है। यह मेरी धारणा है और इसीलिए मुझे लगता है कि जिस परिस्थिति में मैं यह पत्र लिख रहा हूँ वह साहित्यिक का हृदय कंपित किए बिना नहीं रहेगी। अस्तु

आपकी 'एक निर्वासित की कहानी' में आपके इस प्रसंग के और भी अनेक निर्वासितों विध्वंस के वर्णन हैं। एक अंग का यह विध्वंसन और उसके मूल में गांधी-वध का कारण। आपके अंतःकरण पर गांधी-वध से आघात हुआ। आप में से ही एक ने यह वध किया, इसलिए लज्जा और संताप आपको अनिवार्य हुआ और विध्वंसन के कारण आपकी भावनाओं में उद्वेग, अनुकंपा और अन्य विकारों के कल्लोल की भरमार हुई।

उपर्युक्त घटनाएँ जैसे-जैसे मैं जानने लगा, मेरी भी भावनाएँ कुछ सीमा तक आपके जैसे ही हो गईं। आप मानें या ना मानें, किन्तु मूलतः मैं निर्दय वृत्ति का मनुष्य

नहीं हूँ। सहृदयता के और सर्व-साधारण सौजन्य के धागों से ही मेरा स्वभाव बना है। मेरे मित्र ही क्या, अनेक जेल अधिकारी और जेलर भी मेरी उक्त बात की संपुष्टि करेंगे, आप छानबीन करें।

तो फिर मैंने यह भयानक कृत्य क्यों किया? लेखक महाश्य! इसी के साथ आप को विनती है कि कवि की दिव्यदृष्टि से अथवा मनोवैज्ञानिक की सूक्ष्मदर्शिका के सहारे मेरे निम्नलिखित विचारों को देखें और फिर चाहें तो उन्हें फेंक दें।

मेरे क्रूर कृत्य का उद्‌गम सहृदयता और स्त्री दाक्षिण्य इनकी आत्यन्तिक भावनाओं में है। जन-निन्दा अथवा मृत्युदण्ड, ये दोनों परिणाम भी मैं जानता था, तो भी उपर्युक्त भावनाओं की तुलना में मुझे वे हीन भाव प्रतीत हुए।

मेरे न्यायालयीय वक्तव्य का बहुत-सा भाग सत्य इतिहास है और कुछ भाग अन्तःकरण से लिखा साहित्य है, किन्तु वह लोगों के सामने लाने से शासन को डर लगता है। इसी बात से उसका प्रभाव मुझे प्रतीत होता है और वह वक्तव्य यदि आपको समग्र विदित हुआ तो मेरे कृत्य का कारण अच्छी प्रकार आपके ध्यान में आएगा। भले मेरे कृत्य की निन्दा आप कितनी भी करें, किन्तु मेरी भावनाओं की निन्दा करना आपके लिए प्रामाणिकता से उचित नहीं होगा।

देश-विभाजन लोगों को अंधेरे में रखकर या नेतागणों ने अंधेरे में रहकर किया। गांधी यदि सत्यवादी होते तो देश-विभाजन का वे विरोध करते, भले विश्व क्यों न विरोध में होता। अन्यथा उन्होंने लोगों को परिस्थिति का ज्ञान कराया होता और उनके विचार से वे मान्यता देते, किन्तु देश-विभाजन के पश्चात् ही हमारी पूजामूर्ति अखण्ड भारतमाता भग्न हुई तो भी आज के राष्ट्रीय नेतागणों को इस प्रकार के अत्याचारी के विरोध करने की कल्पना मेरे मस्तिष्क में नहीं घुसी थी। विभाजन के पश्चात् और 20 जनवरी, 1948 के पहले दो बार मैं दिल्ली और पंजाब में हो आया और मैंने प्रत्यक्ष क्या देखा? मेरे विचार में वह हृदय-द्रावक, कारुणिक, अमानवीय, अघटित और बीभत्स 17 जनवरी, 1948 था। मन में कुछ कल्पनाएँ थीं, किन्तु वे अधुरी थीं। और वे मेरे इस दिल्ली के वातावरण में निश्चित हुईं। मैंने देखा कि पराकोटी को पहुँची मानवी क्रूरता को रोकने के लिए दुस्साहस का मार्ग अपनाना अनिवार्य है।

गांधी जी का अन्तिम उपवास मुसलमानों के समाधान के लिए था और हिन्दुओं पर प्रारम्भ से ही हुए क्रूर अत्याचारों पर दया के नाम पर भयानक आघात किया गया। पेड़ के नीचे रहना सम्भव न हुआ, सहा नहीं गया, इसलिए निर्वासित मस्जिदों और मन्दिरों की छत के नीचे रहे, किन्तु मस्जिदों का उपयोग मानवी जीवन-रक्षा के लिए गांधी जी ने न होने देने के लिए प्राणों का प्रण लगाकर विरोध किया और निर्वासितों के आश्रय की कोई भी सुविधा न करके गांधीवादी शासन सत्ता के सहस्त्रों निर्वासित पुरुष-स्त्री बालकों को कहीं गटर के अथवा कहीं रास्ते के किनारे ठण्ड के दिनों में रहने को बाध्य किया और 55 करोड़ रुपये पाकिस्तान को दिए।

लेखक महाशय! क्षण भर के लिए सोचें। उन सहस्त्रावधि सुशील, किन्तु विस्थापित पंजाबी महिलाओं में आपकी भी धर्मपत्नी है। नहीं-नहीं! कल्पना भी क्षणार्ध से अधिक अपने मन में न जमाए रखें, किन्तु इस प्रकार के अत्याचार करने वालों को दया के नाम पर दान करने वाले मनुष्य के विषय में आप किस भावना से लिप्त होंगे? यह कथा भावनामय कल्पना नहीं है, सत्य स्थिति है।

दया के नाम पर प्रचंड क्रौर्य को प्रोत्साहन, पाकिस्तान में हुए अत्याचार को और हिन्दू प्रान्तों में कुछ स्थानों पर हुई प्रतिक्रिया से मुसलमानों पर हुई क्रूरता और गांधी जी का हठ और पराकोटी की नीति ही कारण है। कैसे भी शब्द-श्लेष निकालें और परदोष मढ़ने के लिए बीच-बीच में ब्रिटिशों का नाम लें तो भी उपर्युक्त सत्य को नहीं छिपाया जा सकता।

गांधीवाद और गांधी जी की महानता के नाम पर अपने राष्ट्र पर विचारशक्ति और सदसद्-विवेकता के पूर्णतया विपरीत बातें लादी जाती थीं। हैदराबाद की समस्या सुलझानी थी और राष्ट्र-भाषा जैसा महत्त्वपूर्ण प्रश्न गांधी जी के हठ के कारण उर्दू का वन्य और प्रतिगामी झंझट गले से सुलझने की सीमा पर खड़ा था। भावी विडम्बना और भयानक क्रूरता रोकने के लिए मैं सापेक्षतः एक छोटा क्रूर कृत्य करने को प्रवृत्त हुआ।

हिरोशिमा पर अणु बम फेंक एक क्षण में डेढ़ लाख लोगों को मारने वाले राष्ट्र की प्रशंसा करने में आज अपना अहिंसक राष्ट्र व्यस्त है और ऐसा कहा जाता

है कि डेढ़ लाख लोग मरे, किन्तु उससे और लक्ष-लक्ष लोग बचे। तो फिर मैं भी वही कहता हूँ कि गांधी जी मारे गए, हम कुछ लोग फाँसी पर चढ़ रहे हैं, बहुतेरे निर्वासित बने, जिनमें आप एक हैं, किन्तु दया और सत्य के नाम से होने वाला भयानक मानवी नरसंहार तत्काल नियन्त्रण में आया है।

गांधी जी की राष्ट्र-सेवा के लिए, उन्हें शतशः प्रणाम, किन्तु राष्ट्र-सेवा को भी राष्ट्र-विच्छेदन का और राष्ट्र-शत्रु को सहायता देने का अधिकार नहीं पहुँचता है। जिस जनता का यह राष्ट्र है, उसको समझाकर और विचार-विमर्श से ये प्रश्न सुलझाने होते हैं। कुछ नेताओं ने अंधेरे में कुछ निर्णय लेकर अथवा महात्मा ने उपवास का भय दिखाकर जैसे विचित्र बाधक नीति लोगों पर लादी तो उसका परिणाम जैसे विस्फोट के बिना और क्या होगा? यह पहलू भी दृष्टि से ओझल न हो।

मेरी विनती है कि देश के लक्षावधि अभागे निर्वासित नर-नारियों की हृदय विदारक कथा आप लिखें और विश्व को स्पष्ट कर दें कि इस अमानवीय कृत्य का कारण गांधीवाद है। गांधी जी की चाहे जितनी वन्दना करें, किन्तु अपना राष्ट्र फिर कभी गांधीवाद के भंवर में न फंसने दें। आज गांधीवाद मृत हो रहा है। मेरे मृत्युदण्ड की शिक्षा गांधीवादी अहिंसा का न्याय और राज्य-शासन के क्षेत्र में व्यर्थ सिद्ध कर रहा है।

दया की भीख से मुझे जीवन-दान दिया जाता तो वह मेरी मौत ठहरती, किन्तु मेरा यह स्वर्गारोहण गांधीवाद की मृत्यु है। मैंने अपने इस कृत्य से कोई पाप किया है, ऐसा मुझे तनिक भी नहीं लगा। और इसलिए इस कृत्य के लिए पाप-प्रक्षालन की प्रार्थना करने की कल्पना तक मेरे मन को नहीं छुई, यद्यपि आपने पंचमहापातकों की माला मेरे लिए निर्माण की हो तो मुझे आपकी भावनाओं को आघात पहुँचाने की इच्छा नहीं है, किन्तु मैं आपके विचारों को खाद्य देना चाहता हूँ। पढ़िए, सोचिए और यदि स्वीकार्य न हो, तो उसे फेंक देने के लिए आप स्वच्छंद हैं, किन्तु उसके बाद भी इतना कहना मैं अवश्य चाहता हूँ कि जिसका अन्तःकरण आपके अन्तःकरण की अपेक्षा तनिक भी कम सहृदय नहीं है और जो पाप जितना ही सुसंस्कृत है, उसने गांधी-वध किया है, इस बात का विश्लेषण आपको करना पड़ेगा।

गांधी जी अमर हैं, किन्तु गांधीवाद मृत्युशय्या पर पड़ा है। थोथापन और भ्रामक तुष्टिकरण के तंत्र के बलि होने के दिन समाप्त होने आए हैं, बुद्धिवाद के प्रभात काल का उदय हुआ है।

प्रिय माडखोलकर जी! मेरा अन्तिम प्रमाण स्वीकारना अथवा तिरस्कारना आपका प्रश्न है। मेरी विनती है, उसे स्वीकार करें। आपके इस कहानी प्रकाशन को सहायता देने वालों को मेरा धन्यवाद कहें। गुरुवर्य अण्णा साहब कर्वे को मेरा अन्तिम विनय प्रणाम अवश्य कहें। और क्या लिखूँ? क्रूर कृत्य करने की प्रेरणा परिस्थिति ने मुझे दी, इसी का केवल खेद होता है। स्वर्गारोहण के प्रसंग में मैं शान्त हूँ।

आपका शुभेच्छु

नथूराम वि० गोडसे

अम्बाला बंदीगृह

14 नवम्बर, 1949

पुनः लक्षवधि निर्वासितों के लिए भी यह कहानी अवश्य लिखें। आपकी लेखनी शैलीदार है, अन्तःकरण कोमल है।

नथूराम

10

झलकियाँ

फाँसी दिये जाने से पूर्व

नथूराम कॉफी पिया करते थे, उन्हें चाय नहीं सुहाती थी। हमने कॉफी और चाय मँगवाई। सभी ने अपना-अपना पेय पदार्थ पिया। दूर की यात्रा के लिए जब मनुष्य जाने लगता है तो उसका जिस प्रकार बिदाई दी जाती है, उसी प्रकार हमने उन्हें बिदाई दी।

नथुराम गोडसे के पिता श्री विनायकराव एवं माता श्रीमती लक्ष्मीबाई

दोनों मृत्युदण्ड प्राप्त बन्दियों ने अपने माता-पिता के चित्रों (फोटो) का पूजन किया। हम लोगों को उन्होंने सावधानी से रहने का आदेश भी दिया।

उस समय हममें से कोई भी शोकाकुल प्रतीत नहीं होता था। यदि वे प्रसन्न थे तो हम भी स्थिर चित्त थे, उदास तो निश्चित ही हम लोग नहीं थे।

आगे की विधि की तैयारी में आरक्षकगण फाँसी वालों को देने के लिए काले कपड़े लिए खड़े थे, तब हमने उनसे अन्तिम विदाई ली और वहाँ से चले आए।

अखण्ड भारत का मानचित्र, भगवाध्वज और भगवद्गीता, ये वस्तुएँ दोनों ही व्यक्तियों के हाथों में थीं। प्रातः के 8 बजने वाले थे। सूरज की किरणें मृदु लग रही थीं।

फाँसी का मंच फाँसी कोठरी के पिछली ओर था। कोठरी से बाहर आते ही उनको सूर्यकिरण दृष्टिगोचर हुईं। वे किरणें उनके अंग पर पड़ीं। नथूराम तो एक बार शिमला जाने के लिए इस कोठरी से बाहर निकले भी थे, किन्तु आपटे आज प्रथम और अन्तिम बार ही कोठरी से बाहर निकले थे। सूर्य का प्रकाश उनको बहुत भाया और बोले, 'पण्डित! सूर्य की किरणें कितनी कोमल एवं मनमोहक हैं।'

नथूराम ने उसके उत्तर में कहा, 'शिमला में तो लगभग सदैव ही ऐसा आह्लादकारी दृश्य रहता है।'

फाँसी के बरामदे में पहुँचकर दोनों ने 'अखण्ड भारत अमर रहे' और 'वन्देमातरम्' का घोष किया और ऊँचे स्वर में यह प्रार्थना की–

नमस्ते सदा वत्सले मातृभूमे,
त्वया हिन्दुभूमे सुखं वर्द्धितोऽहं।
महामंगले पुण्यभूमे त्वदर्थे,
पतत्वेष कायो नमस्ते नमस्ते।

एक बार कारागार के वायुमण्डल में यह स्वर गुंजायमान हुआ और फिर फाँसी देने वालों ने फाँसी का फंदा खींचा कि दो प्राण पंचतत्व में विलीन हो गए।

प्रतिक्रिया-1 : लोगों की प्रतिक्रियाएँ

शिमला न्यायालय का प्रेक्षक समुदाय उच्चवर्ग से सम्बन्धित ही होता था, क्योंकि शिमला में प्रायः उच्चवर्ग के व्यक्ति ही निवास करते हैं। मौलाना आजाद ने अपनी बहुचर्चित पुस्तक 'इण्डिया विन्स फ्रीडम' के पृष्ठ 225 पर लिखा है 'संभ्रात परिवारों की कतिपय महिलाओं ने अपने हाथ से बुनकर नथूराम को ऊनी स्वेटर भेजे थे।' उस उद्धरण को उद्धृत करने का हमारा उद्देश्य केवल यह समझाना है कि उच्च कहे जाने वाले परिवारों में भी नथूराम को वीर पुरुष माना जाता था।

मौलाना आजाद ने असत्य लिखा हो, ऐसी भी बात नहीं है। उनका उल्लेख ठीक ही है। सहानुभूति रखने वाले जेल अधिकारियों के माध्यम से नथूराम को यह संदेश मिलता था कि हम सभी मिलकर यह स्वेटर आपको भेंट कर रहे हैं। कृपया आगामी उपस्थिति के अवसर पर इसी स्वेटर को पहनकर न्यायालय में आइए। नथूराम को भी इस प्रकार का निवेदन स्वीकार कर लेने में कुछ आपत्ति अथवा अड़चन नहीं थी। क्योंकि इससे अभियोग पर किसी प्रकार का प्रभाव नहीं पड़ता था। शिमला में शीत थी ही और स्वेटर भी नथूराम पहनते ही थे। फिर, इस अथवा उस स्वेटर में उनको कोई अन्तर नहीं था। अतः भेंटकर्ताओं की प्रसन्नता के लिए वह उनका आग्रह मान लेते थे।

प्रतिक्रिया-2 : माननीय न्यायधिशों की प्रतिक्रिया

शिमला में दर्शकों से भरे हुए न्यायालय में कितना भावेश था, इसका आभास कभी जनसमुदाय के उच्छ्वास अथवा सिसकियों से मिलता रहता था। उनके अश्रुपूरित नेत्र अथवा झरते हुए अश्रु भी दिखाई देते थे। यदि न्यायालय में समुपस्थित उन सभी प्रेक्षकों से कहा जाता कि वे इस अभियोग में न्यायदान का कार्य करें तो मुझे इसमें तनिक भी सन्देह नहीं कि 'नथूराम निर्दोष है', यह निर्णय प्रचण्ड बहुमत से दिया जाता।' **–जस्टिस जी.डी. खोसला**

'The audience was visibly and audibly moved. There was a deep silence when he ceased speaking. Many women were in tears and men were coughing and searching for their handkerchiefs. The silence was accentuated and made deeper by the sound of an occaisonal subdued sniff or a muffled coguh...'

'I have however no doubt that had the audience of that day been constituted into jury and entrusted with the task of deciding Godse' appeal, they would have brought in a verdict of 'not guilty' by an overwhelming majority'

—Justice G.D. Kohsla

(The Murder of the Mahatma, P. 234)

प्रतिक्रिया-3

न्यायालय को नथूराम की वास्तव में यह याचना तो थी भी नहीं कि उनको निर्दोष घोषित कर उन्हें मृत्युदण्ड से मुक्त किया जाए। उच्च-न्यायालय के निर्णय-पत्र में ही न्यायमूर्ति ने लिखा था–'नथूराम ने भारतीय दण्ड संहिता की धारा 302 के अन्तर्गत सुनाई गई फाँसी के दण्ड के विरोध में पुनर्न्याय की माँग नहीं की थी। उन्होंने अपनी अपील अन्य सिद्ध किए गए अभियोगों के विरुद्ध की और अपने तर्कों को उन अभियोगों तक ही सीमित रखा।

'of all the appellants Nathuram V. Godse has not challenged his conviction under sec. 302 of the Indian Penal code... nor has he appealed from the sentence of death passed on him in respect of the offence. He has confined his appeal and also his arguments at the Bar only to the other charges which have been found proved against him' (High Court Judgement).

अन्त तक उनके मन में यही भावना थी कि मैंने मानव-हत्या की है, अतः उसके दण्डस्वरूप मैं मृत्युदण्ड सहर्ष स्वीकार करता हूँ। यदि मुझे मृत्युदण्ड नहीं दिया गया तो वह न्याय के साथ ही अन्याय हो जाएगा। मेरी भावनाओं की हत्या की चरमसीमा पर पहुँचने में जो पृष्ठभूमि कारण बनी, वह यदि सत्य सिद्ध हो तो उस पर विचार होना चाहिए। क्योंकि उसका ऐतिहासिक महत्व है। यही आशय उन्होंने वक्तव्य के समापन अंश में स्पष्ट किया था।

प्रतिक्रिया-4

अभियुक्त द्वारा की गई हत्या उपुयक्त है अथवा नहीं, इसका निर्णय करने के लिए उसकी पार्श्वभूमि को देखने की न्यायालय की कुछ सीमित एवं विशिष्ट मर्यादाएँ होती हैं। किन्तु नथूराम द्वारा की गई हत्या की पृष्ठभूमि तो अत्यन्त विशाल थी, दशाब्दियों का इतिहास था, न्यायालय की विचार-परिधि में उसका आना सम्भव नहीं था। नथूराम यह जानते थे। अन्यथा प्रेक्षक-वर्ग ही क्यों, न्यायालय ही उनको निर्दोष घोषित कर देता है, यदि उस पृष्ठभूमि को परखने की उसकी सीमा होती तो न्यायमूर्ति श्री खोसला के उपर्युक्त अभिमत का निष्कर्ष केवल इतना ही था कि यदि उस विशाल पृष्ठभूमि को 'सत्यासत्य की कसौटी' मान लिया जाता और प्रेक्षक-वर्ग को न्यायासन पर आसीन मान लिया जाता तो निश्चय ही वह नथूराम के कृत्य का समर्थन कर उसे निर्दोष घोषित कर देता।

उच्च-न्यायालय ने दिनांक 22-6-49 को अपना निर्णय घोषित किया। तदनुसार शंकर किस्तैया और डॉ. परचुरे को मुक्त कर दिया गया। अन्य पाँचों अभियुक्तों का दण्ड पूर्ववत् ही रहा। गोपाल गोडसे के सम्बन्ध में न्यायालय ने अपने निर्णय में शासन से अपने अधिकार द्वारा उस पर दया करने की संस्तुति की।

प्रतिक्रिया-5

नथूराम शिमला से अम्बाला लौट आए थे। इन अभियुक्तों द्वारा भारत का तत्कालीन सर्वोच्च न्यायालय/प्रिवी कौंसिल, इंग्लैंड में अपील की गई, परन्तु आरंभिक श्रवण के समय उसे अस्वीकार कर दिया गया और दण्ड की अंतिम पुष्टि हो गई। दिनांक 15-11-1949 का दिन फाँसी का निश्चित किया गया था। मृत्युदण्ड प्राप्त दोनों व्यक्ति नथूराम गोडसे और नाना आपटे तथा आजीवन कारावास का दण्ड प्राप्त करने वाले अन्य तीनों बन्दी विष्णु करकरे, मदनलाल पाहवा और गोपाल गोडसे, ये सभी अम्बाला बन्दीगृह में ही थे। अधिकारियों की कृपा से मृत्यु-दण्ड प्राप्त एवं आजीवन कारावास का दण्ड प्राप्त करने वालों में परस्पर भेंट होती रहती थी।

प्रतिक्रिया-6

मृत्युदण्ड की तिथि निश्चित हो जाने पर दोनों मृत्युदण्ड प्राप्त व्यक्तियों के सम्बन्धियों के अंतिम बार मिल लेने की दृष्टि से उनके घर वालों को अधिकारियों की ओर से पत्र भेजे गए थे।

नथूराम ने आवेदन किया था कि मेरे माता-पिता वृद्ध हैं और वे पूना में रहते हैं। इतनी लम्बी यात्रा वे नहीं कर सकते, अतः मुझे येरवड़ा (पूना) बंदीगृह में ले जाया जाए जिससे कि माता-पिता के अन्तिम समय में दर्शन कर सकूँ, किन्तु शासन ने इस आवेदन को स्वीकार नहीं किया।

जो सम्बन्धी और नातेदार मिलने के लिए अम्बाला आ सकते थे, वे सब दिनांक 13-11-1949 को अम्बाला पहुँच गए थे, किन्तु उनकी भेंट दिनांक 14-11-1949 को कराई गई।

प्रतिक्रिया-7

भेंट के लिए आए हुए व्यक्तियों की संख्या 30-35 के लगभग थी। दिनांक 14-11-1949 को प्रातःकाल 10 बजे से 7-8 के समूह के रूप में मिलने का कार्यक्रम

श्रीमती सिंधुताई गोडसे, श्रीमती यमुनाबाई सावरकर, श्रीमती चम्पुताई आपटे, सरस्वतीबाई करकरे

प्रारम्भ हुआ। नथूराम और आपटे, दोनों ही मिलने वालों से बड़ी सरलता और सहजरूप में बात करते थे। किसी भी भेंटकर्ता ने यह महसूस नहीं किया कि कल प्राप्त होने वाले मृत्युदण्ड के कारण वे किंचित भी विचलित हुए हों। उनके मन पर मृत्यु का किसी प्रकार का प्रभाव नहीं दीखता था। भेंट के लिए आने वालों का भावाभिभूत होना स्वाभाविक था। परन्तु उन्हें इस बात का भी स्पष्ट ज्ञान था कि यह मृत्यु असहाय अवस्था में ही आ रही है ऐसी बात नहीं, अपितु स्वयं ही इन्होंने इसका वरण किया है। अतः उन्होंने भी अपना संतुलन बनाए रखा था।

प्रतिक्रिया-8

नाना आपटे और उनकी पत्नी सौ. चंपूताई की भेंट बड़ी हृदयस्पर्शी थी। नाना बोले, 'कल से तो तुम्हें रोना ही है। मैं यदि कहूँ कि किसी प्रकार का भी दुःख नहीं मानना चाहिए तो भी दुःख तो होगा ही और होता ही रहेगा। कोई कितना भी कुछ कहे। फिर भी, ये कुछ क्षण हमको परस्पर वार्तालाप के लिए मिले हैं, अतः दुःख मनाने की अपेक्षा यदि हम इन्हें आमोद-प्रमोद में वार्तालाप में बिताएँ तो उपयुक्त होगा।'

पति की यह अंतिम इच्छा थी। अपने हृदय पर पत्थर रखकर पत्नी को इसे निभाना था। किसी भी प्रकार से मन की भावनाओं को दबाकर पति की उस इच्छा को पूर्ण करने में चंपूताई सफल हुईं। नाना अपनी पत्नी से परिजनों की कुशलक्षेम पूछते रहे। चंपूताई ने शान्तचित्त से उनके सब प्रश्नों का उत्तर दिया। कारागार की आध घंटे की पति-पत्नी की वह अंतिम भेंट बहुत ही महत्वपूर्ण और साथ ही उतनी ही संयमपूर्ण मनःस्थिति में सम्पन्न हुई।

प्रतिक्रिया-9

नथूराम गोडसे और नाना आपटे, जिनको दूसरे दिन ही फाँसी के फंदे में लटकना था, उनको मिलने आए हुए परिजनों एवं मित्रों की मर्मस्पर्शी भेंट का दृश्य कारागृह के अधिकारियों ने भी देखा। मृत्युदण्ड प्राप्त बन्दियों की धीरोदात्तता का ऐसा उदाहरण उनकी दृष्टि में कभी नहीं आया था। उन लोगों को अब तक ऐसे साक्षातों में

रोदन-क्रन्दन ही देखते-सुनने को मिला था। इस भेंट के अवसर पर अधिकारी भी अनेक बार भावविभोर होते देखे गए। अन्ततः वे भी तो मनुष्य ही थे।

प्रतिक्रिया-10

भेंटकर्त्ता जो खाद्यान्न लाए थे उस शाम वही हमने उनके भोजन के लिए भेजा गया था। कल आने वाली मृत्यु का विचार कर न तो उनकी भूख भाग गई थी और न ही उनके मन में यह भावना थी कि कल तो मरना ही है अतः आज जितना अधिक से अधिक खाया जा सके उतना खा लिया जाए। वे जानते थे कि ये पदार्थ उनके आत्मीय व्यक्तियों द्वारा भेजे हुए हैं, उनसे सम्बद्ध भावना का मूल्य भी वे समझते थे। अतः प्रत्येक वस्तु को उन्होंने उसी भावना से चखा और सम्बन्धियों तक उन्होंने यह भी सन्देश दिलवाया कि पदार्थ बहुत ही स्वादिष्ट थे, जिससे कि क्षणिक ही क्यों न हो, उनको भी कुछ सन्तवना हो।

प्रतिक्रिया-11

रात्रि के आठ बजे गोपाल, करकरे और मदनलाल, तीनों नथूराम और नाना आपटे से मिलने के लिए गए। हम लोगों ने गीता के कतिपय अध्यायों का वहाँ अध्ययन एवं पारायण किया। नथूराम गीता के दूसरे, ग्यारहवें और अठारहवें अध्याय को अधिक महत्वपूर्ण मानते थे। कभी-कभी हम उन विषयों पर चर्चा किया करते थे। प्रस्तुत भेंट में भी गीता-पाठ के अनंतर हमारी बहुत बातचीत हुई। भेंट करने के लिए आए जनों का बोलना, उनके साथ किया गया विनोद, पूर्व स्मृतियाँ आदि अनेकानेक विषयों पर वार्तालाप होता रहा। इस प्रकार दो घंटे वहाँ उनके साथ व्यतीत कर तीनों अपने निवास में लौट आए।

प्रतिक्रिया-12

देश का वर्तमान पश्चिमी प्रदेश पंजाब प्रान्त भारत-विभाजन के कारण अत्यधिक एवं प्रत्यक्ष रूप में प्रभावित हुआ था। जनमानस में इसकी जो प्रतिक्रिया थीं वह हमारी भावनाओं को भली-भाँति समझता था। हमसे भेंट करने के लिए आने वाले

व्यक्तियों ने भी इस विषय में अपने अनेक अनुभव सुनाए। दिल्ली से अम्बाला वाली गाड़ी में अधिक भीड़ का उनको सामना करना पड़ा था, रात्रि गाड़ी में खड़े-खड़े ही बितानी पड़ रही थी। अन्य यात्रियों ने अनुभव किया कि वे कुछ लोग देश के इस भाग के नहीं हैं, अपितु किसी अन्य भाग के हैं और जब उन लोगों को यह विदित हुआ कि ये लोग महाराष्ट्र के हैं तथा गांधी-वध काण्ड में मृत्युदण्ड प्राप्त नथूराम गोडसे एवं नाना आपटे से मिलने के लिए जा रहे हैं तो उन लोगों ने अपनी सीट इन लोगों को दे दी तथा वे स्वयं खड़े हो गए।

कुछ यात्री उनके साथ ही अम्बाला स्टेशन पर उतरे। उन लोगों ने इन भेंट करने के लिए आए हुए यात्रियों से अम्बाला में ठहरने के प्रबन्ध के विषय में पूछताछ की। जब उनको विदित हुआ कि अमुक स्थान पर उनके निवास की व्यवस्था की गई है तो फिर उन्होंने ताँगे आदि की व्यवस्था कर दी। उन्होंने ताँगे वालों को भी समझा दिया कि ये परदेसी यात्री किस विशेष कारण से अम्बाला आए हैं। परिणामस्वरूप जब ये लोग निश्चित स्थान पर उतरे तो ताँगे वालों ने भाड़ा लेने से ही इन्कार कर दिया। उनका कहना था कि हमारे लिए आपके लोग, जिनसे आप भेंट करने के लिए आए हैं, प्राणों पर खेले हैं। अतः उनका आग्रह था कि सहानुभूति के इस आदान-प्रदान में हमें भी कुछ भाग लेने का अवसर प्रदान किया जाए।

अम्बाला के भोजनालय अथवा उपहारगृह में जाने पर प्रथम अपरिचित से लगने वाले इन व्यक्तियों से साधारण पूछताछ की जाती थी, किन्तु जब उनको उनके आने का कारण विदित होता था तो वे लोग भोजन आदि का मूल्य नहीं लेते थे। ऐसे भावनापूर्ण दृश्य, उन लोगों को देखने को मिले।

फाँसी लगने से दूसरे दिन जब ये भेंटकर्त्ता अपने शहर को लौट रहे थे, उस दिन अम्बाला स्टेशन पर स्थानीय लोगों की भारी भीड़ उपस्थित थी। उन लोगों ने स्टेशन को '...की जय' के उद्घोषों से गुँजा कर अपनी भावनाओं की अभिव्यक्ति की।

❑❑❑

भाग–2

विनायक दामोदर सावरकर को अभियुक्त बनाये जाने के पीछे की राजनीति

सावरकर जी को सम्बोधित कर न्यायमूर्ति ने कहा सावरकर जी। आप निरपराध हैं, आप निष्कलंक है। अपने राष्ट्र की ही भाँति आप भी स्वतंत्र है।

लालकिले के बाहर प्रचण्ड जन-समुदाय एकत्रित था। बन्धनमुक्त सावरकर जी लालकिले से बाहर आ रहे थे, जन समुदाय ने हिलोरें लीं। आकाश में प्रतिध्वनित होने वाले स्वर से उस जनसागर ने सावरकर जी का अभिवादन किया।

स्वातंत्र्य लक्ष्मी की जय।
अखण्ड भारत अमर रहे!!
स्वातंत्र्यवीर सावरकर की जय!!

गांधी-वध के अभियोग में दिल्ली की विशेष न्यायालय के सम्मुख प्रत्यक्षतः नौ अभियुक्तों को लाया गया था। उन नौ अभियुक्तों में से आठवें अभियुक्त थे स्वातन्त्र्यवीर श्री विनायक दामोदर सावरकर।

किसी अवैधानिक कार्य को सम्पन्न करने के लिए जब एक से अधिक व्यक्ति उसमें सम्मिलित होकर गुप्त संकेतों द्वारा कार्य निष्पन्न करने की योजना बनाते हैं, उसे षड्यंत्र मान लिया जाता है। वे दो या उससे अधिक व्यक्ति उस षड्यंत्र के सहायक माने जाते हैं। अतः षड्यंत्र के एक सहायक को जो दण्ड दिया जाएगा, अन्य सहायक भी उसी दण्ड के पात्र समझे जाएंगे।

इस षड्यन्त्र में प्रत्यक्षरूपेण किसी व्यक्ति से भी यदि किसी षड्यन्त्रकारी को उन दिनों कोई थोड़ी-सी सहायता प्राप्त हुई हो तो उस व्यक्ति को भी उस षड्यन्त्र में सम्मिलित समझा गया था। वह सहायता फिर उस अवैध घटना के समय एवं स्थान पर उपस्थिति की हो, धन आदि से की हो, शस्त्र प्रदान से की हो अथवा अन्य भी जिस किसी प्रकार की हो, उस सहायक का उस षड्यन्त्र में भाग एवं हाथ है, ऐसा माना जाता था। किसी व्यक्ति ने उन भावी षड्यन्त्रकारियों को यदि किसी प्रकार का आशीर्वाद दिया हो अथवा उनके किसी कार्य के प्रति शुभकामनाएँ व्यक्त की हों, तो भी वह शुभचिन्तक उस षड्यन्त्र का सहायक मान लिया गया था।

किसी को षड्यन्त्र का घटक सिद्ध करने के लिए न्यायालय मूलतः दो बातों को देखता है। एक तो यह कि किसी द्वारा सम्पन्न किसी अवैध कार्य का उस दूसरे व्यक्ति को जिसको कि सहायक सिद्ध करना है, कार्य सम्पन्न होने से पूर्व उस कार्य का आभास था और यदि उसको ज्ञात था तो उसके उस कार्य को सम्पन्न करने के लिए उसने किसी प्रकार की सहायता प्रदान की थी? केवल ज्ञान हो, किन्तु इस घटना का वह सहायक न हो तो उसको षड्यन्त्र का भागीदार नहीं माना जाता। इसी अभियोग में इसका उदाहरण है प्राध्यापक जगदीशचन्द्र जैन। उन्होंने अपनी गवाही में कहा था कि इस षड्यन्त्र के सम्बन्ध में मदनलाल ने उनको पूर्व सूचना दी थी। दिनांक 20-1-1948 को मदनलाल ने गांधी जी की प्रार्थना-सभा में बम विस्फोट किया, यह समाचार उन्होंने 21-1-1948 को समाचार-पत्रों में पढ़ा था अतः वे इस सम्बन्ध में तत्कालीन महाराष्ट्र के गृहमंत्री मोरारजी देसाई से मिले थे और मदनलाल ने जो कहा था वह उन्हें बताया था, ऐसा उन्होंने अपनी साक्षी के समय कहा, किन्तु वह पूर्वज्ञान गवाही जगदीशचन्द्र जैन को इस षड्यन्त्र का घटक सिद्ध करने के लिए अपर्याप्त था।

हम यह कल्पना भी यदि कर लें कि प्राध्यापक जैन ने अपने कथन के अनुसार मदनलाल ने उनसे जो कुछ कहा था, उन्होंने वह सब किसी को नहीं बताया, किन्तु पुलिस को किसी प्रकार उस बात का ज्ञान हो गया और फिर प्राध्यापक जैन ने भी उसकी पुष्टि कर दी तो भी इस स्थिति में भी जैन का पूर्वज्ञान उन्हें षड्यन्त्र में सम्मिलित करने के लिए पर्याप्त नहीं समझा जा सकता था। क्योंकि उनका इस कार्य का पूर्व ज्ञान और उस पर भी उनका मौन धारण करना इस घटना की उद्देश्यपूर्ति में कहीं भी किसी प्रकार भी सहायक नहीं सिद्ध किया जा सकता, उसके लिए कोई प्रमाण भी नहीं था।

दूसरी बात जो न्यायालय देखता है, वह है षड्यन्त्रकारियों को सहायता देना। वह सहायता फिर धन की हो, साहित्य की हो, शस्त्रास्त्र की हो अथवा केवल षड्यन्त्रकारियों के प्रति शुभकामना मात्र हो। यदि यह सिद्ध भी हो जाए कि षड्यन्त्र में सहायता दी गई तो फिर यह भी देखना होता है कि वह सहायता षड्यंत्र के उद्देश्य की पूर्ति में सहायक हुई अथवा नहीं। यदि छानबीन करने के बाद यह सिद्ध हो जाए कि अमुक व्यक्ति की अमुक प्रकार की सहायता षड्यन्त्र के उद्देश्य में सफलता के लिए हुई है तो फिर उस व्यक्ति को भी षड़यन्त्रकारी मान लिया जाता है, अन्यथा नहीं। इस प्रकरण में इसी अभियोग का एक उदाहरण है।

अभियोग के मध्य शासकीय पक्ष की ओर से दो साक्षियों, श्री दीक्षित और श्रीकृष्ण जीवन को न्यायालय में प्रस्तुत किया गया। उन्होंने अपनी साक्षी में बताया कि उन्होंने नाना आपटे को शस्त्रास्त्र क्रय करने के लिए धन से सहायता की थी। शस्त्रास्त्र के क्रय के लिए सहायता करना स्वतंत्र रूप में एक अवैधानिक कृत्य हो सकता है, किन्तु इस विशिष्ट उद्देश्य के लिए उन्होंने सहायता की थी अथवा उनकी सहायता का इसके लिए उपयोग किया गया, यह आरोप सिद्ध न हो सकने के कारण उनको षड्यन्त्र का सहायक अथवा षड्यन्त्रकारी नहीं माना गया। पूर्व लेख में इसका विस्तार से उल्लेख किया जा चुका है अतः यहाँ संक्षेप में उदाहरणार्थ प्रस्तुत किया गया है।

दिनांक 27-5-1948 को पहले-पहल अभियुक्तों को न्यायालय में लाया गया था। उस दिन और उसके एक-दो दिन बाद भी प्रारम्भिक व्यवस्था की दृष्टि से

न्यायालय खुला था। अभियुक्तों पर दिनांक 21-6-1948 को आरोप लगाए गए। पहले दिन ही **अभियुक्त क्रमांक 4, दिगम्बर रामचन्द्र बड़गे** को न्यायालय में प्रस्तुत किया गया। क्योंकि वह शासकीय क्षमा दान साक्षी बन गया था, अतः उसे क्षमा प्रदान की गई तथा अभियुक्तों की सूची में से पृथक् कर दिया गया। परिणामस्वरूप उसके आगे के अभियुक्तों की क्रमसंख्या में भी परिवर्तन हो गया। अब सावरकर जी अभियुक्त क्रमांक 8 से अभियुक्त क्रमांक 7 हो गए। शासन की ओर से प्रमुख अधिवक्ता श्री दफ्तरी ने न्यायालय के सम्मुख अभियोग की रूपरेखा प्रस्तुत की।

(अभिलेख ग्रन्थ 6, पृष्ठ 46)

श्री सावरकर जी पर लगाए गए आरोप

सावरकर जी के विरुद्ध अभियोजकों को जो कहना था वह मुद्रित अभिलेख के विभिन्न भागों में अलग-अलग आया है। उन सब आरोपों को संक्षेप में इस प्रकार कहा जा सकता है—

'नथूराम और नाना आपटे का सावरकर जी से घनिष्ठ परिचय था। नथूराम और नाना आपटे द्वारा संचालित 'हिन्दूराष्ट्र' दैनिक में सावरकर जी का चित्र और उनकी विचारधारा का चित्रण हुआ करता था। न केवल नथूराम और नाना आपटे को सावरकर जी ने आर्थिक सहायता दी थी, अपितु नथूराम और नाना आपटे का सावरकर जी से परस्पर पत्र-व्यवहार होता रहता था। गांधी वध का ज्ञान सावरकर जी को घटना से पूर्व ही था। इस हत्या की पूर्ति में सावरकर जी ने भी हाथ बटाया था। सावरकर जी के साथ इस घटना से सम्बन्धित अन्य कुछ अभियुक्तों की भेंट हुई थी। सावरकर जी ने इस षड्यन्त्र के घटकों को शुभकामना एवं आशीर्वाद प्रदान किया था। अभियुक्तों ने दिल्ली पहुँचने पर भ्री दिनांक 19-1-1948 को टेलीफोन द्वारा श्री सावरकर जी से सम्पर्क स्थापित करने का यत्न किया गया था।'

अभियोजकों ने इसमें एक और तीखापन भी जोड़ दिया। उनका तो यहाँ तक कहना था कि अभियुक्त क्रमांक 7, विनायक दामोदर सावरकर ने ही नथूराम और आपटे के माध्यम से गांधी की हत्या करवाई थी। ये दोनों व्यक्ति सावरकर को गुरु के स्थान पर मानते थे। वे सदा मार्गदर्शक के नाते उनका आदर करते थे। परदे के पीछे रहकर सावरकर जी ने यह सारा कृत्य करवाया था।

अभियोजकों ने न्यायालय को वचन दिया था कि वे अपने आरोपों को सप्रमाण सिद्ध करेंगे।

अभियोजकों के कथनानुसार यदि आरोप सिद्ध हो जाता तो इस घटना का सम्पूर्ण दायित्व सावरकर जी पर आने वाला था और फिर यह भी निश्चित था कि मृत्युदण्ड के अतिरिक्त इससे कम उनको दण्ड भी नहीं दिया जाता।

अभियोग सिद्ध करने का कार्य आरम्भ हुआ और सावरकर जी के विरुद्ध एक-एक करके प्रमाण प्रस्तुत किए जाने लगे। कालक्रमानुसार उन प्रमाणों का सम्बन्ध जोड़ा जाने लगा।

अभियुक्तों के साथ पत्र-व्यवहार

गांधी-वध के ठीक अगले दिन दिनांक 31-1-1948 को पुलिस अधिकारी श्री नागरवाला और श्री प्रधान ने सावरकर जी के घर की तलाशी ली। वहाँ से उन्होंने पत्र-व्यवहार की कई फाइलें और कुछ अन्य कागजात अपने अधीन में लिए। वह पंचनामा प्रमाण क्र. पी. 244 के नाम से न्यायालय में प्रस्तुत है।

(अभिलेख ग्रन्थ 4, पृष्ठ 182-84)

पत्र-व्यवहार की 143 फाइलें थीं। उनमें लगभग दस हजार कागजात होंगे। इन सबकी छानबीन में गुप्तचर विभाग को तीन मास लग गए।

उन पत्रों में नथूराम और आपटे के सम्मिलित तथा अलग-अलग लिखे हुए पत्र भी मिले। बड़गे के भी दो-तीन पत्र थे। उन सब पत्रों के ढेर में से प्रमाण के लिए 20-25 पत्र न्यायालय में प्रस्तुत किए गए। उनको क्रमांक संख्या 277 से 299 दी गई। उनमें सावरकर जी द्वारा लिखित पत्र भी थे।

जब साक्षी से पूछा गया कि नथूराम के लिए कितने पत्र मिले तो उन्होंने बताया कि उनके द्वारा लिखित 101 पत्र हैं। क्योंकि वे पत्र प्रमाणस्वरूप प्रस्तुत नहीं किए गए थे इसलिए न्यायाधीश ने इस प्रश्न एवं इसके उत्तर को भी कार्यवाही में अंकित न करने का आदेश दिया।

यद्यपि इस पत्र-व्यवहार में किसी प्रकार की कोई भी बात आपत्तिजनक नहीं थी, परन्तु पत्रों के प्रमाण से शासकीय-पक्ष यह सिद्ध करना चाहता था कि (1) नथूराम और आपटे की सावरकर जी से घनिष्ठता थी और उसी प्रकार बड़गे का भी उनसे परिचय था। (2) नथूराम और आपटे सावरकर जी के साथ प्रवास पर जाया करते थे और (3) नथूराम और आपटे के केवल वचन-पत्र के आधार पर ही सावरकर जी ने उन्हें 15 हजार रुपए ऋण दिए थे।

इन आरोपों में से किसी एक को भी सावरकर जी ने अस्वीकार नहीं किया। उन्होंने प्रत्येक बात का स्पष्टीकरण दिया था। बड़गे के पत्रों को पी. 87, 88 और 89 क्रमांक दिया गया था। बड़गे हिन्दूसभा का कार्यकर्ता था। हिन्दूसभा का वह सवैतनिक एवं अवैतनिक, दोनों प्रकार का कार्यकर्ता रहा। बड़गे शस्त्रभंडार का संचालन करता था। बड़गे का कथन था कि 1947 तक उस शस्त्र भण्डार में ऐसे शस्त्र रखे जाते थे जिन पर लाइसेन्स आवश्यक था। बड़गे के द्वारा लिखे गए पत्रों में दो पत्र सन् 1943 के थे। उन पत्रों में उसने सावरकर जी को अपने शस्त्र-भण्डार का विवरण प्रस्तुत करते हुए उनसे उसके लिए आर्थिक सहायता का निवेदन किया था।

सावरकर जी ने दिनांक 20-11-1948 को न्यायालय में अपना वक्तव्य दिया था। बड़गे के सम्बन्ध में उन्होंने कहा था—

'मैं यह प्रचार करता था कि शस्त्रों पर से रोक-प्रणाली को समाप्त किया जाए। शस्त्रों को बेचने और उनके प्रयोग के लिए मुक्तहस्त से लाइसेंस प्रदान किए जाएँ और युवकों को सैनिक-शिक्षा दी जाए। हिन्दू महासभा के अध्यक्ष के नाते शस्त्रवितरण कार्य का विवरण मेरे पास आया करता था और उसके लिए आर्थिक सहायता की माँग करने से सम्बन्धित अनेक पत्र मेरे पास आते रहते थे।'

(ग्रन्थ 2, पृष्ठ 191)

बड़गे का तीसरा पत्र दिनांक 26-3-47 का था। हिन्दू महासभा के बम्बई कार्यालय से विभिन्न पुस्तकालयों को पुस्तकों की भेंट दी जाया करती थी। बड़गे शस्त्र-भण्डार के साथ-साथ एक पुस्तक-भण्डार भी चलाता था उसकी सहायता के

लिए 36 ग्रन्थ और 'तुकाराम गाथा' की दो प्रतियाँ तथा अन्य भी कई ग्रन्थ भेजे गए थे। बड़गे का वह पत्र उन ग्रन्थों की साभार पहुँच की सूचना थी। सावरकर जी ने कहा, 'अभियोजकों के हाथों में मेरे पत्रों की फाइलें हैं। उसमें इस प्रकार अनेक प्राप्ति-पत्र प्राप्त होंगे। उनसे यह प्रतीत होगा कि मेरा कार्यालय प्रतिवर्ष सैकड़ों रुपयों की पुस्तकें भेंट के रूप में भेजा करता था। प्रस्तुत अभियोग से सामने लाए गए प्रमाण का एक तनिक भी सम्बन्ध नहीं है। पत्र-व्यवहार में आपत्तिजनक कोई बात नहीं है। यही मेरा कथन है।' (ग्रन्थ 2, पृष्ठ 191)

सैनिकीकरण हिन्दू महासभा का एक प्रमुख कार्यक्रम हुआ करता था। नाना आपटे उन दिनों नगर (अहमदनगर : महाराष्ट्र) में थे। उन्होंने वहाँ सैनिकीकरण और शस्त्रविद्या की शिक्षा का कार्य चलाया था। वे हिन्दू महासभा के कार्यकर्ता थे। नगर में इस बार हिन्दू महासभा के बहुसंख्या में सदस्य निर्वाचित होकर आए थे। वह सारा विवरण आपटे ने सावरकर जी को भेजा था। आपटे ने उस समय के गृहमंत्री श्री कन्हैयालाल माणिकलाल मुन्शी की अनुमति से एक 'राइफल क्लब' चलाया हुआ था। उन दिनों आपटे की नियुक्ति 'आनरेरी टेक्नीकल रिक्रूटिंग आफिसर' के पद पर थी। आगे चलकर उन्हें विमान दल में 'किंग्ज कमीशन' मिला था। आपटे के पत्रों में बहुत करके सैनिकीकरण के कार्य का वृतान्त और हिन्दूसभा के कार्य की चर्चा होती थी।

नाना आपटे के प्रमाण में लाया गया पहला पत्र दिनांक 13-2-1938 का था। (अभिलेख ग्रन्थ 5, पृष्ठ 9, प्रमाण डी-22) बम्बई के मुख्यमंत्री श्री खेर और गृहमंत्री श्री मुन्शी को नगर के जिला अधिकारी के माध्यम से राइफल क्लब के लिए अनुज्ञा-पत्र देने के लिए प्रार्थना करने का अनुरोध उसमें है। आगे के पत्रों में आपटे की जिले में प्रवास करने और राइफल क्लब को चलाने की माँग प्रार्थना के अनुरोध का वर्णन है। पूना के राइफल क्लब का उद्घाटन श्री न. वि. गाडगिल के द्वारा होने की सूचना भी दिनांक 10-5-1939 के पत्र में है। (ग्रन्थ 5, पृष्ठ 12) में आगे चलकर इस सम्बन्ध में सावरकर जी से मार्गदर्शन की प्रार्थना की है। 'हिन्दूराष्ट्र', 'अग्रणी' इन समाचार-पत्रों का जब आरम्भ करने का विचार हो रहा था, तब के कुछ पत्र हैं और कुछ पत्र बाद के समाचार-पत्रों के आरम्भ होने के पत्र हैं।

नथूराम का पहला पत्र दिनांक 28-2-1938 का था (ग्रन्थ 5, पृष्ठ 17) उस पत्र में उन्होंने कांग्रेस के 57वें अधिवेशन में हुए देशगौरव, सुभाषचन्द्र बोस के अध्यक्षीय भाषण की समालोचना की है। जातीय समस्या, राष्ट्रभाषा, राष्ट्रलिपि के सम्बन्ध में हिन्दुस्तान का दृष्टिकोण समझने के लिए विदेश में प्रचार, आर्थिक और औद्योगिक विकास, सामाजिक समस्या के तत्त्व का स्वीकार, अंग्रेजों से लड़ने के विषय में स्पष्ट चुनौती, राष्ट्रीय स्वयंसेवक संघ स्थापित करने का महत्त्व आदि प्रश्नों पर अपना मत व्यक्त करते हुए हिन्दू महासभा के अध्यक्ष के नाते सावरकर जी को भी क्या-क्या अपेक्षित है, इस प्रकार का उल्लेख इस पत्र में किया गया है।

उसके बाद के अन्य पत्रों में भी हिन्दू महासभा के कार्यक्रम, कार्य का इतिवृत्त तथा उनके सावरकर जी के साथ प्रवास पर जाने की प्रार्थना आदि बातें लिखी गई हैं। 'अग्रणी' जो कालान्तर में 'हिन्दूराष्ट्र' नाम से प्रचलित किया गया, के प्रारम्भ करने के उद्देश्य के विषय में भी पत्र लिखते गए। हिन्दूराष्ट्र दल के कार्य का प्रारम्भ करने के उद्देश्य के विषय में पत्र लिखे गए। हिन्दूराष्ट्र का विवरण आदि-आदि विषयों पर पत्र लिखे जाते रहे। इस प्रकार पत्र सावरकरजी को नाना आपटे और नाथूराम गोडसे, दोनों ही लिखा करते थे। कभी-कभी दोनों मिलकर भी लिखते थे।

हिन्दू महासभा के कार्यकत्ताओं में अन्य व्यक्तियों की अपेक्षा सावरकर जी के प्रति अधिक आदर-सम्मान की भावना होती थी और सावरकर जी भी 'ये मां प्रपद्यन्ते तांस्तथैव भजाम्यहम्' की नीति के आधार पर निष्ठावान कार्यकर्ताओं के प्रति अधिक प्रेमभाव रखते थे। 'अग्रणी' या 'हिन्दूराष्ट्र' नामक समाचार-पत्र के लिए नथूराम और नाना आपटे के मात्र वचनपत्र के आधार पर सावरकर जी ने उनको पन्द्रह हजार रुपये दिए थे। इस दैनिक-पत्र की रीति-नीति का संचालन केवल नथूराम और नाना आपटे द्वारा ही हो, इस प्रकार की विधिवत् परामर्श व्यवस्था अन्य सम्बन्धित व्यक्तियों से कर लेनी चाहिए, इस विषय में उन्होंने एक पत्र द्वारा उनको सूचित किया था। (पत्र दिनांक 4-4-1945, प्रमाण पी. 302, अभिलेख ग्रन्थ 4 पृष्ठ 224)। इनमें से किसी एक बात को भी अस्वीकार करने की आवश्यकता सावरकर जी ने नहीं समझी और न ही उनको इन बातों को स्वीकार करने में किसी प्रकार के भय की प्रतीति होती थी। उन्होंने अपना स्पष्टीकण देते हुए कहा—

'हिन्दू महासभा के अनेक कार्यकर्ता होते थे। नथूराम और नाना आपटे भी उनमें से ही थे। कार्यकर्त्ता के नाते मेरा और उनका परस्पर अच्छा परिचय था। मैंने उनको दैनिक-पत्र के लिए आर्थिक सहायता भी दी थी। न केवल उनको ही अपितु 'विक्रम' और 'फ्र हिन्दुस्तान' आदि अन्य समाचार-पत्रों को भी मैंने सहायता दी थी। नथूराम द्वारा लिखे गए पत्रों में इसका उल्लेख प्राप्त हो सकता है। प्रवास पर जाने पर मेरे साथ अनेक लोग हुआ करते थे, उनमें से ये दो व्यक्ति भी होते थे। दैनिक-पत्र की रीति-नीति निश्चित करने के लिए ये दोनों स्वतंत्र थे। आपटे अथवा नथूराम से मेरा किसी प्रकार का अवैध सम्बन्ध था, इस प्रकार का प्रमाणा आपको किसी भी पत्र में प्राप्त नहीं होगा।'

दैनिक-पत्र के शीर्ष पर प्रकाशित होने वाला चित्र

'अग्रणी' या 'हिन्दूराष्ट्र' दैनिक-पत्र के प्रथम पृष्ठ के शीर्ष पर सावरकर जी का चित्र प्रकाशित हुआ करता था। अभियोजकों ने इस बात का विशेष उल्लेख किया था। उनका कहना था कि इस चित्र को देखकर यह स्पष्ट होता है कि 'अग्रणी' की नीति से सावरकर जी की सहमति थी। सावरकर जी ने कहा, 'समाचार-पत्रों में इस प्रकार के चित्र प्रकाशित करने की इस देश में सामान्य प्रथा-सी बन गई है। अनेक समाचार-पत्रों पर गांधी जी का चित्र प्रकाशित हुआ करता था। ऐसे पत्रों पर भी उनका चित्र प्रकाशित होता था जिनको कभी गांधी जी ने पढ़ा तो क्या, देखा भी नहीं होगा। पूना के सुविख्यात समाचार-पत्र 'केसरी' पर लोकमान्य तिलक का चित्र होता है, परन्तु उस पत्र की आज की नीति के लिए स्वर्गीय लोकमान्य जी की आत्मा उत्तरदायी है, ऐसा तो कोई अध्यात्मवादी भी आज किसी न्यायालय में ऐसा कहने का दुस्साहस नहीं करेगा। वास्तव में और न्याय की दृष्टि से भी नेताओं के चित्र प्रकाशित करने के लिए समाचार-पत्र का सम्पादक ही उत्तरदायी माना जाना चाहिए। जिन नेताओं का चित्र समाचार-पत्र के मुखपृष्ठ पर प्रकाशित होता है, उन्हें उसकी नीति के लिए उत्तरदायी नहीं माना ज़ाना चाहिए।'

अभियोजकों का आरोप था कि नाना आपटे और नथूराम, दोनों ही सावरकर जी को अपना गुरु मानते थे, अतः गांधी-वध करने से पूर्व उन्होंने उनके साथ विचार-विनिमय अवश्य ही किया होगा। इसके उत्तर में सावरकरजी ने कहा, 'अनेक

अभियुक्त किसी न किसी धर्मोपदेशक या गुरु के अनुयायी कहलाते हैं, किन्तु अपराध करने से पूर्व उन्होंने अपने गुरु से परामर्श किया होगा, इस प्रकार का अभिप्राय निकालना क्या उचित एवं उपयुक्त है? गांधीजी पर श्रद्धा रखने वाले अनेक व्यक्तियों ने जिन्हें उनका शिष्य कहा जाता था 1942 में गुप्त रूपेण हिंसा का आलम्बन किया था। विदेशी राज के विरोध के लिए इस प्रकार का भूमिगत आन्दोलन उचित था अथवा अनुचित, यह इस समय विचारणीय नहीं है, किन्तु केवल इतना ही कहना पर्याप्त होगा कि गांधी जी ने इस प्रकार के शस्त्र-प्रयोग का निषेध किया था, किन्तु गांधी जी के उन शिष्यों के मार्गदर्शन में लोगों ने विप्लव किया, रक्तपात किया और ऐसा करते हुए वे लोग 'महात्मा गांधी की जय' के उद्घोष भी लगाते रहते थे। वे लोग जो गांधी जी के प्रति आदर व्यक्त करते हैं और अपना कार्य करते समय गांधी जी की जय भी बोलते हैं, अतः इसका अभिप्राय यह हुआ कि उन्होंने विदेशी घात-पात और लूटपाट करने के लिए गांधीजी से परामर्श किया ही होगा, ऐसा आरोप तो ब्रिटिश शासन ने भी नहीं लगाया था। अभियोजकों के प्रमाण—'ऐसा हुआ होगा' अथवा 'ऐसा होना सम्भव है', इस प्रकार के सन्देहास्पद निष्कर्षों पर आधारित हैं। इससे ऐसा प्रतीत होता है कि ज्यों-ज्यों ठोस और प्रत्यक्ष प्रमाण मिलने असंभव होते गए त्यों-त्यों अभियोजक विवश, असम्बद्ध एवं असंगत तर्कों का आश्रय लेने लगे। इसको प्रतिष्ठा का प्रश्न समझकर उसकी सुरक्षा के लिए वे इस प्रकार के अनुपयुक्त एवं तर्कहीन प्रमाण प्रस्तुत करने के लिए उद्यत हुए हैं।'

मदनलाल की प्रशंसा

अभियोजक चाहते थे कि प्रो. जगदीशचन्द्र जैन, श्री मोरारजी देसाई और अंगदसिंह के कथन का एक भाग पृष्ठभूमि के रूप में श्री सावरकर जी के विरुद्ध प्रयुक्त किया जाए। डॉ. जैन का कथन था कि दिल्ली जाने के पहले मदनलाल प्रायः एक-दो दिन बाद उनसे मिला करता था। इस प्रकार की एक भेंट के अवसर पर अंगदसिंह थोड़े समय के लिए उनके वहाँ उपस्थित था। तब मदनलाल ने जो कुछ कहा था उसका सारांश डॉ. जैन ने बताया था। मदनलाल ने अहमदनगर में निर्वासितों के पुनर्वास की व्यवस्था के लिए एक संस्था की स्थापना कर ली थी। करकरे उनको आर्थिक सहायता दिया करते थे। उस संस्था ने अनेक शस्त्रास्त्र एवं विस्फोटक

पदार्थ एकत्रित कर लिए थे। इस सब सामग्री को एक वन में छिपाकर रखा गया था। हिन्दू महासभा के अध्यक्ष वीर सावरकर जी को जब मदनलाल के क्रिया-कलाप का ज्ञान हुआ तो उन्होंने उसको अपने पास बुलवाया और उससे दो घंटे तक चर्चा की। उन्होंने उसकी पीठ थपथपाई थी और 'चलने दो', इस प्रकार का उसको प्रोत्साहन प्रदान किया था। मदनलाल ने तब कहा था कि उन्होंने एक नेता को मारने का निश्चय किया है।

'अहमदनगर के निर्वासितों के पुनर्वास की व्यवस्था के लिए हमने एक संघ स्थापित किया है', इस कथन के पूर्व ही अंगदसिह वहाँ से चले गए थे, ऐसा श्री जैन का कथन था। अंगदसिंह के कथनानुसार वह जब श्री जैने से पुनः मिले तो उन्होंने उनको मदनलाल द्वारा बताई गई बात को बताया था।

श्री जैन ने बम्बई के चीफ प्रेसिडेंसी मजिस्ट्रेट श्री आस्कर ब्राउन के समक्ष दिनांक 26-2-1948 को निवेदन दिया था। जब उनसे इस विषय पर प्रश्न पूछा गया तो श्री जैन ने कहा, 'मैंने उस कथन में ऐसा नहीं कहा था कि मदनलाल ने उनसे कहा था कि उसने लोगों से शस्त्र एकत्रित कर जंगल में छिपाकर रखे हैं और वीर सावरकर ने उसको बुलाकर प्रोत्साहित करते हुए उसकी पीठ थपथपाई थी।' उनका कहना था कि उन्होंने उस वक्तव्य में अंगदसिंह का भी उल्लेख नहीं किया था।'

(ग्रन्थ 1, पृष्ठ 133)

श्री जैन ने अपने वक्तव्य में कहा था कि मदनलाल की बात को उन्होंने दिनांक 21-1-1948 को श्री मोरारजी देसाई के समक्ष रखा था, श्री मोरारजी देसाई ने अपने कथन में इसका उल्लेख किया था। यदि उन दोनों के कथन से सावरकर जी का सम्बन्ध हो सकता है तो केवल यही कि उसने जब अहमदनगर में पुनर्वास शिविर की स्थापना का उल्लेख किया होगा तो उसके लिए उन्होंने उसकी पीठ थपथपाई होगी। किन्तु अंगदसिंह को अपनी साक्षी में कुछ परिवर्तन करने की आवश्यकता आ पड़ी होगी। अंगदसिंह का कहना था कि मदनलाल ने श्री जैन को कहा था कि इस षड्यन्त्र की पृष्ठभूमि में सावरकर जी हैं और यह बात श्री जैन ने उनको बताई थी।

(ग्रन्थ 1, पृष्ठ 148)

सावरकर जी ने न्यायालय के सम्मुख यह सिद्ध किया था कि यह साक्षी सारहीन एवं अविश्वसनीय है। उनके कथन का सारांश निम्न प्रकार है–

'मूलतः इन तीनों साक्षियों में से एक भी अपने-अपने वक्तव्य तथा परस्पर एक-दूसरे की बातों को कहीं भी लेखरूप दे कर सुरक्षित नहीं रखा था और मोरारजी देसाई ने भी स्वीकार किया है कि उन्होंने भी कभी इस प्रकार की किसी बात को लिखित रूप में अंकित कर सुरक्षित नहीं रखा। स्मृति पानी समान फिसलती है। मनुष्य स्वभाव विस्मरणीय है तथा सुनी-सुनाई बात कितनी विकृत हो जाती है, यह अंगदसिंह की साक्षी से स्पष्ट परिलक्षित होता है। समीावना यही है कि श्री जैन और मदनलाल में परस्पर लेन-देन का सम्बन्ध और पत्र-व्यवहार होने के कारण कहीं भविष्य में मदनलाल से उनका सामीप्य सिद्ध न हो जाए, इस भय से बचने के लिए श्री ज़ैन तुरन्त गृहमंत्री के पास गए होंगे, क्योंकि उस दिन के समाचार-पत्रों में इस प्रकार का समाचार प्रकाशित हुआ था कि यह कोई षड्यंत्र होग। श्री जैन ने अवसर से लाभ उठाने के लिए और स्वयं को निर्दोष सिद्ध करने की दृष्टि से यह कथा रची होगी। मदनलाल से षड्यंत्रकारियों के नाम जानने की कदाचित् उनको आवश्यकता नहीं पड़ी होगी। अन्यथा वे उनका भी नामोल्लेख करते जो कि वे कर नहीं सके। एक बात और, जिस समय मदनलाल षड्यन्त्र के बारे में बताते हैं, ठीक उसी समय अंगदसिंह कैसे अनुपस्थित हो जाते हैं?

'श्री जैन ने जब मजिस्ट्रेट के समक्ष अपना निवेदन दिया तो उस समय उन्होंने मेरी और मदनलाल की भेंट का कोई उल्लेख नहीं किया। जब उनसे इसके विषय में पूछा गया तो वे कहने लगे कि मैंने पुलिस वालों को और गृहमंत्री को इसके विषय में बता दिया था, किन्तु उन दोनों में से किसी ने भी उनकी बात को लिखित रूप में सुरक्षित नहीं रखा। जबकि इसके अतिरिक्त पुलिस और गृहमंत्री को मदनलाल द्वारा बेची गई पुस्तकों, पटाखों आदि अन्य साधारण बातों का श्री जैन ने मजिस्ट्रेट के सम्मुख उल्लेख किया है।'

'यदि समझ लें कि मदनलाल ने जैन के सम्मुख कुछ बताया होगा तो मदनलाल से मेरा सम्बन्ध नगर की हलचल से उन्होंने जोड़ लिया। किन्तु उस प्रमाण की पुष्टि करने में वे असमर्थ रहे हैं। मदनलाल का कहना है कि ऐसी कोई बात कभी

नहीं हुई है। डॉ. जैन और अंगदसिंह, दोनों 'मदनलाल को बातूनी व्यक्ति मानते हैं जो अपने काम की डींग मारता रहता था।' अतः यदि ठीक दृष्टि से देखें तो लगता है कि मदनलाल ने केवल अहमदनगर में अपने कारनामों की ही सावरकर जी से चर्चा की थी, जैसा कि डॉ. जैन ने बताया है, न कि गांधी-हत्या की योजना की, परन्तु यह सबूत भी तथ्यों से मेल नहीं खाता, जबकि मदनलाल ने कहा कि उसने ऐसी कोई बात नहीं कहीं। अतः मेरा कहना है कि प्राध्यापक जैन मंत्रियों तक की सारी साक्षी असंपुष्टित, अवश्वसनीय एवं सुनी-सुनाई मानकर उसको रद्दी की टोकरी में डाल देना चाहिए।'

नथूराम, आपटे की सावरकर-सदन में भेंट, दिनांक 14-1-1948

दिनांक 14-1-1948 को नथूराम और आपटे की सावरकर सदन में हुई भेंट का विवरण बाद में प्रस्तुत किया गया। दिनांक 14-1-1948 को नथूराम और नाना आपटे दोपहर की गाड़ी से पूना से बम्बई आए थे। जिस गाड़ी से वे लोग आए थे उसी गाड़ी में श्रीमती शान्ता मोडक भी थीं। दिनांक 3-8-1948 को उनकी साक्षी हुई। उन्होंने कहा, 'मेरा टिकट दूसरी श्रेणी का था। डिब्बे में चढ़कर मैं खिड़की के समीप की जगह खोजने लगी। किसी ने मुझसे पूछा, 'आप क्या खोज रही हैं?' 'खिड़की के समीप स्थान,' मैंने उत्तर दिया। तो वे सज्जन बोले, 'लीजिए, आप इस मेरे स्थान पर ही बैठ जाइए। ठीक रहेगा?' इतना कहते हुए वे उठ खड़े हुए। मैं उस स्थान पर जाकर बैइ गई। मेरे सामने वाला.स्थान खाली था, वे सज्जन उस स्थान पर जाकर बैठ गए। गाड़ी चलने ही वाली थी कि इतने में एक अन्य सज्जन आ गए। वे उस पहले वाले सज्जन के पास में आकर बैठ गए। मुझे ऐसा लगा कि दोनों का कुछ पूर्व परिचय-सा था।' श्रीमती शान्ता मोडक ने पहचान के अवसर पर नाना आपटे को पहला सज्जन और नथूराम को दूसरा सज्जन बताया। आगे उन्होंने बताया।

जिन्होंने स्थान दिया उन्होंने मुझसे पूछा, 'आप बिंबा तो नहीं?' मैंने स्वीकृति में सिर हिलाया। यह मेरा चित्रपट पर कार्य करने का नाम था। अपने बातचीत के क्रम में इतना और बताया था कि मुझे दादर उतरना है। इस बीच और कोई

बातचीत नहीं हुई। जब दादर समीप आने लगा तो उन्होंने मेरा पता पूछा। मैंने 'शिवजी उद्यान' बता दिया। वे बोले, यदि आप अकेली ही जाने वाली हों तो हम आपको वहाँ तक छोड़ देंगे। उनके बोलने से मुझे ऐसा प्रतीत हुआ कि वे सावरकर सदन में जाने वाले हैं। मैंने कहा कि मुझे लेने के लिए मेरा भाई स्टेशन पर आने वाला है, यदि वह नहीं आया तो मैं आपके साथ चलूँगी।

'हम दादर पहुँचे। मुझे लेने के लिए मेरा भाई आया हुआ था। उसके पास जीप थी। तब मैंने उन दोनों को कहा कि, मैं ही आपको शिवाजी उद्यान पर छोड़ दूँगी। उन्होंने निमंत्रण स्वीकार कर लिया। मेरा घर और सावरकर सदन एक ही मार्ग पर तथा सड़क के एक ही ओर हैं। पहले हमारा घर आता है, उसके बाद सावरकर सदन। हमने सावरकर सदन के पास गाड़ी रोक दी। वे दोनों जब उतर गए तो हमने गाड़ी घुमा ली।'

प्रतिप्रश्न करने पर श्रीमती शान्ता मोडक ने कहा, 'मैंने उन्हें सावरकर सदन में प्रविष्ट होते हुए देखा नहीं था।' (ग्रन्थ 1, पृष्ठ 122-124)

सावरकर सदन में नीचे के तल पर श्री अ. स. भिडे रहते थे। सावरकर जी के कार्यवाह श्री दामले और श्री अप्पा कासार भी नीचे की मंजिल पर ही रहा करते थे। उस तल का बीच का भाग हिन्दू महासभा के कार्यकर्ताओं के लिए कार्याय के रूप में था। सावरकर जी पहली मंजिल पर रहते थे। सावरकर सदन में या कार्यालय में आने वाले लोग सावरकर जी के यहाँ जाते ही थे, ऐसा कोई नियम नहीं था। उनसे मिलने के लिए पहले सचिव से अनुमति लेनी होती थी। ये सब बातें प्रमाण में आई थीं।

नथूराम और आपटे सावरकर जी के यहाँ जाने वाले थे, ऐसा कोई आभास उन्होंने दिया हो, यह भी शान्ता मोडक ने अपनी गवाही में नहीं कहा था। साक्षी में यह कहा कि उसने उन्हें सावरकर सदन में प्रविष्ट होते हुए नहीं देखा था। यदि सावरकर सदन में जाते हुए देखा भी होता तो भी वे सावरकर जी के ही पास गए थे अथवा जाने वाले थे, ऐसा भी सिद्ध नहीं हो सकता था। वे लोग सावरकर जी के यहाँ गए, इतना कहने मात्र से ही सावरकर जी को इस षड्यन्त्र में गूँथना

युक्ति-हीन था, किन्तु यहाँ पर तो इसी साक्षी की ओर से भी यह प्रश्न उपस्थित नहीं किया गया था। सावरकर सदन की ओर उसकी निचली मंजिल की अवस्था क्या थी, इसका निर्देश सावरकर जी ने किया था और इस साक्षी का कोई भी सम्बन्ध इस बात से नहीं आता, ऐसा सावरकर जी का कथन था।

(ग्रन्थ 2, पृष्ठ 191)

बड़गे का बयान

क्षमा के साक्षी बड़गे की गवाही का कुछ अंश सावरकर जी की ओर संकेत करता था। ऐसी बातों को क्षमा आश्वस्त साक्षी के मुख बलात् कहलवाया जाता है। बड़गे और सावरकर जी का परस्पर परिचय था। अपनी साक्ष्य में यह सिद्ध करने के लिए बड़गे ने पृष्ठभूमि के रूप में प्राथमिक वक्तव्य-सा दिया। उसने अपने वक्तव्य में कहा, '1944-45 में गवालिया टैंक पर सावरकर जी का भाषण हुआ। उसके बाद 30-40 व्यक्ति उन्हें मिलने के लिए उनके घर गए थे। मैं भी उनमें से एक था। वहाँ एक अनौपचारिक सभा हुई, इसमें भी सावरकर जी ने भाषण दिया। उसके बाद परिचय कराते हुए मैंने अपने आपको शस्त्र-भण्डार का स्वामी बताया और साथ ही उन्होंने एक प्रकार से सन्तोष व्यक्त करते हुए यह भी कहा कि मैं वहाँ पर अच्छा कार्य कर रहा हूँ। अन्त में उन्होंने मुझे वही कार्य करते रहने का परामर्श दिया।

'हिन्दू महासभा शस्त्रों पर से प्रतिबन्ध हटाने के लिए प्रयत्न किया करती थी। बड़गे जो शस्र बेचता था उनकी गणना निर्बन्धित शस्त्रों में आती थी। मैंने उसके लिए प्रशंसोद्गार प्रकट किए थे, यह यदि मान भी लें तो इसमें आक्षेप के योग्य भी तो कुछ भी नहीं है', ऐसा वीर सावरकर जी का कथन था।

बड़गे ने 1946 के अन्त अथवा 1947 के आरम्भ की किसी अनौपचारिक बैठक का उल्लेख किया था। उसके कथनानुसार उस बैठक में सावरकर जी ने कहा था, 'कांग्रेस की नीति हिन्दुओं के लिए हानिकारक है। मुसलमानों का आर्थिक बहिष्कार करना चाहिए और यदि उन्होंने हम पर आक्रमण किया तो हिन्दुओं को उसके प्रतिकार की सिद्धता रखनी चाहिए। इसलिए हिन्दुओं को शस्त्र-विद्या सीखनी चाहिए।'

इस विषय में सावरकर जी का कहना था कि ऐसी कोई भी बैठक उनके घर पर नहीं हुई थी और यदि ऐसा मान भी लिया जाए कि ऐसी बैठक हुई भी हो तो बड़गे के कथन में कोई ऐसी बात नहीं है जिसके शब्दों को आपत्तिजनक सिद्ध किया जा सके। प्रस्तुत तथाकथित षड्यन्त्र से उस बैठक का कोई सम्बन्ध भी नहीं जोड़ा जा सकता।

किसी समय श्री परमेरकर, श्री बखले, डॉ. मुंजे, वीर सावरकर आदि का एक सामूहिक चित्र खिंचवाया गया था। उसमें बड़गे भी था, ऐसा उसका कहना था। यह प्रमाण भी निरर्थक एवं असम्बद्ध होने से निकाल देना चाहिए, ऐसा सावरकर जी का कथन था।

पुनः सावरकर सदन : बड़गे की गवाही

इस पृष्ठभूमि के उपरान्त बड़गे ने सावरकर जी के विषय में क्रमशः बताना आरमी किया। उसने कहा, 'दिनांक 14-1-1948 की रात को 9 बजे के आसपास नथूराम, आपटे और मैं, अर्थात् बड़गे सावरकर सदन की ओर से निकले। वहाँ पहुँचने पर आपटे ने मुझसे शस्त्रास्त्रों की थैली ली और मुझे बाहर ही ठहरने के लिए कहा। आपटे और गोडसे भीतर गए। पाँस-दस मिनट में ही वे लोग लौट कर आ गए। बाहर आने पर वही थैली आपटे के ही हाथ में थी।'

इसके प्रतिवाद में सावरकर जी का कहना था, 'सावरकर सदन में जाने का अभिप्राय सावरकर के यहाँ जाना नहीं होता और बड़गे यह भी नहीं कहता कि उसने वह शस्त्रों की थैली सावरकर सदन में रखी थी। बड़गे का कहना है कि वह थैली दीक्षित जी महाराज के यहाँ रखी गई। फिर नथूराम और आपटे इस भेंट से इनकार करते हैं। इस घटना का कोई संबंध दीखता नहीं है। अभियोग के प्रमाण की दृष्टि से 'बड़गे और थैली', इस काल्पनिक कथा का कुछ भी मूल्य नहीं है।'

बड़गे का आगे का कथन इस प्रकार था, 'अपटे, गोडसे और मैं दीक्षित जी महाराज के घर से बाहर निकले और आँगन में खड़े रहे। दिनांक 15-1-1948 को आपटे ने मुझसे कहा कि मैं उनके साथ दिल्ली चलूँ। मैंने कार्य के विषय में पूछा तो आपटे ने कहा कि सावरकर जी ने निश्चय किया है कि गांधी, नेहरू

और सोहरावर्दी को समाप्त किया जाए और वह कार्य उन्होंने हमारे अर्थात् गोडसे एवं आपटे के ऊपर छोड़ा है।'

इसके उत्तर में सावरकर जी ने कहा, 'बड़गे ने यह नहीं कहा कि आपटे अथवा नथूराम को ऐसा कहते मैंने सुना। उसका कथन सुनी-सुनाई बात पर है, इसका क्या प्रमाण है? आपटे और गोडसे इस घटना को भी स्वीकार नहीं करते। पुलिस के दबाव में आकर बड़गे संभवतः इस प्रकार की साक्षी दे रही होगा। इस घटना की कहीं से भी संपुष्टि नहीं होती।'

'यशस्वी होकर आइये'

इसके बाद के एक प्रसंग का उल्लेख करते हुए बड़गे ने कहा, "गोडसे, आपटे और मैं तथा शंकर किस्तैया एक दिन टैक्सी में घूम रहे थे कि नथूराम ने कहा, 'हमें सावरकर जी के अंतिम दर्शन कर लेने चाहिएं।' उसके कहने पर हम सावरकर सदन गए। शंकर को आँगन में बाहर ठहरने के लिए कहा गया।" हम तीनों सावरकर सदन में गए। आपटे ने मुझसे निचली मंजिल पर ही ठहरने के लिए कहा। गोडसे और आपटे ऊपर गए। पाँच-दस मिनट में ही वे पुनः नीचे आ गए। उनके पी तुरन्त ही तात्याराव (सावरकर) आए। वह बोले, 'यशस्वी होकर आइए।' यह शब्द उन्होंने आपटे और गोडसे के लिए कहे थे। इसके बाद हम बाहर आ गए। बाहर आकर हम चारों टैक्सी में बैठे और रुइया कॉलेज की ओर निकले। टैक्सी में आपटे ने मुझसे कहा, 'तात्याराव का कहना है कि गांधी जी की आयु पूरी हो चुकी है, अपना काम पूर्ण रूप से सफल होगा इसमें सन्देह नहीं। इसके बाद हम अफजुलपुरकर के घर की ओर चले गए।" यह घटना दिनांक 17-1-1948 की है।

सावरकर जी ने इस प्रसंग को अस्वीकार करते हुए कहा, 'आपटे और गोडसे मुझसे नहीं मिले थे। 'यशस्वी होकर आइए,' ऐसा मैंने किसी से नहीं कहा। गांधी जी की आयु पूरी हो चुकी है, इस प्रकार की भविष्यवाणी भी मैंने नहीं की। बड़गे के कथनानुसार आपटे, गोडसे और बड़गे मेरे पास मिलने के लिए आए थे, यदि इसे मान भी लिया जाए तो भी वह आगे यह कहता है कि गोडसे और आपटे मुझसे मिलने ऊपर आए थे। वे मुझसे मिलने आए थे या घर में किसी अन्य से

मिलने के लिए आए थे, यह समझना उसके लिए सम्भव नहीं है। यदि यह भी मान लिया जाए कि वे लोग मेरे पास आए थे तो भी हमने परस्पर क्या वार्त्तालाप किया यह तो वह जान नहीं सकता। अतः उन लोगों ने मुझसे षड्यन्त्र के विषय में बात की थी, ऐसा बड़गे के वक्तव्य के आधार पर यह मान लेना न्यायोचित नहीं होगा। उस दिन आपटे और गोडसे बहुत स्थानो पर गए और अनेक लोगों से बोलें, हैदराबाद राज्य का स्वतंत्रता आन्दोलन तथा 'हिन्दूराष्ट्र' के प्रकाशन के सम्बन्ध में उन्होंने बहुत लोगों से वार्त्तालाप किया तथा पैसा एकत्रित किया, ऐसा अभियोजकों का कथन है, किन्तु मेरे साथ वे केवल षड्यन्त्र के विषय में ही बोले, ऐसा आरोप लगाना क्या न्यायोचित होगा? यदि बड़गे का यह कथन मान लिया कि मैंने उन्हें 'यशस्वी होकर आइए' ऐसा कहा भी, तो यह कथन किसी अन्य कार्य के लिए क्यों नहीं हो सकता? गांधी जी की आयु पूरी हो चुकी है, मेरा यह कथन बड़गे ने स्वयं सुना, ऐसा वह नहीं कहता। उसका कहना है कि यह उसको आपटे ने कहा है, अतः उसके लिए मैं किस प्रकार उत्तरदायी हो सकता हूँ? विशेषकर जब आपटे औ गोडसे इस घटना को भी अस्वीकार करते हैं।

टैक्सी ड्राइवर की साक्षी

बम्बई के एक टैक्सी ड्राइवर का नाम ऐतप्पा कोटियन था, जिसकी टैक्सी एक दिन सावरकर सदन के आसपास चक्कर काटती रही। बड़गे, शंकर किस्तैया, नथूराम और आपटे उसमें बैठकर सावरकर सदन गए थे, ऐसा अभियोजकों का आरोप था। साक्षी के कथनानुसार उसकी गाड़ी शिवाजी उद्यान के एक ओर खड़ी की गई, चारो सवारियाँ नीचे उतर गईं, वे लोग कोने के दाईं ओर को मुड़ कर दूसरे घर तक गए, इतना ही उस ड्राइवर ऐतप्पा को दिखाई दिया था।

उसकी साक्षी से यह किंचित् भी आभास नहीं मिलता कि जिस घर में उसकी टैक्सी की सवारियाँ गई हैं, उस घर का नाम सावरकर सदन था और साक्षी को उसका ठिकाना ज्ञात है, वे लोग उतर कर कहाँ गए इसका उसको तनिक भी ज्ञान नहीं। वह ऐसा भी नहीं कहता कि वे लोग उतरकर उस दूसरे घर में गए थे। उसका कहना है कि वे लोग पाँच मिनट में ही वापिस आ गए थे। किन्तु बड़गे

की साक्षी के आधार पर टैक्सी से घर तक जाने के पाँच मिनट पुनः टैक्सी पर पहुँचने में, इस प्रकार बीस-पच्चीा मिनट का समय लगता है। दोनों साक्षियों के कथन में इस प्रकार की विसंगतियों का ध्यान सावरकर जी ने न्र्ाायालय को दिलाया। आपटे और गोडसे ने पहले ही इस प्रसंग को, बड़गे की कल्पना कहा था। न्यायमूर्ति के पूछने पर शंकर किस्तैया ने कहा था कि शिवाजी उद्यान तक वह उन लोगों के साथ टैक्सी में गया था, किन्तु आपटे, बड़गे और नथूराम टैक्सी से उतरकर कहीं गए थे, वह स्वयं टैक्सी में ही बैठा रहा। सावरकर तथा सावरकर सदन का तो उसने नाम नहीं सुना था। वस्तुस्थिति से इसकी भी विसंगति की ओर सावरकर जी ने ध्यान आकर्षित किया।

सावरकर जी द्वारा गांधी जी की आयु के विषय में की गई भविष्यवाणी की शंकर किस्तैया के निवेदन में पुष्टि होनी चाहिए थी, क्योंकि बड़गे के कथनानुसार आपटे ने उसको यह बात टैक्सी में बैठने के बाद बताई थी। न्यायमूर्ति के पूछने पर शंकर किस्तैया ने कहा, 'मैं ड्राइवर के पास बैठा था। शेष तीनों पिछली सीट पर बैठे थे। वे मराठी और अंग्रेजी, दोनों भाषाओं में बोलते थे। मुझे न तो उनका बोलना स्पष्ट सुनाई देता था और न ही मेरी समझ में आता था।'

बड़गे के कथन की दोनों साक्षियों में से किसी एक ने भी पुष्टि नहीं की। सावरकरजी ने न्यायमूर्ति के ध्यान में यह बात दिलाई और कहा कि उसकी बात को सीधे ही काटा जा सकता है।

मैं सावरकर जी की आज्ञा से षड्यन्त्र में गया : बड़गे

मैं सावरकर जी का एकनिष्ठ सेवक था, अतः सावरकर जी के विषय में कहा गया मेरा कथन प्रामाणिक होना चाहिए, इस बात को सिद्ध करने के लिए बड़गे ने एक अन्य विचित्र बयान दिया। बड़गे स्वयं इस षड्यन्त्र में क्यों सम्मिलित हुआ, इसके विषय में बताते हुए उसने कहा कि गोडसे और आपटे ने अनेक बार उसकी आर्थिक सहायता की थी। उनका आभारी होने के कारण वह सदैव ही उनके कथनानुसार कार्य करता था। अतः नथूराम और आपटे के कहने पर ही तह गांधी जी को मारने के लिए उनके साथ दिल्ली गया था। इस पर भी इस काम को करने की सावरकर

जी की आज्ञा थी, इस प्रकार आपटे ने उसको समझाया था, इसलिए उनकी अर्थात् सावरकर जी की आज्ञा का पालन करना वह अपना कर्तव्य समझ कर उनके साथ गया था।

इस प्रकार इस षड्यन्त्र से सावरकर जी का सम्बन्ध जोड़ने के लिए बड़गे का ऊपर लिखित कथन सबसे अधिक हानिकारक एवं छद्मपूर्ण था। सावरकर जी की आज्ञा है ऐसा यदि उसको नहीं कहा जाता तो वह इस षड्यंत्र में सम्मिलित नहीं होता। न केवल इतना, नाथूराम और आपटे भी इस दुष्कर कार्य को अपने कंधे पर नहीं ले सकते थे। इस प्रकार की भावना बड़गे के इस कथन से परिलक्षित होती है।

यह प्रमाण भी सुनी-सुनाई बातों पर आधारित होने के कारण उसका उत्तर देने के लिए सावरकर जी को कोई विशेष श्रम करने की आवश्यकता अनुभव नहीं हुई। बड़गे के इस कथन के लिए किसी प्रकार को स्वतंत्र पुष्टि नहीं थी। सावरकर जी ने कहा, 'बड़गे जैसा साहसी, धैर्यवान, सुपरिचित व्यक्ति मनुष्य के सहज स्वभाव के अनुसार स्वयं मुझसे ही उस आज्ञा के सम्बन्ध में पूछ सकता था। यशस्वी होकर आइए। ऐसा मैंने कहा, यह उसने सुना और देखा, ऐसा उसका कथन है। आपटे और गोडसे समीप ही थे। उससे भी अधिक वह अपने को समीप बताता है तो मुझसे स्वयं पूछ सकता था, 'यह आज्ञा आपकी ही है न?' परन्तु बड़गे ने ऐसा नहीं किया। यदि बड़गे स्वयं को इतना एकनिष्ठ आज्ञाकारी मानता है तो वह 20 जनवरी को गांधी जी पर सामने से आघात करना छोड़कर अपने प्राण बचाने के लिए क्यों भाग खड़ा हुआ? मैं समझता हूँ कि यदि बड़गे दिल्ली गया भी होगा तो उसका एकमात्र उद्देश्य यही रहा होगा कि किसी प्रकार निर्वासितों को अपने अवैध अस्त्र बेचकर अधिक धन कमाने की इच्छा से या किसी अन्य उद्देश्य से ही गया होगा।

बड़गे झूठा है, कपटी है

बड़गे की गवाही के कुछ उदाहरण प्रस्तुत कर सावरकर जी ने उसके चरित्र एवं व्यवहार का न्यायालय के सम्मुख प्रत्यक्षीकरण करते हुए कहा कि बड़गे कहता

है—'मैं बिना लाइसेंस के बम तथा पिस्तौल आदि बेचता था। मैंने खरात के घर में शस्त्रास्त्र का थैला रखा था, क्योंकि यदि मैं पकड़ा जाऊँ तो शस्त्रास्त्र मेरे पास न मिलें, यह मेरा हेतु था। दिल्ली में ड्राइवर की जानकारी के बिना मैंने दोनों पिस्तौल टैक्सी में रखीं, क्योंकि यदि वे पकड़ी जातीं तो टैक्सी वाला संकट में पड़ जाता और मैं बच जाता। मैं बिना टिकट यात्रा करता था और टिकट कलेक्टरों को रिश्वत देता था। मैं पैसा चाहता था। मैं चाहता था कि मुझसे पिस्तौल लेकर दीक्षित जी महाराज मुझे न्यूनतम 350 रुपए दें। इसलिए वह पिस्तौल मुझे बदले में मिलने पर भी उसे मैंने मोल लिया है, ऐसा मैंने उनसे झूठ ही कहा था।' यह सच बड़गे ने अपनी साक्षी में विभिन्न अवसरों पर कहा था। इससे स्पष्ट है कि बड़गे झूठा एवं कपटी है, और अपने प्राण बचाने के लिए दूसरे के प्राण विपदा में डाल सकता है।

ट्रक-कॉल : दिल्ली से

दिनांक 19.01.1948 की प्रातः 9.20 पर दिल्ली के टेलीफोन न. 8024 में बम्बई के टेलिफोन नं. 60290 पर एक ट्रंक कॉल बुक कराई गई। दिल्ली का नम्बर हिन्दू महासभा भवन का था और बम्बई का सावरकर सदन का अभियोजकों की ओर से यह आरोप लगाया गया था। उनका कथन था कि ट्रंक कॉल वैयक्तिक था, ऐसा उनके कागज-पत्रों से विदित होता था। नथूराम, आपटे, करकरे, मदनलाल, बड़गे और शंकर, ये लोग दिल्ली में थे और हिन्दू महासभा भवन में ठहरे थे, यह अभियोजक पहले ही कह चुके थे। अभियोजकों का कथन था कि वह ट्रंक कॉल कासार या दामले के नाम से था। कासार सावरकर जो के अंगरक्षक का नाम था और दामले उनके कार्यवहक का। आपटे और नथूराम उन दोनों से परिचित थे। इसलिए उन्होंने ही वह कॉल बुक कराई होगी और वह सावरकर जी के लिए ही होगी, ऐसा तर्क अभियोजक प्रस्तुत करते थे।

टेलीफोन सावरकर सदन में निचली मंजिल पर था। निचली मंजिल पर हिन्दू संघटन का कार्यालय था और उस कार्यालय में अनेकानेक कार्यकर्ता आते-जाते रहते थे, यह भी न्यायालय को ज्ञात था।

यह ट्रंक-काल अनुतरित हुआ था। उसमें कोई बातचीत नहीं हुई थी, क्योंकि बम्बई कार्यालय से यह कहा गया कि अपेक्षित व्यक्ति उपस्थित नहीं है। दिल्ली की ओर से कॉल को कैंसिल करा दिया गया था और उसको रजिस्टर में 'निरस्त' अंकित कर दिया गया था।

प्रतिप्रश्नों के अवसर पर एडवोकेट भोपटकर जी ने इस कथन की धज्जियाँ उड़ा दी और सावरकर जी ने अपने कथन का युक्तियुक्त स्पष्टीकरण किया। वह ट्रंक-कॉल कासार और दामले के लिए नहीं था। वह वकीलों ने उस साक्षी से ही कहलवा दिया था। चिट्ठी एक नाम था 'कसैया' और दूसरा था 'दलाल'। आगे चलकर दलाल काटकर डी मैलों लिखा गया था। यह दोनों नाम कासार और दामले से सादृश्य रखते हुए भी दूसरी ओर इस नाम के व्यक्ति न मिलने पर किसी भी प्रकार का निष्कर्ष इस कथन से निकाल लेना न्याय के विरुद्ध हो जाता था।

उस ट्रंक काल का भुगतान दो रुपया बारह आना 19.5.1948 को दिया गया था। हिन्दू महसभा के कार्य के लिए एक कार्यालय से दूसरे कार्यालय को कॉल बुक कराई गई होगी, ऐसा स्पष्टीकरण युक्तियुक्त था। दिल्ली से किसने कॉल बुक कराई इसका कोई लेखा-जोखा और प्रमाण प्राप्य नहीं था। अतः यह इस प्रमाण की अप्रामाणिकता है।

जो दूरध्वनि जन्म से पूर्व ही मर चुकी थी उसके विषय में क्या पूछना, जो जन्मा ही नहीं अथवा जो हुआ ही नहीं, उसकी क्या वार्ता करना। इस रीति से सावरकर जी ने अपने वक्तव्य में इसका उल्लेख किया था।

विधायक अंग

अपने विरोध में प्रस्तुत साक्षियों एवं प्रमाणों का सटीक सप्रमाण उत्तर देने के उपरान्त सावरकर जी ने अपने निवेदन में रचनात्मक उत्तर प्रस्तुत किया और उन्होंने यह कहा कि अभियोजक, जो कुछ भी प्रमाणित करना चाहते हैं, उसे प्रमाणित करने में नितान्त असफलत रहे। रचनात्मक प्रमाणों के लिए उन्होंने समय-समय पर प्रकाशित किए गए अपने बयानों को प्रस्तुत किया। उनमें एक बयान दिनांक 6.

11.1940 को प्रकाशित किया गया था। जिसमें नेहरू को सजा होते ही उनके प्रति सहानुभूति प्रदर्शित करते हुए नेहरू की देशभक्ति की प्रशंसा को गई थी। अगस्त, 1942 में जब कांग्रेसी नेताओं को बिना किसी प्रकार के आरोप एवं प्रमाण के जेलों में ठूँसा गया था, उस समय सावरकर जी ने जो बयान प्रकाशित किया था वह उन्होंने प्रस्तुत किया। गांधी जी के अनशन की समाप्ति के लिए उन्होंने दिनांक 22.2.1943 को एक बयान प्रकाशित किया था, वह भी प्रस्तुत किया गया। कस्तूरबा के देहान्त पर दिनांक 23.2.44 को गांधी को भेजे गए संवेदनात्मक-पत्र की प्रतिलिप, गांधीजी की जेल से मुक्ति के बाद दिनांक 7.5.1944 को प्रकाशित किया गया बयान आदि ये सब बयान उसमें समविष्ट थे।

सावरकर जी के ऊपर टेढ़ी दृष्टि क्यों?

उच्चशिक्षा के लिए इंग्लैंड जाने से पूर्व ही सावरकर जी ने देशमुक्ति के लिए प्रयत्न आरंभ किया था। स्वतंत्रता का स्तोत्र वाफेकर का बन्धु का पवाडा आदि काव्य से और मित्र मेला या अभिनय भारत इन संस्थाओं को स्थापना से और विदेशी कपड़ों के अग्निकाण्ड से उनकी स्वयंवधू स्वतंत्र प्रेरणा स्पष्ट हो चुकी थी। राष्ट्र स्वतंत्रता के ध्येय के लिए यथासंभव सभी साधनों का अपनाना केवल समर्थनीय ही नहीं, आवश्यक भी होता है, यह उनका विश्वास था। उस विश्वास के अनुसार उनका व्यवहार भी समय पर रक्तलिप्त हो जाना स्वाभाविक है।

लंदन में इंडिया हाउस में जो युवक एकत्रित हो जाते थे उनको राष्ट्रप्रेम की दीक्षा दी जाती थी। पंडित श्याम जी कृष्ण वर्मा, लाला हरदयाल आदि का पथ-प्रदर्शन उन्हें प्राप्त होता रहता था। स्वयंप्रज्ञ सावरकर जी ने उस समय भारत भवन को सर्वाधिक प्रभावित किया था।

गांधी जी और सावरकरजी की प्रथम भेंट इंग्लैंड में ही हुई थी। राष्ट्रीय समस्याओं के बारे में परस्पर मतभिन्नता एवं विचारभिन्नता उस समय से ही चली आ रही थी।

गांधी जी के चरित्र को हमने बिना किसी पूर्वाग्रह के शुद्ध मन से देखा और परखा तो भी गांधी जी जिन सिद्धान्तों के लिए प्रसिद्ध थे, क्या उनका व्यवहार

उन सिद्धान्तों के अनुरूप था? ऐसा प्रश्न समुपस्थित होता है। मन में ऐसी शंका होती है कि उन्होंने जीवन का प्रमुख मार्गदर्शक सिद्धान्त अहिंसा को माना था, या स्वतंत्रता को माना था, या राजनिष्ठा को माना था।

गांधी जी को सावरकर गुट का हिंसा का मार्ग अच्छा नहीं लगता था। 'मारो काटों का पंथ' नामक पुस्तिका में उन्होंने क्रांतिमार्ग एवं क्रांतिकारियों की निन्दा की थी। इसका उल्लेख श्री शि. ल. करंदीकर ने अपनी पुस्तक सावरकर जी की जीवनी के पृष्ठ 155 पर किया है। क्रांतिकारियों के झण्डे की ओर खिंचते चले जाने वाले युवकों को वे ऐसा करने से रोकना चाहते थे। श्री इंदुलाल याज्ञिक ने लाल हरदयाल की जीवनी लिखी है। दिनांक 3.12.1906 को गांधी ने जो पत्र डॉ. पी. जे. मेहता को लिखा है उसका उसमें उल्लेख है। उस पत्र में गांधी लिखते है—'श्याम जी का मार्ग सत्य से दूर है। उनकी कार्य-पद्धति भी धर्मानुकूल नहीं है। वे न तो ईश्वर के अस्तित्व को मानते हैं और न पुनर्जन्म को। भारतभवन के आसपास केवल विषाक्त वायुमण्डल ही बना रहता है। आप श्यामजी की सीख का अनुकरण करते हैं, ऐसा मैं समझता हूँ। मेरी उनसे बातचीत हुई है।उसके परिणामस्वरूप मुझे उस मार्ग से भय उत्पन्न हुआ है और घृणा हुई है।'

वास्तव में हिंसा करना क्रांतिकारियों का ध्येय न कभी था और न हुआ है। लोगों को केवल मारना, यह भी उनका उद्देश्य नहीं होता। इस बात को गांधी ने कभी गम्भीरता से सोचा ही नहीं। सरदार भगतसिंह ने लोकसभा भवन में जो पत्रक फेंका था उसमें क्रांतिकारियों के जीवन-दर्शन का सम्यक् दिग्दर्शन कराया गया था। उस पत्रक में कहा गया था—

'हम मनुष्य के जीवन को बहुत पवित्र मानते हैं। हम ऐसे उज्जवल भविष्य पर विश्वास करते हैं जिसमें प्रत्येक व्यक्ति को पूर्ण शान्ति का और स्वातन्त्र्य का अवसर सुलभ होगा। हमको अनिवार्यरूप से जब मानवी-रक्त प्रवाहित करना पड़ता है तब हमें दुख भी बहुत होता है, परन्तु क्रांति के माध्यम से सभी को समान स्वतंत्रता प्रदान करना और मनुष्य द्वारा मनुष्य के ही किए जाने वाले शोषण को समाप्त करना ही हमारा उद्देश्य है। ऐसा क्रांति में कुछ न कुछ रक्तपात होना अनिवार्य है। क्रांति के प्रारम्भ से ही क्रांतिकारियों का यही दृष्टिकोण रहा है। यदि

सहज ही स्वतंत्रता प्राप्त हो जाती तो शस्त्र प्रयोग द्वारा अपने शीश हथेली पर रखकर प्राणों की आहुति देने का दुष्कर कार्य वे कभी नहीं करते।

अहिंसा के सिद्धान्त का सहारा लेने के कारण गांधी जी को क्रांतिकारियों का मार्ग अनुचित प्रतीत हुआ, यदि इस बात को मान लिया जाए तो फिर जो कोई भी शस्त्र प्रयोग करने वाले होंगे, उन सभी के मार्ग उनको अनुचित ही प्रतीत होना चाहिए। परन्तु ब्रिटिश साम्राज्य द्वारा किया जाने वाला हिसां का मार्ग उन्हें अनुचित एवं अधर्म्य प्रतीत होता नहीं हुआ इसका उल्लेख नहीं के चरित्र में मिलता है। अंग्रेजों ने झुलुओं के विरोध में युद्ध प्रारम्भ किया था। उसके सम्बन्ध में गांधी जी लिखते हैं 'झूलू लोगों ने हिन्दुस्तानी लोगों को भी कोई हानि नहीं पहुँचाई थी। उन लोगों पर विद्रोह करने का अरोप भी ठीक नहीं था। उन लोगों की बड़ी क्रुरता से हत्या हो रही थी, परन्तु फिर भी उन लोगों के विरोध में अंग्रेजों ने युद्ध घोषित करके स्वयंसेवकों की माँग की यह सुनते ही मैंने स्वयंसेवक बनकर अंग्रेजों की सेना में भरती हो लड़ाई में यत्किंचित भाग लेने का निश्चय किया। क्योंकि मैं अंग्रेजी साम्राज्य को विश्व पर उपकार करने वाला साम्राज्य समझता था। उस साम्राज्य का विनाश न हो, यह मेरी हार्दिक इच्छा थी। (गांधी जी)

गांधी जी जो अहिंसा के पुजारी बनते थे उन्हें ऐसे अवसर पर कहना चाहिए था, 'ब्रिटिश साम्राज्य द्वारा झुलु समुदाय पर किए जाने वाले अत्याचार निन्दनीय हैं, क्योंकि वह हिंसक अत्याचार हैं, इसलिए अधर्म्य है। संसार पर उपकार के नाम पर की गई अहिंसा वन्दनीय और क्रुरता करने के नाम से की गई अहिंसा निन्दनीय है, अहिंसा की ऐसी द्विविध व्याख्या नहीं हो सकती। कोई भी भारतीय अंग्रेजों के इस हिंसक युद्ध के लिए कोई सहायता न करें।' गांधी जी इन सिद्धान्तों के प्रति सदा निष्ठावान थे, ऐसा हम तभी कह सकते हैं, यदि उन्होंने इस प्रकार के विचार व्यक्त किए होते।

भारत में आकर गांधी ने 'अप्रत्यक्ष प्रतिकार' (सत्याग्रह) पद्धति अपनाई थी। केवल वह उपाय पर्याप्त नहीं होगा। ऐसा सावरकर जी का विचार था। इस विषय पर उनकी 'काल' नाम दैनिक के लिए लिखी हुई एक वार्ता हमें देखने के लिए मिली। उन्होंने उस वार्ता में दक्षिण फ्रांस के बावानों, वहाँ के शासकों के साथ हुए

कलह ओर उसके विरोध के लिए अपनाए गए उपायों के विषय में संकेत किया है। इस सम्बन्ध में दिनांक 19.7.1907 को सावरकर जी द्वारा लिखे गए पत्र का सारांश इस प्रकार है—**'दक्षिण फ्रांस में संघटित रूप से अप्रत्यक्ष क्रांति का मार्ग अपनाया गया था। शासन की सेवा न करना, शासन के अधिकार क्षेत्र में स्थित पाठशालाओं, न्यायालयों आदि का बहिष्कार करना, शासन के बैंक में धन जमा न करना शासन को ऋण न देना, लगाना न देना आदि प्रकार से वे विरोध व्यक्त कर रहे थे। राज्यद्रोह के अभियोग के बिना ही हाथ में शस्त्र धारण न करते हुए, और रक्त की एक भी बूँद न गिराते हुए अप्रत्यक्ष प्रतिरोध या सत्याग्रह से राज्यक्रांति। इस प्रकार की एक नई पद्धति का प्रारम्भ होने लगा। किन्तु ज्यों ही यह आन्दोलन अपनी सफलता की चरम सीमा पर पहुँचा त्यों ही शासकों ने सेना और शस्त्र के बल से उसको विफल करने का विचार कर लिया। उस समय आन्दोलनकारियों ने भी प्रत्यक्ष प्रतिरोध का विचार छोड़ शस्त्र हाथ में लिए। इससे यह सिद्ध होता है कि अप्रत्यक्ष प्रतिरोध को सफलता के लिए भी शस्त्रों को दृष्टि में रखना आवश्यक होता है।**

'अप्रत्यक्ष प्रतिरोध के इस सिद्धान्त में हम दो बातें मान लेते हैं। एक यह कि प्रत्येक व्यक्ति उदात होगा और वह पूर्णरूप से सहयोग देगा। सभी लोग शासकीय सेवा का त्याग करेंगे, यह मान लेने पर यह बात हम भूल जाते हैं कि भूखे व्यक्तियों में इच्छा होते हुए भी, इतनी उच्च्व त्यागवृति नहीं पनपती। दूसरी बात यह कि विरोधी पक्ष बहुत ही प्रबल है, नियम एवं निबन्धों को वह भंग नहीं करेगा, डंडे का प्रयोग वह नहीं करेगा, गला घोंटने वाला नियम वह लागू नहीं करेगा, ऐसा हम मान लेते हैं। जो शासन लोकमत के विरुद्ध जाने की चिन्ता नहीं करता है वह समय पर नया नियम बनाकर और पुराने नियमों को लागू करने के लिए बल से दबा देने की सीमा तक क्रूर भी होता है, यह हमें ध्यान में रखना चाहिए।

'विश्वामित्र ने वशिष्ठ से कामधेनु की माँग की थी। वशिष्ठ के इंकार करने पर विश्वामित्र ने तुरन्त निश्चय किया कि वह उसे बल पूर्वक ले जाएंगे। यदि विश्वामित्र से कहा जाए कि वे उदात हैं, तो वह कदाचित सुनने के लिए राजी हो जाएं, इस भावना से वरिष्ठ ने उनसे कहने का निश्चय किया और यह दिखाने

का यत्न किया कि कमसे कम उनके गाय ले जाने के दुष्प्रयत्न का हम प्रतिरोध नहीं करते, इससे कदाचित उनसे बुद्धि का विकास हो जाए और वह गाय न ले जाना स्वीकार कर लें। किन्तु विश्वामित्र में तो वह उदात्तता थी नहीं। कामधेनु के रक्षार्थशस्त्रधारियों का वशिष्ठ ने आह्वान किया तो उन्होंने विश्वामित्र के सेनिकों को पराभूत कर कामधेनु का अपहरण होने से बचाया। ऐसी पुराणों में कथा आती हैं।'

स्वराज्य प्राप्ति के इतिहास पर यदि हम दृष्टिपात करें तो उसमें भी इस प्रकार का विचार प्रतिफलित होता प्रतीत होता है। असहयोग आन्दोलन को दबाने के लिए अंग्रेजों ने बलप्रयोग किया। भारतीयों का गला घोटने के लिए भाँति-भाँति के नियम बनाए गए। रौलट ऐक्ट के विरुद्ध स्वर उठाने का लोगों को साहस ही न हो, इसके लिए जलियाँवाला बाग का हत्याकाण्ड किया गया। इसी कारण 1942 के आन्दोलन में आन्दोलनकारियों ने अहिंसा का परित्याग कर दिया।

सावरकर जी ने इस सन्देश का कि—'सेना में जाकर शस्त्र-विद्या प्राप्त करो,' नेताजी सुभाषचन्द्र बोस ने 24.6.1944 को एक व्याख्यान द्वारा इस संदेश का सम्मान किया। सेना में भरती हुए भारतीयों का उपयोग कर नेताजी ने अंग्रेजों की सेना के छक्के छुड़ाए थे। युद्ध में अंग्रेजों की विजय होने पर भी उन्हें यह भली भांति आभास हो गया था कि अब वे अधिक समय तक भारत पर एक छत्र राज्य नहीं कर पाएंगे। इंडियन फ्रीडम ऐक्ट प्रसारित करते समय इंग्लैंड के तत्कालीन प्रधानमंत्री एटली ने भूतपूर्व प्रधानमंत्री चर्चिल से कहा था। (1) भारतीय सेना को अब अंग्रेजों के प्रति निष्ठा समाप्त हो गई है, (2) हिन्दुस्तान को अपनी मुट्टी में रखने के लिए अंग्रेजों की बहुत बड़ी सेना को भारत में रखना ब्रिटेन के सामर्थ से बाहर है। इसलिए ब्रिटेन सत्ता का हस्तान्तरण कर रहा है।

(Britain is transfering power due to the fact that (1) the Indian Mercinary Army is no longer loyal to Britain and (2) Britain cannot afford to have a large British Army to hold down India.)

उपरिलिखित अनुभवा एटली को अभी-अभी हुआ था। 1946 के प्रारम्भ से ब्रिटिश अधिकारीगण एवं भारतीय सैनिकों के मध्य मन-मुटाव का वातावरण एक

विशिष्ट रूप धारण करता जा रहा था। कारांची लाहौर, बम्बई और दिल्ली के वायुसैनिकों ने हड़ताल करके एक ऐसा कार्य किया था जो कि सेना के इतिहास में अभूतर्पव घटना थी। इस प्रकार की अपेक्षा सैनिकों से कभी नहीं की जा सकती थी। 19 और 21 फरवरी 1946 को नौसेनिकों ने आंदोलन किया। दोनों ओर से मुक्त रूप से गोलियों की वर्षा हुई थी। अंग्रेल सत्ताधारियों को स्पष्ट अनुभव हो रहा था कि सेना अब उनके अधिकार में अधिक समय तक रहने वाली नहीं है। शस्त्रबल स्वराज्य के आन्दोलन की सहायता करता है, यही इतिहास का नूतन उदाहरण है। अतः सेना स्वतंत्रता-संग्राम में सहायता कर सकती है।

1920 में लोकमान्य तिलक के देहान्त के उपरान्त भारतीय राजनीति का नेतृत्व गांधी के हाथ में आ गया था। सावरकर जी उस समय बन्दीगृह में आजीवन कारावास भुगत रहे थे। कारागार से मुक्त होने पर भी 1924 से उन्हें रत्नागिरी में इस बन्धन वचन पर रखा गया था कि वे वहां से बाहर नहीं जा सकते। यद्यपि वे कारागृह में नहीं थे,किन्तु किसी भी प्रकार की राजनीति में भाग लेने का उन पर प्रतिबन्ध था। न वे किसी प्रकार का भाषण दे सकते थे और न ही कोई लेख प्रकाशित कर सकते थे। फिर भी गुप्त रूप से कभी-कभी वे राजनीति के विषय पर अपने विचार व्यक्त करते रहते थे।

सावरकर जी चाहते थे कि गांधी सशस्त्र क्रांतिकारियों को भले ही प्रोत्साहित अथवा पुरस्कृत न करें, किन्तु कम से कम उनसे घृणा तो न करे। वे युवकों में जागृत चेतना को कुचलें नहीं, उनको अपमानित न करें। सावरकर जी का मत था कि जो समाज शस्त्र-हीन हो चुका है उसे अहिंसा की घूँट पिलाकर पूरे देश का ही विनाश किया जा रहा है। सावरकर जी बड़ी प्रखरता से क्रांतिकारियों की देशभक्ति की प्रशंसा एवं गांधी जी के अहिंसावाद की आलोचना किया करते थे। गांधी जी के वक्तव्यों में व्यक्त परस्पर विरोधी विचारों की वे खुलकर आलोचना करते थे। गांधी जी अपने लोगों से कहा करते थे कि जो सच्चा सत्याग्रही है वह कभी मन से इस प्रकार का विचार उत्पन्न नहीं होने दे सकता कि यह शस्त्र का स्पर्श कभी कर सकता है। यहाँ तक कि हाथ में लाठी धारण करना भी सत्याग्रही के लिए निषिद्ध है। प्रथम विश्वयुद्ध में बिना प्रतिफल की अपेक्षा रखे अंग्रेजों की

सहायता करने के लिए सेना में भरती होने का विचार गांधी जी ने दिया था। इस विषय में उसका कहा था कि ऐसा उन्होंने ब्रिटिश साम्राज्य के प्रेम के कारण किया था। गांधी जी के इन कार्यो का सावरकर जी अपने लोगों को आभाय देते रहते थे। अंग्रेज लोग किंचित भी सज्जा नहीं और न ही उनका इसा देश पर राज्य करना किसी न्यायाधिकरण द्वारा प्रदत आज्ञा अधीन है और न ही उनको यहाँ से भगाना अन्याययुत है। इसके लिए अपनाए गए किसी मार्ग को पापमय नहीं माना जाना चाहिए। इस प्रकार का प्रतिपादन सावरकर जी करते रहते थे। गांधी जी के प्रेममूलक प्रचार से वे बहुत दुखी होते थे। एक स्थान पर उन्होंने लिखा था–इस किंकर्तव्य विमूढ़ता ने राष्ट्र को कितना अहित किया है और राष्ट्र को कितना अपमानित किया तथा उसे किसी प्रकार अकर्मण्य बनाकर रख दिया है, जब इसका विचार मन में आता है तो मन क्रोध एवं घृणा से भर जाता है। यह उन्होंने दिनांक 11. 8.1927 को लिखा था।

क्रांतिकारियों का किसी प्रकार भी उल्लेख न करना अथवा उनके कार्य की निन्दा करते हुए अपमानपूर्ण लेख लिखना सावरकर जी को सहा नहीं जाता था। एक बार गांधी ने अपने 'यंग इंडिया' में क्रांतिकारी गोपानाथ साहा का उल्लेख कर उनका अपमान करते हुए'अपराधी' तक लिख डाला था। गांधी जी ने लिखा था 'उनके उद्‌देश्य की प्रशंसा करना भी पाप है।' क्योंकि क्रांतिकारी हिंसक प्रवृति के होते हैं। सारे देश में गांधी जी के इस विचार की बहुत आलोचना हुई थी। जब क्रांतिकारी यतीन्द्रनाथ का देहान्त हुआ तो उनके विषय में बोलते अथवा लिखते हुए गांधी ने उनके सम्मान में 'हुतात्मा' शब्द का प्रयोग नहीं किया था। केवल इतना कहकर गांधी ने अपनी झेंप मिटानी चाही थी कि वे 'वे अपराधी नहीं थे।' तथा अपने पत्र में यतीन्द्रनाथ के बलिदान की गाथा प्रकाशित करने को उन्होंने टाल दिया था। वह एक तरह से अंग्रेजों के प्रथम सेवक थे।

मेरठ षड्यंत्र के क्रांतिकारियों के बचाव के लिए देश भर में न्याय-सहायता-निधि स्थापित की गई थी, किन्तु गांधी जी ने उसके लिए किंचित भी सहायता नहीं दी थी। सहायता न करने मात्र से ही गांधी जी को सन्तोष नहीं हुआ, अपितु अपने विचार व्यक्त करते हुए उनहोंने यह भी कहने की धृष्टता की थी कि इस प्रकार की सहायता निधि एकत्रित करना अनुपयुक्त है।

ऐसा प्रतीत होता है कि गांधी जी को यह अनुभव होने लगा था कि उनके इन दुत्कार्यो से उनकी कुख्याति फैल रही थी। उससे बचने के लिए उन्होंने एक चाल चली। वह यह कि वे कारागार में क्रांतिकारियोंसे मिलने के लिए गए। वहाँ जब उनसे आड़े हाथों यह पूछा गया कि आपने उस निधि का विरोध क्यों किया तो गांधी जी ने अपना आंचल बचाने के लिए उत्तर दिया, 'इसलिए कि कोई अच्छा बड़ा अधिवक्ता बिना पारिश्रमिक के पैरवी के लिए आगे आ सके।'

क्रांतिवीर यतीन्द्रनाथ का उल्लेख न करने और मेरठ अभियोग निधि के विषय में गांधी जी के संदिग्ध उत्तरों की आलोचना करते हुए 16.11.1929 को सावरकर जी ने लिखा—'हुतात्मा यतीन्द्रनाथ सशस्त्र क्रांतिकारी था। आग से खेलने वाले भगतसिंह, दत्त, साहा, यतीन्द्र आदि क्रांतिवीरों का सम्पूर्ण देश ने हुतात्मा, देशभक्त, देशवीर कहकर सम्मान किया तो इससे मेरे अर्थशून्य, ढलाऊ अहिंसा के सिद्धान्त पर से देशवासियों का विश्वास हटने लगा और उस अनुपात में यद्यपि मेरा व्यक्तिगत नहीं, क्योंकि व्यक्तिगत प्रश्न पृथक है, तो भी लोगों की दृष्टि में प्रभाव कम होता है, इसलिए मैं यतीन्द्रनाथ को हुतात्मा नहीं कहता, ऐसा यदि गांधी जी स्पष्ट रूप से कहते तो इससे बहुत कुछ बात स्पष्ट हो जाती। इसी प्रकार मेरठ के लोग भी सशस्त्र क्रांति के आरोप में बन्दी थे। उनके लिए यदि देशवासी निधि स्थापित करते हैं तो इससे उनका सम्मान होता है अन्यथा किसी एक अधिवक्ता के निःशुल्क पैरवी के लिए उद्यत हो जाने पर उसका राष्ट्रीय स्वरूप प्राप्त नहीं हो सकता, इसलिए निधि स्थापत करने से ही उसको राष्ट्रीय महत्व प्राप्त हो सकता है, ऐसा विचार कर ही यह कार्य किया गया था। यह सोच समझकर ही मेरठ सहायता निधि स्थापित की गई थी। परन्तु देश में मेरे होते हुए क्रान्तिकारियों की इतनी प्रशंसा हो इससे मुझे चिढ़ होती है। (गांधी जी को इस विषय में बोलते समय कितनी चिढ़ उठती थी, इसका ज्ञान उन अनेक सज्जनों को है जिनका गांधी जी की इस विचारधारा से विरोध था) ऐसी हुतात्माओं की जय-जयकार का अभिप्राय है मेरे सदृश्य अहिंसावादी सिद्धान्त प्रतिवादक का अपमान। ऐसे क्रान्तिकारियों के समर्थन के लिए एकत्रित की जाने वाली निधि अहिंसावादियों की राष्ट्रीय निन्दा के समान है, यह मैं भली-भांति जानता था, इसलिए कोई भी ऐसे क्रांतिकारियों की प्रशंसा करे, यह मुझे सहा नहीं जाता, इसलिए मैंने मेरठ अभियोग निधि का विरोध किया, ऐसा यदि गांधी जी

स्पष्ट रूप से कह डालें तो सचमुच निमित्त खोजने की आवश्यकता ही न रहे। कम से कम भविष्य में ही वे ऐसे झुठे कारण बनाना छोड़ दें, क्योंकि किसी को भी उन पर विश्वास नहीं हो पाएगा। इससे उनका मत कितना ही विरुद्ध क्यों न हो, किसी को फिर किसी प्रकार का दुख नहीं होगा।

हिन्दू मुस्लिम एकता के प्रयोग में भी गांधी जी का अहिंसा तत्व कसौटी पर खरा नहीं उतर रहा था। गांधी जी ने अपने यंग इंडिया में इस्लाम को शान्ति का प्रतीक घोषित किया था और उसी लेख में उन्होंने यह भी लिखा था—'इस्लाम का तलवार के साथ अधिक सम्पर्क है, यह सच है, परन्तु यह तो प्रतिकूल परिस्थितियों का परिणाम है।' तलवार को हिंसा का प्रतीक मानकर फिर परिस्थितिवश उसके उपयोग को उपयुक्त सिद्ध करना गांधी जी के सिद्धान्त के विरुद्ध होना चाहिए। यह प्रश्न तो पूर्णतया पृथक ही है कि इस्लाम में तलवार का उपयोग करना उसकी शान्तिप्रियता की ओर इंगित करता है अथवा आक्रामक नीति की ओर, किन्तु गांधी ने तो प्रतिपक्षियों के अन्याय एवं अत्याचार तथा हिंसाचार के प्रतिकार में भी स्वयं हिंसा का मार्ग नहीं अपनाया, इसके विपरीत हिन्दुओं को अहिंसा सिखाने के लिए अपनी सारी शक्ति का अपव्यय किया, ऐसा उनके जीवन की घटनाओं को देखने से प्रतीत होता है।

सावरकर जी गांधी जी के एकपक्षी प्रयोगों को सदा शंका एवं संदेह व्यक्त करते थे। उन्हें उनकी अहिंसा की नीति पर कभी विश्वास नहीं जगा। उन्हेंइससे स्पष्ट आभास मिलता था कि उससे मुसलमानों को आक्रामक नीति को प्रोत्साहन मिलता है। दिनांक 7-1-1927 को लिखे अपने लेख में उनके विचार इस प्रकार व्यक्त किए गए थे—'वास्तविकता तो यह है कि अधिकांश मुसलमानोंको यह हिन्दुस्तान अपना देश प्रतीत नहीं होता। और उससे भी हिन्दुओं का निवास तो उनको काँटों की भाँति चुभता है। देश भर में ये जो दंगे-फसाद होते हैं, उनकी पृष्ठभूमि में यही भावना कार्य करती है। कतिपय समझदार मुसलमानों को छोड़कर अधिकांश मुसलमानों के मन में यही भावना उभर रही है कि तुर्किस्तान, अफगानिस्तान अथवा ईरान की भाँति यह हिन्दुस्तान भी एकमात्र सम्पूर्ण इस्लामी राज्य बन जाए। इस देश को ऐसा बनाने पर ही वे इसके साथ अपने देश का-सा व्यवहार कर सकेंगे और इसके प्रति अपना प्रेम प्रकट कर सकेंगे।

'गांधी महात्मा होने के कारण पक्षपात से परे हैं, यदि यह मान लिया जाए तो जिस प्रकार अपनी जाति के साथ पक्षपात करना अनुचित है उसी प्रकार दूसरी जाति की ओर झुकना भी पक्षपात ही कहलाएगा। शब्दकोष में इसके लिए कोई अन्य शब्द उपलब्ध नहीं हो सकता।'

इसमें यदि सुधार किया जाए तो उचित होगा। इस्लाम के शान्ति, सहिष्णुता ओर पशुओं पर दया के जो उपदेश गांधी जी को ज्ञात है। वे सब वस्तुतः यंग इंडिया के माध्यम से गांधी जी अपने मुसलमान भाइयों को ही सिखाएँ तो उत्तम होगा। और उनके शिष्य अली बन्धुओं के जिस प्रकार खिलाफत आन्दोलन के विषय में व्याख्यान हुए, उस प्रकार के व्याख्यान इस्लामी धार्मिक ग्रन्थों पर करवाने चाहिए। कभी-कभी मुसलमानों को राष्ट्रभक्ति जगाने के लिए कड़वा, किन्तु प्रभावी उपदेश भी देना चाहिए।

1937 में सावरकर जी पर ये प्रतिबन्ध हटाए गए। अबवे रत्नागिरी से अन्यत्र आने जाने के लिए स्वतंत्र थे। इन्हीं दिनों से सावरकरवाद और गांधी का प्रत्यक्ष रूप से आमना-सामना होना प्रारम्भ हुआ। स्वराज्य प्राप्ति के लिए आन्दोलन करने के साथ ही सावरकर जी को एक अन्य कार्यक्रम भी अपने हाथ में लेना पड़ा और वह था गांधी जी की एक-पक्षीय अहिंसा प्रणाली की घातक शिक्षा का खण्डन करना। उसी का विधायक स्वरूप था हिन्दूसंघटन।

राजनीति में गांधी जी का प्रवेश होने से पूर्व अर्थात 1903 में ही सावरकर जी ने स्वतंत्रता देवी स्तोत्र की रचना की थी। आज तो वह आकाश्यावाणी पर भी सुनने में आ जाता है।उन्होंने स्वतंत्रता की देवी का अवाहन करते हुए कहा था—'तुज साठि मरण ते जनन, तुजवीण जनन ते मरण।' अर्थात तुम्हारे लिए मरना यह जीवन है और तुम्हारे बिना जीना मृत्यु है। स्वयं उन्होंने देश की स्वतंत्रता के लिए कितनी यातनाएँ सहीं इसका उल्लेख करने की हम आवश्यकता नहीं समझते। स्वराज्य के लिए बलिदान करने वालों का वे सदा सम्मान करते थे। 1937 के बाद भी तो प्रकट रूप से सभाओं में वे उनका गुणगान एवं अभिवादन करते थे। हिन्दु संगठन के अन्तर्गत हिन्दुओं को ही केवल एकाधिकार प्राप्त हो, ऐसी उनकी भावना

नहीं थी, परन्तु सहिष्णुता के नाम पर हिन्दुओं के अधिकार छीन कर दूसरों को दे देने के वे विरोधी थे। हिन्दुओं पर अन्याय किया जाए तथा उनके साथ पक्षपातपूर्ण व्यवहार किया जाए, यह उन्हें स्वीकार नहीं था। हिन्दू महासभा और कांग्रेस में यदि परस्पर विरोध अथवा संघर्ष का विषय था तो केवल यही था।

हिन्दू महासभा तो राजनीति में पदार्पण कर रही थी, कांग्रेस के प्रजातन्त्र की व्यवस्था दृढ़ थी। सावरकर जी के नेतृत्व में हिन्दू महासभा का ध्येय था हिन्दू संगठन और गांधी जी के नेतृत्व में कांग्रेस की हिन्दू-मुस्लिम एकता की नीति का विरोध। इस बात को लेकर गांधी जी एवं कांग्रेस का प्रचार-तन्त्र यह प्रचार करता था कि हिन्दू महासभा स्वराज्य विरोधी है, वह प्रतिगामी है, आदि आदि। और इस प्रकार का प्रचार उस वातावरण में सहजता से खप जाता था। शस्त्रविद्या सीखने के लिए सेना में भर्ती होना चाहिए, स्वयं सुलभ इस प्रकार के सुअवसर को ऐसे समय में ठुकरा नहीं देना चाहिए, यथोचित समय पर शस्त्र का उपयोग किस प्रकार करना है इसको समझना चाहिए। सावरकर जी के इस प्रकार के प्रचार का विपरीत अर्थ लगाया जाता था। उसका परिणाम यह हो रहा था कि हिन्दू-जनों के विरोध को देश-भक्ति का नाम दिया जा रहा था और हिन्दू महासभा के कार्यकर्ताओं पर किए जाने वाले आक्रमणों को स्वराज्य प्राप्ति का मार्ग माना जाने लगा था।

इस प्रकार छद्म प्रचार का उत्तर देने के लिए कभी तो स्वतंत्र विचारों के समाचार पत्र आगे आ जाते थे, किन्तु सर्वदा एवं सुसंगठित रूप से ऐसा कोई प्रयत्न सम्भव नहीं हो पाया था। तब साधारण-कोटि के दो चार समाचार-पत्रों का संचालन हिन्दू महासभा के लिए किया जाने लगा। आज यदि कोई कहे कि शराब बन्दी का कार्यक्रम सफल हो गया है तो सम्भवतया हम लोग हँसते हैं, किन्तु उस समय कोई यदि कहता कि हिन्दू-मुस्लिम एकता का प्रयास सफल हुआ है, तो उस समय हँसने की सुविधा नहीं थी। उस हिन्दू-मुस्लिम एकता के विरोध में कोई सप्रमाण लेख भी यदि लिखा जाए तो उस लेख को प्रकाशित करने वाले समाचार पत्र को दण्डित किया जाता था।

युद्धकाल में शासकीय-स्तर का प्रचार-तन्त्र विपक्षी को चकमा देने के लिए किया जाता है। उस समय कांग्रेस ने इस बात का भी ध्यान नहीं किया किउनका

अपना कौन है और पराया कौन? यदि उन्होंने प्रचारतन्त्र का भी उपयोग किया तो आत्मवंचना एवम जनवंचना के लिए ही। मुस्लिम राष्ट्र का यदि निर्माण हुआ तो वह हिन्दुओं की भूमि पर ही हुआ, भारत के बाहर के किसी देश की भूमि पर नहीं। अखण्ड हिन्दुस्तान यही हमारे देशभक्तों की कर्मभूमि थी। जिस लाहौर में दिनांक 16.1.1929 को पण्डित नेहरू ने सम्पूर्ण स्वतंत्रता का प्रस्ताव पारित किया था, विभाजन के बाद वही लाहौर भारतवासियों के लिए विदेश बन गया। भले ही प्रचार तन्त्र के आधार पर कांग्रेस ने यह प्रचलित किया हो कि उसने द्विराष्ट्रवाद का सिद्धान्त स्वीकार नहीं किया। स्वराज्य प्राप्ति के समय 1942 के आन्दोलन के आसपास अंग्रेज शासकों ने पूरे देश में 15 सहस्र से अधिक लोगों को मार डाला, कांग्रेस महाससमिति की कार्यवही में ऐसा माना गया है। सुभाष बाबू की आजाद हिन्द सेना तो आमने-सामने ही खड़ी थी। नौ सेना ने जब विद्रोह किया था तो उस समय भी अनेक का बलिदान हुआ था। स्वतंत्रता प्राप्ति के लिए हिन्दू-मुस्लिम एकता के जो मार्ग अपनाए गए उसकी परिणति हुई स्वतंत्रता प्राप्ति के अवसर पर, कई प्रान्तों में सामूहिक रक्तपात के रूप में। और उसी प्रचार-तंत्र की एक तूलिका से वे यह रक्तरंजित अध्याय पोंछते हैं और तनिक भी न हिचकिचाते हुए कहते हैं–**'रक्त की एक बूँद भी न गिराते हुए हमने स्वतंत्रता प्राप्त की'।** उस प्रचार तन्त्र में अपने शत्रुओं को भ्रमित करने की शक्ति तो थी नहीं। हाँ अपने ही बन्धुओं को वंचना देने में हमने अपना और अपने देश का गौरव समझा।

गांधी को इस देश की जनता ने नेतृत्व दिया। इस बात को भले ही अस्वीकार न किया जाए, किन्तु शासन की धारण तो आज यह बन गई है कि यदि उनकी असफलताओं का कोई बखान करेगा तो उससे उनकी राष्ट्र प्रतिष्ठा को क्षति पहुँचेगी। इसलिए गांधी की झूठी प्रशंसा को स्थायी बनाने के लिए अथवा उसको बनाये रखने के लिए भारी प्रचार किया गया।

उस समय वस्तुस्थिति का वर्णन करने वाले व्यक्ति या दल बहुत थोड़े थे। ऐसे ही थोड़े लोगों में सावरकर जी सबसे आगे थे, परन्तु उनकी आवाज किसी ने नहीं सुनी और अन्त में हमको सदा के लिए पीड़ा पहुँचाने वाले पाकिस्तान का निर्माण हो गया

उस खण्डित हिन्दुस्तान में तो निंदा पक्ष में हिन्दू हितों का होम न होने दो, क्योंकि इससे स्वतंत्रता फिर संकट में पड़ जाएगी, इसके लिए शस्त्र-शक्ति का संचय करो। एकपक्षीय अहिंसा का प्रचार मत करो आदि आदि बातों पर ही सावरकर जी का आग्रह था। सावरकर और गांधीवाद में यही मूलभत अन्तर था।

केन्द्रीय मंत्रिमंडल में भी एक गुटऐसा बन गया था जिसको गांधी जी की नीति का खोखलापन दृष्टिगोचर होने लगा था। नेहरू और मौलाना आजाद का गुट यदि गांधी जी की क्षीण हो रही मान-प्रतिष्ठा को बनाए रखने के लिए प्रयत्नशील था तो सरदार पटेल के नेतृत्व वाले गुट का झुकाव वास्तविकता की राजनीति की ओर था। इस प्रकार का आभास हमें मौलाना आजाद लिखित पुस्तक 'इंडिया विवंस फ्रीडम' से भी स्पष्ट मिलता है ; इस खींचातानी के बीच में ही गांधी जी ने पाकिस्तान को 55 करोड़ रुपया दिलाने के लिए अनशन तक की चोतावनी दी और उन्हीं दिनों गांधी जी का अनशन, दिल्ली के हिन्दुओं पर लादी गई शर्तों, गांधी जी की प्रार्थना सभा में बम का विस्फोट और 10 दिन बाद गांधी जी का वध, ये सारी घटनाएँ बड़ी शीघ्रता से सम्पन्न होती गई।

हिन्दू-हितों की हठपूर्वक उपेक्षा करने के कारण ही गांधी का वध हुआ, ऐसा समझने में शासन को कोई समय नहीं लगा। हिन्दू हितों की रक्षा करने वाले नेता सावरकर जी ही थे, इसलिए शासन का सीधा उन पर रोष होना भी स्वाभाविक सी बात थी। यही कारण है कि प्रत्यक्ष प्रमाण प्राप्त न होने पर भी किसी दूर सूत्र द्वारा उन्होंने इस हत्याकांड में सावरकर जी को फँसाने का निश्चय किया। मंत्रिमण्डल में यद्यपि मतभेद रखने वाला एक गुट था, तथापि ऐसा प्रतीत होता है कि उन्होंने भी उस समय चुप रहने का निर्णय किया ओर अपने विचारों को सार्वजनिक रूप में प्रकट नहीं किया। कारण कि अभियोजकों को शासन का पक्ष बलवान करना था इसलिए सावरकर जी की प्रेरणा से और आदेश से गांधी-वध किया गया होगा, ऐसा तर्क न्यायालय के सम्मुख प्रस्तुत किया गया।

शासन की ओर से हिन्दू हितों को हानि पहुँचाने के उद्देश्य से सावरकरवादी गुट पर येन-केन प्रकारेण किसी प्रकार से प्रतिबन्ध लगाकर फिर अपनी मनमानी करने के उदाहरण हमें उसके बाद भी मिले हैं। ज्यों ही नेहरू-लियाकत चर्चा का

विषय प्रारम्भ हुआ था, त्यों ही सावरकर जी तथा अन्य अनेक कार्यकर्ताओं को 1950 में स्थानबद्धता का दण्ड दिया गया था। मानो हिन्दुओं का अहित करके ही हिन्दुस्तान और पाकिस्तान के सम्बन्ध सुदृढ़ हो सकते थे। हिन्दू-हितों की आहुति देकर धर्मनिरपेक्षता को निभाने के लिए उस समय के शासकों में इस प्रकार का हिन्दु द्वेष विद्यमान था। इसी धारणा के वशीभूत सावरकर जी को गांधी-वध काण्ड में शासन द्वारा फंसाया गया था। सावरकर जी के प्रति इस द्वोष भावना को कम होने में अनेक वर्ष लगे।

अभियोग के कार्यकाल में बन्दी के रूप में सावरकर जी का व्यवहार

जब सावरकर जी को गांधी-वध काण्ड में फंसाकर कारागार में रखा गया तो उन्होंने अन्य अभियुक्तों को इस प्रकार नहीं कहा कि वे लोग उनके साथ किसी प्रकार सम्पर्क सूत्र न रखें, क्योंकि इससे अभियोजकों को अपने पक्ष को पुष्ट करने के प्रमाण प्राप्त होंगे। जिन दिनों गांधी हत्याकाण्ड के सहयोगियों की खोज जारी थी, उन दिनों बन्दी बनाए गए सभी अभियुक्तों को बम्बई के गुप्तचर विभाग के कार्यलय में रखा गया था। सावरकरजी को आर्थर रोड के बन्दीगृह में रखा गया था। अधिक समय माँगने के लिए एक बार उनको चीफ प्रेसिडेंसी मजिस्टेट के न्यायालय में उपस्थित किया गया, उसी दिन अन्य अभियुक्तों के लिए भी अधिक समय की मांग करनी थी, अतः उनको भी वहाँ उपस्थित किया गया था। सावरकर जी को सम्मुख देखते ही जो पहला प्रश्न मन में उठा, वह यह था कि क्या वे बोलने की मनस्थिति में हैं?

वाहन की प्रतीक्षा के समय, सब लोग बारामदे में रुके थे। कुछ बोलने के उद्‌देश्य से नाना आपटे सावरकर जी से बोले, 'ये पुलिस के अधिकारी बोलते समय तो ऐसा प्रतीत होता है कि मुख में शक्कर भरकर बोलते हैं? सावरकर जी ने खुले मन से उत्तर देते हुए कहा, 'इसके लिए आपको उन्हें धन्यवाद देना चाहिए। क्योंकि वैसा करने के लिए उन पर कोई बन्धन नहीं है।

सावरकर जी का उत्तर सुनकर यह प्रतीत होता था कि इस गिरफ्तारी से सावरकर जी हताश अथवा खिन्न नहीं है। और ऐसा भी प्रतीत होता था कि उन्होंने यह

धारण बना ली थी कि जो हो न्यायालीय कार्यविधि से उनको गुजरना ही पड़ेगा। इस दृष्टि से उन्होंने अपनी मानसिक स्थिति बना ली होगी। आज तक सभी ने सावरकर जी को संकट में छाती तान कर ही खड़े हुए पाया था और आज सभी उनको उसी प्रकार (उसी रूप में) देख रहे थे।

दिल्ली के लालकिले वाले बन्दीगृह में शंकर किस्तैया ओर बड़गे को छोड़कर शेष सभी एक साथ ही रहते थे। सबकी पहली खुली भेंट दिनांक 27.5.1948 को हुई थी। आपटे और नथूराम के साथ सावरकर जी का घनिष्ठ सम्बन्ध था। न्यायालय अथवा कारागार में भी उसी प्रकार का घनिष्ठ सम्बन्ध निभाने से किसी प्रकार का सन्देह हो सकता है, अतः वैसा न किया जाए, यह बात सावरकर जी के मन में कभी नहीं आई। जेल के अतिरिक्त न्यायालय में भी अवकाश के क्षणों में अन्य सभी लोगों के साथ वे वार्ता में बिना संकोच निमग्न रहते थे।

जब सब प्रथम बार मिले तो उन्होंने प्रत्येक से पूछा कि पहली भेंट में पुलिस ने तथा न्यायालय ने किससे क्या कहलवा लिया है। सभी लोगों की बातों को सुनकर उन्होंने बताया कि इन कथनों से किसके विरुद्ध क्या-क्या प्रमाण एकत्रित किए जा सकते हैं। सारी सम्भावनाएँ उन्होंने बाकी अभियुक्तों के सम्मुख स्पष्ट की।

नाथूराम को सावरकर जी 'पण्डित शब्द से गौरवान्वित किया करते थे। इससे उन पर किसी प्रकार की आँच आएगी, ऐसा उन्होंने कभी नहीं सोचा। अपने लिखित उत्तर में भी उन्होंने नाथूराम के साथ पण्डित शब्द को जोड़ा था। बहुत वर्ष पूर्व किसी एक व्याख्यान में जिसको टेपरिकार्ड पर लिया गया था, उसमें भी उन्होंने नाथूराम को 'पण्डित' विशेषण से ही सम्बोधित किया था।

नथूराम ओर आपटे के समान ही अन्य अभियुक्तों के साथ भी उनका स्नेह सम्बन्ध था। एक दिन जब नाना के विरुद्ध साक्षी हुई तो उन्होंने आपटे से पूछा, 'यह साक्षी आपके विरुद्ध आने का क्या कारण है?' नाना बोले, 'कभी पुलिस से बात करते हुए मेरे मुख से कोई बात निकली होगी, मेरी उस बात की छानबीन करने के लिए जब प्रयत्न किया गया तो उनको यह साक्षी मिल गई।' सावरकर

जी ने कहा, अकारण ही आप लोगों ने अपने चारों ओर एक विचित्र वातावरण का निर्माण कर लिया है। मुझे लगता है कि यह हानिप्रद सिद्ध होगा। क्या सभी ने गरदन कटवाने का निश्चय कर लिया है?' बात तो हो चुकी थी, यह तो सच था। नाना इस पर क्या बोलते?

यद्यपि सावरकर जी का अभियुक्त क्रमांक 7 था, तथापि न्यायालय में उनके बैठने की इस प्रकार व्यवस्था की गई थी कि जिससे वे न्यायाधीश के निकट रहें। उनके समीप ही नथराम बैठते थे। कई बार साक्षियों के बयान दूसरों के बचाव की दृष्टि से महत्वपूर्ण प्रतीत होते थे, अथवा कभी किसी साक्षी के किसी विधान से उससे कोई विशिष्ट प्रश्न पूछा जाना चाहिए, ऐसा विचार उनके मन में उत्पन्न होता था। ऐसे अवसर पर वे नथूराम को संकेत से उस भाग को लिखकर रखने अथवा स्मरण रखने के लिए कहते थे। उसके बाद न्यायालय के मध्यान्तर अथवा बन्दीगृह में उस पर चर्चा होती थी।

डॉ परचुरे के विरुद्ध उपस्थित किए गए एक साक्षी से डॉ. परचुरे को पहचानने के लिए कहा गया बड़े विश्वास के साथ साक्षी बन्दियों के कटरे के समीप आया और उसने उँगली से संकेत कर बताया, किन्तु उसकी उँगली संदिग्ध रूप में उठी हुई थी। न्यायमूर्तिने साक्षी को और निकट जाकर संकेत करने के लिए कहा। न केवल इतना ही अपितु उन्होंने परचुरे को हाथ से स्पर्श करने का आदेश दिया। साक्षी ने आगे बढ़कर जो हाथ रख डॉ. परचुरे पर न होकर सावरकर जी पर था।

न्यायालय में इससे मानो हँसी का विस्फोट सा हुआ। साक्षी को लगा उससे कुछ भूल हो गई है। क्षण भर उसने इधर-उधर देखा और फिर उसने डॉ. परचुरे को स्पर्श किया।

बचाव पक्ष ने न्यायमूर्ति को कहा कि बाद का संकेत मान्य न माना जाए। इसके विपरीत अभियोजकों का कहना था कि कदाचित प्रकाश की चकाचौंध में वह साक्षी को पहचानने में प्रथम बार भूल कर गया हो।

सावरकर जी खड़े हुए और न्यायमूर्ति से बोले, 'साक्षी ने मुझे प्रत्यक्ष रूप से छुआ है।' न्यायमूर्ति बोले, 'मैंने इसे नोट कर लिया है।' इस प्रकार यह विवाद बन्द हो गया।

साक्षी के. पी. डब्ल्यू. 53 जगन्नाथसिंह, को (दिनांक 15.7.47, अभिलेख ग्रन्थ 1 पृष्ठ 74-75) साक्षी बनाकर लाया गया था। सावरकर जी का विचार था कि इस बात को यदि न्यायाधीश के ध्यान में लाया जाए तो उससे डॉ. परचुरे को लाभ होगा।

तत्कालीन बम्बई राज्य के गृहमंत्री श्री मोरारजी देसाई की साक्षी चल रही थी। प्रति परीक्षण में अपने अधिवक्ता के द्वारा नथूराम ने न्यायालय के सम्मुख यह स्पष्ट किया कि अग्रणी और हिन्दुराष्ट्र दैनिक को मोरारजी देसाई ने किस प्रकार तंग किया था। इस वस्तुस्थिति से गांधी-वध की पृष्ठभूमि का ज्ञान करवाया था। मोरारजी देसाई स्पष्ट उत्तर देने की अपेक्षा घुमा-किए कर उत्तर देते थे। कुछ समय तक नथूराम यह देखते रहे। एक उत्तर से तो उन्हें बहुत क्रोध हुआ। वे तुरन्त खड़े होकर न्यायमूर्तिसे बोले, 'मन्त्री महोदय उचित उत्तर नहीं दे रहे हैं। 30 जनवरी को मैंने जो कार्य किया है, उसका एक कारण है कि गृहमंत्री द्वारा मुझे अत्यधिक सताया जाना, अतः इस वध के लिए ये गृहमंत्री महोदय भी उतने ही उत्तरदायी है।

क्षण भर तक को न्यायालय में स्तब्धता-सी छा गई। नथूराम के 'मेरे कार्य के लिए' यह शब्द अभियोजकों को महत्वपूर्ण प्रतीत हुए, क्योंकि वह उनकी स्वीकारोक्ति थी। नथूराम का यह वक्तव्य लिख लेने की प्रार्थना उन्होंने न्यायमूर्ति से की। 'मैं अपना वक्तव्य आपको यथासमय लिखकर देने वाला हूँ, परन्तु इस पर भी यदि आप इस वाक्य को अभी लिख लेना चाहते हों तो मुझे उसमें कोई आपत्ति नहीं है' ऐसा नथूराम ने कहा था। परन्तु तभी नथूराम के अधिवक्ता श्री ओक ने न्यायमूर्ति को ध्यान दिलाया कि यह समय अभियुक्तों के वक्तयों का नहीं है। न्यायमर्ति ने उसे स्वीकार कर लिया। अभियोजकों ने भी अधिक आग्रह नहीं किया। इस प्रकार नथूराम के वे उद्‌गार लिखे नहीं गए। किन्तु इसमें उपस्थित जनों को यह आभास मिल गया कि अर्थसत्य अथवा असत्य या घुमाफिरा कर दी गई साक्षियों अथवा उत्तरों से नथूराम कितने उद्विग्न होते हैं।

न्यायालय से बन्दीगृह में आते समय सावरकर जी ने नथूराम से कहा, 'नथूराम! आज तुमने मोरारजी को सहाद्रि दिखा दिया।'

नथूराम स्वीकारोक्ति दें, इस प्रकार की सूचना वकीलों के द्वारा कभी-कभी सावरकर जी के पास पहुँचती थी। तब सावरकर जी कहते, उनसे कहो, सेती का सतुवा, नानी का सराध' करना सुगम है। स्वयं उस भूमिका में नथूराम के स्थान पर अपने को रख कर देखो। ऐसा क्षण भर सोचकर फिर उस पर राय दी जानी चाहिए।'

हिन्दुओं में स्वभिमान जागृत करने की सावरकर जी में आकांक्षा थी। उनकी जीवन-पद्धति में अन्यों पर अन्याय करने के लिए स्थान नहीं था, किन्तु अपना स्वाभिमान त्याग न करने के लिए किसी भी प्रकार का त्याग करने की तत्परता मनुष्य में होनी चाहिए, उनकी विचार प्रणाली थी। अपने और अपने कुल के बलिदान के लिए वह सदा प्रस्तुत थे, और उन्होंने इस प्रकार का त्याग किया भी। **'हे आपुले कुलहरी त्यामधि ईश्वरवंश निवैश हो उनि ठरेल अखंउ वंश।'** अर्थात् अपना कुल भी ईश्वर का अंश है और निर्वश होकर भी उसका अखण्डवंश ठहरेगा। अथवा **अशीच सर्व फुल खुडावी श्रीराम चरणी अर्पण करावी काही, सार्थकता घडावी या नश्वर देहाची।''** अमर होय ती वंशलता निर्वश जिया देव करिता' अर्थात इसी प्रकार सभी पुष्प तोड़े जाएँ और श्रीराम चरणो में समर्पित होकर इस नश्वर देह को सार्थक करें। वह वंशलता अमर होती है। जिसको भगवान पर चढ़ावा चढ़ाने के लिए तोड़कर निर्वश किया जाता है। हिन्दू जाति स्वत्वरक्षण में से गांधी सावरकर जी स्वयं ही मृत्यु की छाया में विचरण कर रहे थे, फिर भी उन्होंने अपने तत्वज्ञान को कभी असंगत नहीं समझा। नथूराम या आपटे उस तत्वज्ञान के या हिन्दू महासभा के समर्थक नहीं थे, इस प्रकार का बचाव उन्होंने कभी नहीं किया। नथूराम या आपटे अपने वक्तव्य में हिन्दू महासाभा या सावरकर जी के तत्वज्ञान से स्वयं को सम्बन्धित न दिखावे, ऐसा निर्देश भी सावरकर जी ने कभी उनको नहीं. दिया था।

नथूराम अपना वक्तव्य स्वयं तो मराठी में लिखते थे फिर उसका बाद में अंग्रेजी में अनुवाद किया जाता था। नथुराम चाहते थे कि सावरकर जी भी कुछ भाग लिखें। सावरकर जी कहते—'तुम्हारे लिए मुझे लिखने की आवश्यकता नहीं। अपना लिखा हुआ मुझे दिखाते जाओ, यदि आवश्यकता हुई तो कुछ हेर-फेर मैं सुझा दूँगा।

क्योंकि समय बहुत कम रह गया था, इस कारण अपने वक्तव्य के कुछ पृष्ठ नथूराम ने हड़बड़ी में लिखे थे। उनकी इच्छा थी कि विषयवस्तु की प्रस्तुति अच्छे

ढंग से की जाए, किन्तु उपलब्ध समय में वह सब सम्भव नहीं प्रतीत हो रहा था। सावरकर जी ने उनको सान्त्वना देते हुए कहा, 'जो वक्तव्य सिद्ध हो गया है उसमें कोई विशेष कमी नहीं है। यदि इस समय उसमें कुछ हेर-फेर किया गया तो इससे उसकी सुसूत्रता को हानि पहुँचेगी। यह कोई मंच पर दिया जाने वाला उपदेश तो है नहीं। अपने प्राणों को देश के लिए बलिदान करने की भावना से उनको तुच्छ समझने की परकोटि तक किस प्रकार मन की स्थिति पहुँची है, उसका प्रकटीकरण करने वाले ये मन के बुलबुले, तरंग अथवा आवेग हैं। अतीव दुःख के बाद जिस प्रकार सिसकियाँ मुक्तता धारण कर लेती हैं अथवा अ़तीव आनन्द के उपरान्त जैसा अनिर्बन्ध हास्य प्रस्फुटित होता है, वैसे ही यह मन का आवेग भी मुक्त या अनिर्बन्ध प्रतीत हो तो भी उसकी पृष्ठभूमि की भावना निश्चय रूप में और अकृत्रिमता से समझी जा सकती है। इस दृष्टि से तुम्हारा वक्तव्य परिपूर्ण है।'

नथूराम ने यह तो निश्चय किया कि उसके वक्तव्य के लिए न्यायालय में तर्क-वितर्क वे स्वयं करेंगे, किन्तु उसमें उनको कठिनाई भी तो एक यही कि वे अंग्रेजी में भाषण नहीं कर सकते थे। उन्हें दुःख था कि विश्वविद्यालय की उपाधि तो दूर रही साधारण पाठशाला का प्रमाण-पत्र भी वे प्राप्त नहीं कर पाए थे तो न्यायालय में अंग्रेजी में संभाषण किस प्रकार कर पाएंगे।

दिनांक 16.12.1948 को नथूराम ने अपना प्रतिवेदन प्रारंभ किया जो दूसरे दिन पूर्ण हुआ। वक्तव्य प्रारम्भ करने के कुछ क्षणों बाद ही ऐसा प्रतीत होने लगा कि न केवल न्यायालय में उपस्थित जनसमुदाय अपितु न्यायाधीश एवं शासकीय-पक्ष के अधिवक्ता तक को उन्होंने अपने वक्तव्य से अभिभूत कर लिया हे। बिना किसी स्थान पर अटकते हुए, किसी उपयुक्त शब्द की किसी प्रकार की खोज न करते हुए विषय को पकड़ कर तथा समय-समय पर सन्दर्भ देते हुए वे घंटों तक बोलते रहे।

अपना वक्तव्य देते समय सम्भवतया नथूराम यह भूल गए थे कि उसकी ग्रीवा के चारों और फाँसी की रस्सी लटक रही है। वे निर्भीकता से वक्तव्य दे रहे थे, किन्तु कोई भी श्रोता अपने अन्तर्मनसे उस रस्से को उनके गले में लिपटा स्पष्ट

देख सकता था। अन्यथा नथूराम का वक्तव्य कैसा था, इसका इतना महत्व नहीं था अपितु इससे अधिक महत्व इस बात का कि फाँसी के फँदे में फँसी हुई गरदन के बाद भी नथूराम ने किस प्रकार अपना वक्तव्य दिया। श्रोताओं के लिए इसका महत्व अधिक था।

नथूराम ने अपने वक्तव्य में कहा, 'जिसको सुखी जीवन कह सकते हैं, उस प्रकार का ही मेरा जीवन था, परन्तु कदाचित मनुष्य इतने पर सन्तुष्ट नहीं रह पाता। सहजीवन की कल्पना में से राष्ट्र की कल्पना का निर्माण हुआ। विश्व कुटुम्ब की कल्पना के लिए राष्ट्र की धारणा आवश्यक है। बिखरा हुआ समाज राष्ट्र नहीं कहा जा सकता। कहा भी जाए तो राष्ट्र के नाते वह टिक नहीं सकता। क्योंकि उसके घटकों के हित समान नहीं होगे और समाज के घटक इस दृष्टि से सहजीवन की कल्पना से एकरस नहीं होंगे। सुसंघटित राष्ट्रों का सहजीवन ही विश्व कुटुम्ब होता है। सुसंगठित राष्ट्र विश्व-कुटुम्ब की योजना रच सकता है। व्यक्ति की मर्यादा राष्ट्र की भावना तक सीमित रहती है।

राष्ट्र की कल्पना में से ही संवेदना और सहानुभूति के भावों का परिपोषण होता है। जनसमूहों के किसी घटक के राष्ट्रीय स्तर पर जो दुख होगा, वही मेरा भी दुख होगा। राष्ट्र का हित ही मेरा हित, राष्ट्र के स्वातन्त्र्य की रक्षा ही मेरी स्वातन्त्र्य रक्षा होगी, इस प्रकार की भावना हृदय में उत्पन्न होती है। 'वैष्णव जन तो तेणे कहिए, जे पीर पराई जाणे रे' इस प्रकार के अनेक सन्तों की शिक्षा मन में गुँजायमान होती रहती है।

अपने वैयक्तिक एवं आनन्दमय जीवन में मुझे असनतोष-सा प्रतीत होने लगा था। जिस महाराष्ट्र प्रान्त में न तो विभाजन की आँच आई थी और न ही वहाँ किसी प्रकार का रक्तपात हुआ था, ऐसे प्रान्त में में रहता था। जिन प्रान्तों का विभाजन हुआ था, वहाँ के विभाजनग्रस्त जन मेरे कोई नहीं थे और उनके रक्तप्रवाह का मेरे लिए क्या शुभाशुभ, इस प्रकार की भावना मेरे मन में स्थान ही नहीं पा सकी।

विभाजन की प्रत्यक्ष आँच हमारे प्रान्त को यद्यपि न छू पाई थी तथापि निर्वासितों के जत्थे के जत्थे हमारे प्रान्त में प्रवष्टि हो रहे थे। स्थान-स्थान पर निर्वासितों के

शिविर स्थापित थे। मानो कांग्रेसी नेताओं की गलत नीति के सजीव स्मारक खड़े हों। उनके अनजाने ही उनकी पवित्र भूमि पर इस्लामी राष्ट्र का निर्माण हो गया। उन्हें उनके प्राण और धन-सम्पत्ति का आश्वासन दिया गया था, किन्तु वे अनुभव कर रहे थे कि प्रत्यक्ष रूप में तो उस राष्ट्र में उनके प्राण संकट में है, उनका भवितव्य मृत्यु रूप में खड़ा है। या तो उनका वहाँ से निष्कासन होगा अन्यथा धम्रपरिवर्तन से भ्रष्टीकरण। वे लोग उस नवनिर्मित राष्ट्र के घटक नहीं थे, क्योंकि वह उस धर्म के नहीं थे जिस धर्म वालों के लिए उस राष्ट्र का निर्माण हुआ था, यही उसका अपराध सिद्ध हुआ था।

'कारण कि वे इस राष्ट्र के ही सदस्य थे, इस राष्ट्र में ही वे एक रूप हो सकते थे तथा सहारा लेने के लिए ऐसा कोई अन्य राष्ट्र भी उनको नहीं था इस भूतल पर, अन्य कोई ऐसा देश भी उनके लिए नहीं था। अतः वे भारत आए।

असंख्य हिन्दुओं की हत्या करने और शेष हिन्दुओं के निष्कासन के जो कारण थे उन मुसलमानों को निमंत्रण देते हुए हमारे शासकों ने कहा—'आप लोट आइए, हमारा देश धर्मनिरपेक्ष है, आप कैसा भी व्यवहार क्यों न करें हम तो आपसे भला ही व्यवहार करेंगे, आवश्यकता हुई तो आपने जिन निर्वासितों को हमारे देश में भेजा है उनको खुले मैदान में रखकर भी हम आपके घर आपको पुनः दिलवाएंगे और आपके घरों को यदि कोई रिक्त नहीं करेगा या आपको मारने के लिए कोई हाथ उठाएगा तो उनका पूरा नाश करने के लिए हमने अपनी सेना को तैयार किया हुआ है। हमारी बन्दूक आपके ऊपर कभी नहीं तनेगी, क्योंकि उससे हिंसा होने का भय है, इससे विश्व में हम अपमानित हो जाएंगे।

'इस प्रकार निर्वासितों को पुनः निर्वासित बनने की बारी भी आई।'

सहिष्णुता के नाम पर अन्याय की कठोरता किस सीमा तक पहुँच चुकी थी इसकी मीमांसा प्रमाण सहित और सन्दर्भ सहित करते हुए नथूराम अपने वक्तव्य के उच्चतम बिन्दु की ओर जा रहे थे।

अपने राष्ट्र में कोई भी व्यक्ति ऐसा नहीं होगा जो सभ्यता और शिष्टाचार से परिचित न हो। जो प्रश्न चर्चा एवं वार्तालाप से सुलझ सकता है, उसको उसी

प्रकार सुलझाने में भी किसी को किसी प्रकार की आपत्ति नहीं होती। बुद्धि के बल पर प्रतिपक्ष को अपना दृष्टिकोण समझा देने की क्षमता हममें होनी चाहिए, परन्तु उसके साथ ही साथ यदि किसी ने शस्त्र-बल से आवाहून दिया तो उसका प्रत्युत्तर भी उसी प्रकार देने की क्षमता तो हममें होनी ही चाहिए। यह सूत्ररूप में स्पष्ट करने के लिए उन्होंने अपने वक्तव्य में शास्त्र का एक वचन उद्धृत किया था—'अग्रतश्चतुरा वेदाः पृष्ठतः सशरं धनुः। इदं बाह्य मिदं क्षात्रं शापादपि शरदपि।' अर्थात् मेरी वाणी पर चार वेद है और पृष्ठ पर धनुष बाण। एक में ब्रह्म तेज है तो दूसरे में क्षत्रिबल। एक शाप द्वारा और दूसरा शर (तीर) चलकर तुम्हारा नाश कर सकता है।

ब्रिटिश-काल में क्रांतिकारियों को लोकप्रियता तो कम से कम प्राप्त होती थी। किन्तु मेरे तो इस अभियोग में राजसत्ता भी मेरे विरुद्ध है और लोगों को भी कदाचित यह कार्य अप्रिय है, इस कारण दुगुने रोष के मध्य में मैं स्थित हूँ। किन्तु मेरी धारणा है कि विभाजन से प्रारम्भ कर पाकिस्तान को 55 करोड़ रुपया देने तक के सभी कार्य गांधी जी की नीति का ही परिणाम थे। उन पर आरोप लगाने वाला कोई न्यायालय बन पाएगा, ऐसा जब मुझे असम्भव प्रतीत हुआ तब मुझे वह वास्तव में अप्रिय प्रतीत होने वाली यह बात करनी पड़ी। अब इसके परिणामों की भी मुझे कोई चिन्ता नहीं है।

विगतकाल में चारुदत्त को भी इसी प्रकार उस समय की किसी धारा 302 के अन्तर्गत बन्दी बनाकर न्यायालय में खड़ा किया गया था। वह दोषी नहीं था, किन्तु उस पर दोष मढ़ा जा रहा है, यह जानकर उसे दुःख होता था। उसे मृत्यु का भय नहीं था। वह कहा करता था—'न भीतो परणादस्मि केवलं दूषितं यशः।' अर्थात् मृत्यु का भय तो मुझे नहीं है, मेरा चरित्र दूषित होगा यह मुझे भय है। लोगों में मेरे सम्बन्ध में अप्रियता, कटुता अथवा घृणा निर्माण होगी या निर्माण की जाएगी, इसका भी मुझे भय नहीं है। मेरे कार्य के उद्देश्य का विपरीत अर्थ न लगाया जाए, इतनी ही मेरी इच्छा है।

न्यायालय पूर्णरूप से भरा हुआ था। सभी श्रोता दत्तचित्त होकर सुन रहे थे। हृदय से निकलने वाले उस समय के उद्गारों को कहीं प्रकट करने का अवसर

नहीं था। विचार स्पष्ट थे। सुने हुए भाषण से ही लोगों के कंठ रुँध गए थे, अश्रुकण आँखों से बाहर निकल आए थे।

नथूराम ने आगे कहा—मराठी क्षेत्र में विख्यात व्याख्याताओं की श्रेणी में मेरी गिनती है। विषय से एकरूप होकर बोलने के कारण ही कदाचित वह स्थान मुझे प्रापत हुआ हो। यदि मैं कहूँ कि मैंने अनेक सभाओं में अपने भाषण से भारी धूमधाम मचाई थी तो अतिशयोक्ति नहीं होगी। लोग मुझे पुष्पमालाओं से लाद देते थे। फूलों की वे मालाएँ यदि मेरे भाषणों का पुरस्कार समझकर मैंने उन्हें सहर्ष स्वीकार की हैं तो अपने किए हुए अवैध कार्य के लिए पुरसकार रूप में यह फाँसी का फंदा भी में उसी प्रकार सहर्ष स्वीकार कर रहा हूँ, ऐसा आप लोगों को प्रतीत होगा, क्योंकि प्रस्तुत विषय में भी मैं उतना ही एक रूप हूँ।

यह सुनकर श्रोताओं की आँखों की पलकों में अटके हुए आँसू टप-टप गिरने लगे। रूँधे हुए कण्ठ सिसकने लगे। न्यायालय में सन्नाटा छा गया। यदि कोई व्यक्ति बोलने का यत्न भी करता तो उसकी आवाज भारी और भर्राई प्रतीत होती थी। नामोल्लेख करने की अनुमति मैंने ग्रहण नहीं की है। अतः मैं केवल इतना कह सकता हूँ कि अभियोजकों में से एक वरिष्ठ व्यक्ति की पत्नी, नथूराम के भाषण में इतनी तल्लीन हो गई थी कि उसकी सिसकियाँ निकल गई थीं। उन्हें ध्यान ही नहीं रहा कि वे न्यायालय में बैठी है अथवा किसी वरिष्ठ व्यक्ति की पत्नी है। स्त्रियों का अन्तःकरण भावना प्रधान होता है। अनेक पुरुषों के जब आँसू टपक रहे थे तो महिलाओं की अवस्था वैसी होना स्वाभाविक ही है। इसमें आश्चर्य की कोई बात नहीं है।

नथूराम की इस प्रकार की ओजस्वी वाणी सुनकर सावरकर जी को आनन्द मिश्रित आश्चर्य हुआ था। उनकी भाषण कला से वे रत्नागिरी से ही परिचित थे। उनके प्रति उन्हें अपनापन एवं विश्वास था। उन पर उनका इतना विश्वास एवम् स्नेह था कि कभी किसी अनौपचारिक वार्तालाप में कोई उनसे किसी प्रकार का प्रश्न करता तो वे कहते, 'इसका उत्तर हमारा नथूराम देगा।'

नथूराम के वक्तव्य का प्रथम दिन समाप्त होने पर सब लोग बन्दीगृह में आए। सावरकर जी सामान्यतया दूसरे के कक्ष में नहीं जाते थे, परन्तु उस दिन वे नाथूराम

के कक्ष में आए और नथूराम से बोले—'भाषा का भय तुम क्यों करते हो? साक्षात सरस्वती तुम्हारी जिह्वा पर विराजमान थी। तुमने तो 'वाचमर्थानुधावति' का प्रमाण प्रस्तुत किया है।'

दूसरे दिन बन्दीगृह लोटने के बाद सावरकर जी अत्यन्त ही उत्साहित प्रतीत होते थे। गदगद कण्ठ में वे नथूराम से बोले, मैंने धींगरा को निकट से केवल एक ही बार देखा था। अन्य कोई भी रत्नागिरी में आते तो मुझसे मिल कर जाते थे, परन्तु उनके अभियोग में अटक जाने के बाद उनसे भेंट नहीं होती थी, परन्तु न जाने क्या संयोग है कि मैं यहाँ तुम्हें प्रतिदिन देख रहा हूँ।

यदि उच्च न्यायालय में जाना पड़ जाए तो उसके लिए भी उन्होंने अपनी याचिका का प्रारूप तैयार करके रख लिया था। जब मैं उनसे कहता, 'तात्या। आपके विरुद्ध जो प्रमाण लाया गया है उससे आप दोषी सिद्ध हो सकें, ऐसा तो प्रतीत नहीं होता।' इसके उत्तर मेंवे कहते 'यदि उन्होंने मुझे मुक्त किया तो कया मैं यही रहूँगा? मुक्त होने पर भी में क्या पुनरावेदन करूँगा? जो प्रमाण वे प्रस्तुत कर रहे हैं, वे कितने अप्रभावी है, इसका ज्ञान शासन को है। फिर भी, उन्होंने अभियोग लगाने का निश्चय किया है न? न्यायाधीश यदि खींचखांच कर उससे अपने अनुकूल अर्थ लगाने का करें तो? इसलिए किसी भी परिस्थिति से निपटने की अपनी सिद्धता रहनी चाहिए?

क्या सावरकर जी पर अभियोग लगाना न्यायुक्त था?

सावरकर जी के विरुद्ध जो प्रमाण एकत्रित किए गए थे, वे प्रत्यक्ष न होकर अनुमानित थे। अनुमानित प्रमाण अभियोग के लिए पर्याप्त है, ऐसा यदि मान लिया जाए तो अभियोग में साक्षी के रूप में लाए गए कई व्यक्तियों पर उसी तर्क की दृष्टि से अभियोग लगाना चाहिए था। इसके अतिरिक्त जिन्हें साक्षी के लिए नहीं लाया गया था, ऐसे भी अनेक व्यक्तियों पर षड्यंत्र का आरोप तर्कशास्त्र के अनुसार लगना चाहिए था, क्योंकि उनके बर्ताव से ही उनके विरुद्ध संकेतात्मक प्रमाण मिल जाता था। सावरकरजी पर यदि आरोप था तो केवल यही कि 'उन्होंने गांधी-वध के लिए आदेश दिया होगा अथवा इस कार्य के लिए आशीर्वाद दिया होगा।'

सावरकर जी का चरित्र जिन्होंने सूख्म रूप से पढ़ा होगा, या जो सावरकर जी के सम्पर्क में आए होंगे उन्हें यह ज्ञात है कि सावरकर जी का स्वभाव ऐसा नहीं है कि वे किसी को कोई आदेश दें, तुम ऐसा करो। एक प्रकार से वे सदा अपने ही प्राणों के साथ खेले हैं, दूसरों के प्राणों के साथ नहीं। उनके तत्वज्ञान में जो शक्ति थी, व्यक्तित्व में जो प्रेरणा थी उससे स्वयं स्फूर्त को अपने प्राणों के साथ खेलनेवाले लोग उनके चारों ओर एकत्रित हुए, परन्तु मेरी इच्दा है कि अमुक कार्य सम्पन्न होना चाहिए ओर इसके लिए अमुक व्यक्ति कार्य करे, ऐसा उन्होंने कभी किसी को नहीं कहा, फिर भले ही वह मदनलाल धींगरा हो या वासुदेव बलवन्त गोगटे।

नथूराम और आपटे ऐसे नासमझ व्यक्ति नहीं थे कि सावरकर जी इस प्रकार का कोई आदेश दें और वे उसे चुपचाप सुनकर उस पर कार्य करने की योजना बना लें। उनका चिन्तन और आचर-विचार स्वतंत्र था। उन्होंने सावरकर जी को जो भी पत्र लिखे हैं उसमें यही लिखा है : 'हिन्दू महासभा के अध्यक्ष के नाते आपसे अमुक-अमुक विषयों पर विचार करना चाहते हैं। इसलिए सावरकर जी के आदेश को मानने का प्रश्न कम से कम नथूराम और आपटे के सम्बन्ध में तो किंचितमात्र भी लागू नहीं होता था।

रहा प्रश्न आशीर्वाद का। इस सम्बन्ध में बड़गे ने जो कहानी गढ़ी है वह बहुत उथली है। उसका यह सिद्ध करना कि सावरकर जी के घर पर नथूराम और आपटे की जो कुछ भी गुप्त बातें हुई हैं उन बातों की समाप्ति कक्ष में न करते हुए वे उन बातों का सूत्र लेकर चलते हुए सीढ़ियों से उतरते समय बातें करते आए थे। सामने एक साक्षी खड़ा है और यह देखकर वह बोले 'यशस्वी होकर आइए।' अभियोजकों ने इस कहानी के आधार पर अपना यह अर्थ निकालते हुए न्यायाधीश का ध्यान इस ओर दिलाना चाहा कि यशस्विता का कार्य गांधी-वध का था, और इसके आधार पर सावरकर जी पर अभियोग लगाया गया।

कमरे में तो बात को गुप्त रखना और कक्ष के बाहर आकर उस गुप्त बात को प्रकट करना, ऐसा उच्छृंडलपन सावरकर जी के बर्ताव में नहीं था। इसलिए बड़गे की कहानी उपेक्षणीय हे। हम यह मान लें कि नथूराम और आपटे यह कहने के

लिए सावरकर जी के पास गए कि अमुक कार्य होने वाला है अथवा वे उसे करने वाले हैं अर्थात यह समझा जाए कि वह बात उनको विदित थी, तो क्या इतने मात्र से ही यह मान लेना चाहिए कि सावरकर जी उस षड्यंत्र के घटक थे? क्या यह निष्कर्ष उचित होगा? क्या ऐसा उन पर आरोप लगाना न्याययुक्त होगा?

इस स्थिति में अधिक से अधिक यह आरोप लगाया जा सकता है कि एक सम्प्रभान्त नागरिक के नाते उन्हें यदि घटना होने वाली है, इस प्रकार का कोई ज्ञान था तो उसने योग्य अथवा उचित अधिकारी को बताने का प्रबन्ध क्यों नहीं किया। उसी सीमा तक उन पर आरोप लगाया जाय और उन्हें बचाव का अवसर दिया जाता तो उसे हम अन्याय नहीं कहते, परन्तु उन्हें पहले से विदित था, केवल इसी अनुमान पर वे षड्यंत्र के आरोप के पात्र थे, ऐसा निष्कर्ष निकाला गया था।

इस प्रकार तो प्राध्यापक जैन भी षड्यंत्र के घटक के थे और उन पर भी ऐसा आरोप लगाना उचित हो सकता था। उन्होंने मोरारजी देसाई को यदि जानकारी दी भी तो तब जब उन्होंने समाचार पत्र में 21.1.1948 को यह लिखा कि मदनलाल ने बम्ब 20.9.1948 को फेंका है और उससे गांधी जी घायल भी नहीं हुए। उससे पूर्व उन्होंने किसी प्रकार की जानकारी किसी भी योग्य अधिकारी को नहीं दी थी। कल्पना कीजिए कि गांधी जी का वध 20 जनवरी को ही हो गया होता, तब क्या श्री जैन मोरारजी भाई को बताने के लिए गए होते?

श्री मोरारजी अपनी साक्षी में कहते है 'मेरा नाम प्रकट मत करो। जिन व्यक्तियों को इसमें फँसाया गया है और जिस बस्ती में मैं रहता हूँ उसका ध्यान करो। नहीं तो मेरे जीवन को भय है', ऐसा जैन ने कहा था। आगे उनका कहना था कि 'जब मुझे नागरवाला मिले तो उनहें मैंने यह नहीं बताया कि इस षड्यंत्र की सूचना मुझे कहाँ से मिली थी।' (अभिलेख ग्रन्थ 1, पृष्ठ 167)

यदि श्री जैन के कथन से निष्कर्ष निकालना हो तो यही निष्कर्षण निकलेगा कि "अभी तक तो काम पूर्ण होना है, किन्तु काम बिगड़ गया है। मेरे मंत्री को मिलने के कारण काम बिगड़ गया है, ऐसा यदि षड्यंत्रकारियों को विदित हो गया तो वे मुझे 'ठीक' कर देंगे।" ऐसा मन में आने के कारण जैन ने अपना नाम प्रकट न करने का आग्रह मोरारजी से किया। परन्तु केवल षड्यंत्र से सम्बन्ध रखने

वाले व्यक्ति को ही ऐसा भय लग सकता है। श्री ग. वि. केतकर ने जब श्री बालू काका कानिटकर से बातें की तब, उन्हें तो ऐसा भय नहीं था। कानिटकर को भी बाबासाहेब खेर के पत्र लिखते समय ऐसा भय नहीं था।

जब मंत्री ने प्रो. जैन से पूछा कि इस विषय में पहले क्यों नहीं बताया तो उन्होंने उत्तर दिया, 'ऐसे क्रोध से बोलने का तो निर्वासितों का स्वभाव ही था और मदनलाल को मैंने उस विचार से रोका है, ऐसा मुझे विश्वास हुआ (पृष्ठ 167)। परन्तु प्राध्यापक जैने के कथन के अनुसार उन्होंने इस षड्यत्र के सम्बन्ध में श्री जयप्रकाशनारायण और उनके महाविद्यालय के ही एक व्यक्ति श्री ए. वी. याज्ञिक को बताया था (पृष्ठ 132, 134)। जब उनसे पूछा गया कि पुलिस अधिकारी को क्यों नहीं बताया तो उनका कहना था 'व्यक्तिशः में किसी पुलिस अधिकारी को नहीं जानता था और मुझे ऐसा भी लगता था कि पुलिस को बिताने में अपनी सुरक्षा नहीं।' इस उत्तर का भी निष्कर्ष निकाला जा सकेगा। जैन के बर्ताव के कारण पुलिस उसको षड्यंत्र का घटक समझेंगी, ऐसा उनको भय प्रतीत होता था। इसलिए वे पुलिस अधिकारी के पास नहीं गए।

श्री जैन ने कहा, 'इस षड्यंत्र की खोज में सहायता करने के लिए में प्रस्तुत हूँ क्योंकि मुझे षड्यंत्र की जानकारी है, ऐसा मेंने मंत्री को कहा। एक नागरिक के नाते इस षड्यंत्र की छानबीन में उनकी सहायता करने की मेरी इच्छा थी। (पृष्ठ 134)।

मोरारजी के कथन के अनुसार, 'मेरा नाम प्रकट मत कीजिए, मेरे जीवन को इसमें भय है।' ऐसा जैन कहा था। इससे यह स्पष्ट है कि दोनों में से कोई न कोई तो असत्य भाषण कर ही रहा है। इसका प्रस्तुत विषय से इतना ही सम्बन्ध है कि विस्फोट से पूर्व श्री जैन ने इसकी सूचना किसी योग्य अधिकारी को नहीं दी थी। 'जानकारी थी', ऐसे संदिग्ध संशय से सावरकर जी षड्यंत्र के आरोपी के नाते से पकड़े गए। जैन को भी उसी कारण से आरोपी बनाया जा सकता था, क्योंकि उन्हें तो जानकारी थी, इसमें तो संशय था ही नहीं।

और मौरारजी देसाई पर आरोप क्यों नहीं लगाया गया? आरोप लगाना हो तो उन्होंने असावधानी जान बूझकर की गई थी, ऐसा कहा जा सकता है। श्री जैन

की बात केवल अपने तक न रखते हुए पुलिस और जैन का वे मेल करा देते तो ठीक रहता। क्या जैन को संरक्षण देने की शक्ति शासन में नहीं थी?

श्री जैन ने कहा, 'मेरा नाम और मत बचाओ।' और मोरारजी ने इस बात को मान लिया। इसका अभिप्राय तो यही हुआ कि गांधी जी के वध के सम्बन्ध में जो कुछ होता है उसे 'होने दो'। बाद में देखा जाएगा, इस प्रकार की उदासीन वृति का उन्होंने परिचय दिया था। इसके आगे भी यदि आरोप लगाना हो तो इस प्रकार लगाया जा सकता है कि 'तुम अपना काम पूर्ण करो, तब तक हम हाथ नहीं डालेंगे', ऐसा षड्यंत्रकारियों को भीतर से संकेत देने की मंत्री महोदय ने निष्क्रयता दिखाई।

निष्क्रियता द्वारा यदि किसी अवैध कार्य को सहायता प्राप्त होती हो तो वैसी निष्क्रयता दिखाने वाला व्यक्ति उस अवैध कार्य के कर्ताओं का सहायक ही माना जाता है। प्रहरी तथाकथित स्थान से थोड़ा दूर हटकर यदि चोर को अवसर दे तो ऐसे प्रहरी को निर्दोष नहीं कहा जा सकता। कांग्रेस के भी अनेक नेताओं को गांधी जी की राजनीति से अरुचि निर्माण हो गई थी। यह उस समय की वस्तुस्थिति थी जब वे लोग गांधी जी और उनकी राजनीति से ऊब गए थे और उससे उन्हें विरक्ति हो गई थी। गांधी जी के अन्तिम अनशन से तो वल्लभ भाई के मन में गांधी जी के सम्बन्ध में घृणा ही उत्पन्न हुई थी। क्योंकि वल्लभ भाई को विवश करने के लिए ही वह अनशन था, यह बात बाद में पूर्णतया स्पष्ट होती ही गई थी। वे दिल्ली छोड़कर चले गए थे। गांधी जी अनायास मर जाएंगे तो ठीक है, उससे आगे की दुर्दशा तो रुक जाएगी, ऐसा किसी का सोचना असम्भव नहीं था।

सावरकर जी ने नथूराम और आपटे को आगे किया। इस आरोप का उत्तर देने के लिए क्या ऐसा नहीं कहा जा सकता कि जिन-जिन लोगों ने गांधी जी की मृत्यु के बाद झूठा दुःख प्रदर्शन किया, उन्हीं ने सावरकर जी के तत्वज्ञान को आगे किया और अपना स्वार्थ सिद्ध किया? प्रमाण तो दोनों स्थानों पर उपलब्ध नहीं था, किन्तु आरोप एक ही स्थान पर किया गया था। सावरकर जी के तत्वज्ञान के आधार पर उनके अनुचर ने स्वयं को आगे प्रस्तुत किया है, ऐसा तो अभियोग

में माना नहीं गया है। यह बात दूसरी है। न तो दूसरे के सहारे टिकने वाला वह तत्वज्ञान ही था और न वे व्यक्ति ही ऐसे थे। इस तत्वज्ञान के आधार पर कोई भी व्यक्ति आत्मसमर्पण केलिए खड़ा दीखेगा। सावरकर जी के शब्दों में यदि कहा जाए तो यही कि हुतात्मा मन से दृढ़ और सिद्ध होता है। तभी यह मानना चाहिए कि उसके हुतात्मा होने का समय आ गया है।

निर्णय

सावरकर जी ने लोगों को क्रांतिकारियों का सम्मान करना सिखाया था। चाफेकर बन्धु का स्वागत उन्होंने इंग्लैंड जाने से पूर्व ही कर दिया था। रत्नागिरी से स्थानबद्ध होते हुए भी वासुदेव बलवान गौंगटे का उल्लेख उन्होंने एक पौराणिक कहानी के रूप में किया था। जालियांवाला बाग के अत्याचारी मायकेल ओडवायर को ऊधमसिंह ने मार दिया था। वह समय युद्ध की धूमधाम का था। 1940 में शनिवार बाड़े के आगे उन्होंने व्याख्यान दिया था, उसमें उन्होंने ऊधमसिंह का उल्लेख किया था।

सावरकर जी को 1910 में पकड़कर इंग्लैंड से हिन्दुस्थान लाया गया था। उनका अभियोग भारत के न्यायालय में चलाया जाने वाला था। शासन तो विरोध में था ही और सर्वत्र भय का वातावरण उत्पन्न कर दिया गया था। इस कारण लोग क्रांतिकारियों की प्रशंसा करने का साहस नहीं जुटा पाते थे। सावरकर जी को उस समय उपेक्षा ही मिली थी।

मुझे मृत्युदण्ड दिया गया तो क्रान्ति का कार्य कौन करेगा, लोगों को उत्साहित कौन करेगा, उनका नेतृत्व कौन करेगा ऐसा विचार उनके मन में उत्पन्न हुआ हो अथवा नहीं, किन्तु फिर भी इतने में उनके मन से उन्हें समझाया, कितना अहंकारी है तू? क्या तेरे बिना यह कार्य अटका रह जाएगा? तू ही कर्ता है, ऐसा तू समझता है। उस समय के उनके उद्‍गार इस प्रकार हैं—

'पड़ले शत शत मत्सम तरि का अगतिक असेल भारत हा।
श्रीकृष्ण सारथी यद्रथ हाकाया सदा उभा रत हा।'

लोग अपना अनुगमन करेंगे या नहीं, यह क्रांतिकार्य चलाएंगे या नहीं, वे लोग मेरी प्रशंसा करेंगे या नहीं अथवा निन्दा करेंगे, इन विचारों के परे वे गए थे।

दिनांक 24.12.1910 को न्यायालय ने उनहें आजीवन कारावास का दण्ड सुनाया। दिनांक 31.01.1911 को उनहें पुनः आजीवन कारावास का दण्ड सुनाया गया।

लगभग 40 वर्ष बाद पुनः सावरकर जी को वैसी ही परिस्थितियों का सामना करना पड़ा था। शासन विरुद्ध था और लोग भी विरुद्ध थे। तिरस्कार की वेदी पर उनको खड़ा किया गया था।

दिनांक 10.2.1949 का दिन सभी अभियुक्तों को निर्णय सुनाया जाने वाला था। सावरकर जी का भाग्य भी उसी दिन के गर्भ में छिपा था।

जैसा कि पहले लिखा जा चुका है उस समय शासन का दृष्टिकोण सावरकर जी के विरुद्ध रोषपूर्ण था। मानो मुस्लिमराष्ट्र और हिन्दूराष्ट्र में युद्ध छेड़ा गया हो। मानो मुस्लिमराष्ट्र का नेता मारा गया हो। आपने हमारा नेता मारा, हम आपका नेता मारेंगे, ऐसे प्रतिशोध से जलनेवाले मुस्लिमराष्ट्र ने हिन्दूराष्ट्र के सेनानी को घेरने की प्रतिज्ञा की हो। ऐसे अस्वाभाविक अहंकार में अपने ही शासन ने ज्वलन्त राष्ट्रभक्त सावरकर जी पर चोट करने का निश्चय किया था। अपने ही पैरों पर कुल्हाड़ी मार लेने जैसा वह कार्य था, परन्तु सावरकर जी पर हाथ डालने के लिए प्रजातंत्र में प्रचलित न्याय विषयक औपचारिकताओं को पूरा करना शासन के लिए अनिवार्य था।

अनेक असम्बद्ध सूत्रों को एकत्रित का अभियोजकों ने उसका फन्दा बनाया था। यह फन्दा लीजिए, यह सावरकर के गले के चारों ओर ठीक बैठेगा ऐसा मानो उन्होंने न्याय देवता के सम्मुख निवेदन किया था।

कारागार में भी मूँज कूटने के अभ्यस्त सावरकर जी ने मानो उस फन्दे का रेशा-रेशा अलग-अलग कर न्याय देवता के सामने रख दिया था। उन्होंने यह सिद्ध किया था कि जिस रेशे में शक्ति न हो उसमें ऐंठन कैसे आ सकती है और जिस डोर में ऐंठन न हो उसको डोर नहीं कहा जा सकता और जो डोर न हो वह मुझे किस प्रकार फाँसेगी?

अपने परिवार के अन्य सदस्यों के साथ वीर सावरकर

भाषालंकार में न्याय देवी अन्धी मानी जाती है। परन्तु वह देवी है, उसके अंतःचक्षु है, उसको स्पर्श ज्ञान है, संवेदना है। अभियोजकों द्वारा प्रस्तुत फन्दे को न्याय-देवी ने टटोला। सावरकर जी की सहायता से उस फन्दे को बुनाई की विलगता को अनुभव किया, सहजता से ढीले होने वाले उस फन्दे के खट से टुकड़े करके उन्हें अभियोजकों के सामने फेंक दिया। न्याय-देवी ने अभियोजकों की प्रताड़ना करते हुए मानो कहा हो   शासन को जाकर बताओ कि मेरा अस्तित्व किसी को भी और किसी फन्दे से फाँसने के लिए नहीं है।

सावरकर जी को सम्बोधित कर न्यायमूर्ति ने कहा   सावरकर जी। आप निरपराध हैं, आप निष्कलंक है। अपने राष्ट्र की ही भाँति आप भी स्वतंत्र है।

लालकिले के बाहर प्रचण्ड जन-समुदाय एकत्रित था। बन्धनमुक्त सावरकर जी लालकिले से बाहर आ रहे थे, जन समुदाय ने हिलोरें लीं। आकाश में प्रतिध्वनित होने वाले स्वर से उस जनसागर ने सावरकर जी का अभिवादन किया।

स्वातंत्र्य लक्ष्मी की जय।

अखण्ड भारत अमर रहे!!

स्यातंत्र्यवीर सावरकर की जय!!

हमारे कुछ अन्य सामयिक प्रकाशन

पुस्तक	लेखक	मूल्य
❍ गाँधी बेनकाब	हंसराज रहबर	150.00
❍ नेहरू बेनकाब	हंसराज रहबर	100.00
❍ भगतसिंह : एक ज्वलंत इतिहास	हंसराज रहबर	100.00
❍ राष्ट्रनायक गुरु गोविंद सिंह	हंसराज रहबर	100.00
❍ तिलक से आज तक	हंसराज रहबर	95.00
❍ योद्धा संन्यासी विवेकानंद	हंसराज रहबर	150.00
❍ बन्दी जीवन	शचीन्द्रनाथ सान्याल	175.00
❍ नेताजी सुभाषचन्द्र बोस	डॉ. श्यामसिंह तंवर	175.00
❍ चन्द्रशेखर आजाद और उनके दो गद्दार साथी	धर्मेन्द्र गौड़	100.00
❍ खुदीराम बोस		90.00
❍ शहीद मदनलाल ढींगरा एवं सरदार ऊधम सिंह	सत्यनारायण शर्मा	90.00
❍ रामप्रसाद बिस्मिल की आत्मकथा	रामप्रसाद बिस्मिल	90.00
❍ मैं अंग्रेजों का जासूस था	धर्मेन्द्र गौड़	100.00
❍ क्रांतिकारी आन्दोलन कुछ अधखुले पन्ने	धर्मेन्द्र गौड़	90.00
❍ काला पानी : शहीदों का तीर्थ स्थल	नीलकंठ	90.00
❍ दुर्गा भाभी	राजेन्द्र राजा	125.00
❍ कर्मयोग, ज्ञानयोग, राजयोग, प्रेमयोग, भक्तियोग, योग विज्ञान	विवेकानंद	610.00
❍ युगपुरुष स्वामी विवेकानन्द	चांदनी शोभा माथूर	225.00
❍ लोकनायक डॉ. राममनोहर लोहिया		95.00